Der Weg zum Digitalen Unternehmen

AF173377

Lizenz zum Wissen.

Sichern Sie sich umfassendes Wirtschaftswissen mit Sofortzugriff auf tausende Fachbücher und Fachzeitschriften aus den Bereichen: Management, Finance & Controlling, Business IT, Marketing, Public Relations, Vertrieb und Banking.

Exklusiv für Leser von Springer-Fachbüchern: Testen Sie Springer für Professionals 30 Tage unverbindlich. Nutzen Sie dazu im Bestellverlauf Ihren persönlichen Aktionscode C0005407 auf *www.springerprofessional.de/buchkunden/*

Jetzt 30 Tage testen!

Springer für Professionals.
Digitale Fachbibliothek. Themen-Scout. Knowledge-Manager.

- Zugriff auf tausende von Fachbüchern und Fachzeitschriften
- Selektion, Komprimierung und Verknüpfung relevanter Themen durch Fachredaktionen
- Tools zur persönlichen Wissensorganisation und Vernetzung

www.entschieden-intelligenter.de

Springer für Professionals

 Springer

Peter Schütt

Der Weg zum Digitalen Unternehmen

Social Business Methoden erfolgreich einsetzen

2., vollständig überarbeitete Auflage

 Springer Gabler

Peter Schütt
IBM Deutschland GmbH
Ehningen
Deutschland

ISBN 978-3-662-44706-2   ISBN 978-3-662-44707-9 (eBook)
DOI 10.1007/978-3-662-44707-9

Die Deutsche Nationalbibliothek verzeichnet diese Publikation in der Deutschen Nationalbibliografie; detaillierte
bibliografische Daten sind im Internet über http://dnb.d-nb.de abrufbar.

Springer Gabler
© Springer-Verlag Berlin Heidelberg 2013, 2015
Das Werk einschließlich aller seiner Teile ist urheberrechtlich geschützt. Jede Verwertung, die nicht ausdrücklich
vom Urheberrechtsgesetz zugelassen ist, bedarf der vorherigen Zustimmung des Verlags. Das gilt insbesondere
für Vervielfältigungen, Bearbeitungen, Übersetzungen, Mikroverfilmungen und die Einspeicherung und Ver-
arbeitung in elektronischen Systemen.
Die Wiedergabe von Gebrauchsnamen, Handelsnamen, Warenbezeichnungen usw. in diesem Werk berechtigt
auch ohne besondere Kennzeichnung nicht zu der Annahme, dass solche Namen im Sinne der Warenzeichen-
und Markenschutz-Gesetzgebung als frei zu betrachten wären und daher von jedermann benutzt werden dürften.
Der Verlag, die Autoren und die Herausgeber gehen davon aus, dass die Angaben und Informationen in diesem
Werk zum Zeitpunkt der Veröffentlichung vollständig und korrekt sind. Weder der Verlag noch die Autoren oder
die Herausgeber übernehmen, ausdrücklich oder implizit, Gewähr für den Inhalt des Werkes, etwaige Fehler
oder Äußerungen.

Gedruckt auf säurefreiem und chlorfrei gebleichtem Papier

Springer Berlin Heidelberg ist Teil der Fachverlagsgruppe Springer Science+Business Media
(www.springer.com)

Vorwort

Oben bleiben ist kein Ruhezustand. Das an sich ist keine große Neuigkeit, da sich die Wirtschaftswelt ohnehin fortlaufend im Umbruch befindet und da es dabei immer wieder neue Gewinner und Verlierer gibt. Oben bleiben ist deshalb eine permanente Herausforderung. Auch dass sich die Geschwindigkeit der Veränderungen selbst immer wieder ändert, ist nicht wirklich neu. Wer erfolgreich sein, bleiben oder werden will – egal ob als Person, Unternehmen oder Region – muss sich fortlaufend entwickeln und zumindest mitschwimmen, wenn nicht sogar eine Vorreiterrolle übernehmen. Das heißt dann die Chancen wirklich nutzen. Darum geht es in diesem Buch.

In der Tat werden die Karten im Moment neu gemischt – schneller und mehr denn je. Die Digitalgesellschaft löst die Wissensgesellschaft ab. Mehrwerte werden zukünftig in erster Linie nicht mehr durch bewussten Informationsaustausch erzeugt, sondern durch die allgemeine Vernetzung von Informationen. „Daten sind das neue Fließband", so Virginia Rometti, die Unternehmensleiterin (CEO) der IBM.

Die neuen Möglichkeiten – Consumer haben mobile Endgeräte, Häuser werden als Smart Home verdrahtet und Fertigungsmaschinen in der Industrie unter dem Stichwort „Industrie 4.0" vernetzt – mit großen Datenmengen umgehen zu können, erlauben neue Steuerungsmechanismen. Daraus lassen sich nicht nur ganz neue Geschäftsmodelle ableiten, mit denen auch kleine Start-ups einmal mehr schnell groß werden können, sondern ergeben sich auch organisationsintern ganz neue Perspektiven: Starre Organisationsstrukturen werden zum ausbremsenden Hindernis, Agilität und Flexibilität sind mehr denn je gefragt. Die Digitalisierung erlaubt es einen wachsenden Anteil von Crowdsourcing-Mechanismen einzusetzen – ganz einfach, weil sie logistisch beherrschbar werden. Das fängt beim Crowdfunding an und geht über das Ideenmanagement bis zum Managen einer gesamten, internen Aufgabenverteilung.

Um zu verdeutlichen, was es eigentlich bedeutet zu einem Digitalen Unternehmen zu werden, beginnt dieses Buch mit einigen Beispielen von Vorreitern und beschreibt, was zu tun ist und wie sich der Blick auf die Kunden im Moment stark verändert. Denn der Kunde wird von einem Teil einer gemittelten Einkaufsgruppe jetzt wirklich zum Individuum, zur Person, die nicht nur über Werbung individuell angesprochen wird, sondern auch ihren individuellen Preis für ein Produkt bekommen wird.

Vorne an steht eine kleine Gruppe von Visionären, überwiegend aus dem Silicon Valley, die sich aufgemacht haben mit den technologischen Treibern der CAMSS-Elemente (Cloud, Analytics, Mobile, Social, Security) im Hintergrund die Welt neu zu erobern. Sie kommen nicht als Diktatoren und auch nicht als Glaubensbringer. Man könnte meinen, dass sie es ausschließlich gut meinen. Gut meinen hieß in der realen Welt allerdings noch nie, dass es auch gut wird. Die Diskussion darüber nimmt genauso Raum ein, wie über die Politik, die eigentlich gefragt ist, Visionen aufzuzeigen und sie umzusetzen. Stattdessen erwecken die Politiker aber eher den Eindruck von diesen Neuerungen überrollt zu werden, zumal die Bedeutung der von ihnen gelenkten Nationalstaaten gegenüber den großen Unternehmen durch diese Entwicklung ökonomisch immer weiter sinkt.

Zuständig ist die Politik auch für die Rahmenbedingungen der Ausbildung der nachfolgenden Generationen. Hier scheinen Strukturreformen überfällig zu sein, weil die Veränderungsgeschwindigkeit im Ausbildungssektor mit der der industriellen Wirklichkeit nicht mehr mithält und zur Belastung für die Standortentwicklung wird. Augenfällig wird das heute bei einer Grundanforderung an zukünftige Arbeitnehmer: Medienkompetenz. Dazu gehört aber auch eine entsprechende Ausrichtung der Forschungs- und Mittelstandsförderung. Hier fordert die Industrie von der Politik eine Führungsrolle bei der Ausgestaltung von neuen Standards für den Datenaustausch in der Fabrik der Zukunft („Industrie 4.0") und bei der Umsetzung der ISO9001:2015 mit den Anforderungen zum Thema „Wissensmanagement".

Die Transformation zur Digitalen Gesellschaft umfasst aber nicht nur Organisationen als Einheit, sondern letztlich auch jeden von uns. Es geht für jeden Mitarbeiter auch darum, seine persönliche Rolle im digitalen, global integrierten Unternehmen aktiv neu zu finden. Darüber hinaus sollte es mehr und mehr als Selbstverständlichkeit verstanden werden, dass man die persönliche Attraktivität am Arbeitsmarkt durch fortlaufenden Ausbau der eigenen Fähigkeiten hoch hält. Dazu gehört zunehmend der Umgang mit Social Media Methoden und Tools. Deren Einsatz führt zu neuen, intensiveren und schnelleren Formen der Zusammenarbeit auf der Ebene von wechselnden Teams oder Netzwerken und Communitys. Sie sind kein Selbstzweck, sondern Grundlage für eine verbesserte Entscheidungsfindung, beschleunigte Prozesse und mehr Innovationen.

Durch die neuen Formen der Zusammenarbeit ergeben sich auch neue Anforderungen an Führungsprozesse. Deren Wandel ist vielleicht sogar am deutlichsten, weil Führung bisher immer bestimmt hat, welches Wissen wo genutzt werden sollte. Diese Aufgabe entfällt in Digitalen Unternehmen, da Informationen nun breitflächig zum Allgemeingut werden. Führung heißt zukünftig viel eher Rahmenbedingungen definieren und Resonanzen erkennen, also die Aufmerksamkeit und Motivation der Mitarbeiter lenken. Das ist nicht mehr „Business as usual" und erfordert ein erhebliches Umdenken. Hier kann man viel vom Sport, insbesondere dem Profifußball, lernen.

Der letzte Teil dieses Buchs geht dann ganz pragmatisch darauf ein wie Organisationen diesen Wandel angehen können, wie man analysiert wo die eigene Organisation heute steht, welche Dimensionen im Transformationsprogramm zu berücksichtigen sind und wie man den Wandel organisiert. Morgen beginnen ist bereits ein Tag zu spät.

Inhaltsverzeichnis

1 **Der Aufbruch zum Digitalen Unternehmen** 1
   1.1 Die Vorreiter 4
       1.1.1 Die soziale Vernetzung bei CEMEX 5
       1.1.2 Der neue Vertriebsprozess bei Reno 6
   1.2 Was ein Digitales Unternehmen kennzeichnet 8
   1.3 Das „Digital Front Office" 9
       1.3.1 Digital Front Office – von Vorreitern lernen 11
   1.4 Das global integrierte Unternehmen – ein Social Business 13
       1.4.1 Wissensmanagement: Der Fehlstart in den 1990ern 15
       1.4.2 Schwarmintelligenz oder besser Leuchttürme? 18
   1.5 Wann ist ein Digitales Unternehmen erfolgreich? 20
   1.6 Ersetzt die Digitalisierung die Mitarbeiter? 22
   Literatur 27

2 **Digitalisierung und die Rolle der Politik** 29
   2.1 Medienkompetenz fördern 33
   2.2 Ausbildungsförderung 36
   2.3 Forschungsförderung 41
   2.4 Mittelstandsförderung 43
   Literatur 44

3 **CAMSS – die Megatrends der Informationstechnologie** 45
   3.1 Cloud 45
       3.1.1 Cloud – die Optionen 46
       3.1.2 Cloud – Vor- und Nachteile abwägen 47
   3.2 Analytics und Cognitive Computing 49
       3.2.1 Big Data 49
       3.2.2 Cognitive Computing benötigt Daten aus dem Social Business . . . 50
   3.3 Mobile Geräte 53
   3.4 Social Media Services 54
       3.4.1 E-Mail – hierarchische Informationsverteilung 56
       3.4.2 Instant Messaging (Chat) – das ausgebremste Medium 63

3.4.3   Vom Intranet 1.0 zum Intranet 2.0 63
3.4.4   Social Media Services für die Nutzung im Social Business 65
3.4.5   Blog oder Weblog 67
3.4.6   Wiki 68
3.4.7   Bookmark Sharing (oder Leseempfehlungen) 69
3.4.8   (Diskussions-) Foren 70
3.4.9   Social File Sharing/Dokumentenmanagement 70
3.4.10   Microblogging („twittern") 72
3.4.11   Communitys, Teams und Netzwerke 73
3.4.12   Technologie ist nicht alles 74
3.5   Datensicherheit 74
Literatur 76

4   3D-KM: Die drei Dimensionen der Transformation 77
4.1   Die dritte Dimension: Informationstechnologie 78
4.2   Die zweite Dimension: Prozesse 81
4.3   Die erste Dimension: Organisation und Kultur 85
Literatur 88

5   „The social me" – ich als Person im Digitalen Unternehmen 89
5.1   Die Erfolgsfaktoren der eigenen Arbeit 90
5.2   Was bin ich? 92
5.3   Die Checkliste zum persönlichen Wissensarbeitsmanagement 96
5.4   Aufbau und Pflege von persönlichen Netzwerken 98
5.5   Die Reputation steigern 99
5.6   Soziale Medien richtig nutzen 101
5.7   „Wer auf der Sonnenseite bleiben will, muss mit der Sonne wandern." ... 102
Literatur 105

6   „The social us" – Arbeiten als Team 107
6.1   Die Rolle der Kommunikationsmöglichkeiten 107
6.2   Neue Organisationsstrukturen der Zusammenarbeit 108
6.3   Social Business heißt auch effektiver zu kommunizieren 110
6.3.1   Das Erfolgsprinzip der Kaffee-Ecke 110
6.3.2   Effizienz-steigernde Veränderungen in der Teamkommunikation ... 112
6.3.3   Zusammenarbeit über Dokumente 112
6.3.4   Partizipative Zusammenarbeit in Communitys 113
6.3.5   Der Alltag in mehreren Communitys 115
6.4   Negative Auswüchse von Netzwerken vermeiden 117
Literatur 118

7 „Social Processes" – Prozesse neu gestalten 119
  7.1 Bisherige Versuche der Optimierung 120
  7.2 Agilität – vom engen Wasserfall zur breiten Welle 122
  7.3 Prozessnahe Zusammenarbeit intelligent optimieren 127
  7.4 Die notwendige Prozessanalyse 129
  7.5 IT-Unterstützung für Social Commerce 131
  7.6 Open Innovation oder Social Innovation? 133
  7.7 Die zunehmende Wichtigkeit von Social Analytics 136
    7.7.1 Empfehlungen erhalten 137
    7.7.2 Informationsströme sinnvoll filtern 139
    7.7.3 Human Capital Analytics 139
  Literatur 139

8 „Social Leadership" – Führen in einem Digitalen Unternehmen 141
  8.1 Die richtigen Mitarbeiter haben 141
    8.1.1 Das Phänomen der sich umdrehenden Alterspyramide 142
  8.2 Die Grenzen klassischer Führungsmodelle 148
  8.3 Mit dem Führungsmodell ‚Fußball' zur leistungsorientierten
      Organisation werden 151
    8.3.1 Die Rolle des Trainers/Managers 151
    8.3.2 Motivation ist das Salz in der Suppe 153
    8.3.3 Gibt es das ‚perfekte Erfolgsrezept'? 156
  8.4 Das Prinzip moderne Führung im Digitalen Unternehmen 159
  Literatur 163

9 Aller Anfang ist leicht – eine Einführungsstrategie für Social Business 165
  9.1 Wie beginnen? 166
    9.1.1 Erfolg versprechende Einführungsstrategien 167
  9.2 Das Cynefin Sense Making Modell 169
  9.3 Die konkreten Schritte der Einführung 175
    9.3.1 Das Vorgehensmodell 176
    9.3.2 Das Programmmanagement in der Anlaufphase 177
    9.3.3 Auswahl der Pilotgruppen 180
    9.3.4 Installation der Social Software 182
    9.3.5 Erfolgsmessungen 184
    9.3.6 Das Change Management 185
    9.3.7 Governance: Regeln und Leitlinien 190
    9.3.8 Das Qualifizierungs-/Schulungskonzept 192
    9.3.9 Der Betriebsbeginn 193
    9.3.10 Zeitraster der Einführung 194
    9.3.11 Center of Excellence als fortlaufende
        Unterstützungsfunktion 194
  Literatur 195

10 Synapsis 197

Einige Worte zu Schluss 199

Literatur 201

Sachverzeichnis 203

Der Aufbruch zum Digitalen Unternehmen

1

> *Wenn ich die Menschen gefragt hätte, was sie wollen, hätten sie gesagt: Schnellere Pferde.*
> Henry Ford (US-Industrieller, Gründer von Ford)

Die Welt der Wirtschaft erfindet sich fortlaufend neu. Das nennt man Fortschritt. Aus dem Wortteil Schritt darf man dabei keinesfalls auf etwas Stetes, Gemächliches schließen, Schritttempo etwa. Denn zurzeit laufen wir gerade durch eine Hochgeschwindigkeitsphase. So etwas gab es auch in der Vergangenheit auch immer schon mal. Laut Peter Drucker wiederholen sich solche Phasen grob alle 200 Jahre. Ausgelöst wird das durch eine fundamentale Erfindung (Beispiele: Buchdruck, Dampfmaschine), in deren Folge etwa 50 Jahre später große, ursprünglich mit der Erfindung nicht absehbare Neuerungen stattfinden, die zu einer 50 Jahre währenden Phase großer gesellschaftlicher Veränderungen führt.

Nehmen wir die Erfindung des Transistors oder des Mikrochips in der Mitte des Zwanzigsten Jahrhunderts als eine weitere große Erfindung und grob 50 Jahre später die Entwicklung des Internets, das den Handel und den zunehmend weltweiten Austausch von Gütern völlig verändert hat, dann befinden wir uns jetzt wieder mitten in den 50 Jahren eines großen, gesellschaftlichen Umbruchs. Diese Jahre gilt es zu meistern. Das ist kompliziert, dafür aber auch aufregender als das Leben in der dann wieder folgenden, ruhigeren Phase, die – wenn Drucker Recht haben sollte – wieder mindestens 100 Jahre dauern wird.

Will man detaillierter verstehen, warum die Veränderungen aktuell so schnell ablaufen, lohnt sich ein kurzer Blick zurück. Die wirtschaftlichen Veränderungen hängen global betrachtet im Wesentlichen schon immer an drei Optimierungsfaktoren:

- Logistikkosten
- Prozesskosten
- Innovationen

© Springer-Verlag Berlin Heidelberg 2015
P. Schütt, *Der Weg zum Digitalen Unternehmen*, DOI 10.1007/978-3-662-44707-9_1

Zu Zeiten der Agrargesellschaft, also vor 1800, sah man das wesentlich Optimierungspotenzial überwiegend in der Verbesserung der Warenlogistik, über die sich neue Märkte
erschließen ließen. Deshalb bauten beispielsweise die Franzosen zwischen 1667 und 1681
den 240 km langen Canal du Midi zwischen dem Atlantik und dem Mittelmeer – der heute
nur noch touristisch genutzt wird und zum Weltkulturerbe geworden ist. Die Technik war
damals auf einen hinreichenden Wasserzufluss angewiesen. Zudem war die Transport-
geschwindigkeit auf den Flüssen und Kanälen durch das klassische Treideln, also dem
Ziehen durch Menschen oder Pferde vom Ufer aus, relativ gering. Immerhin konnten so
auf den neuen Strecken erstmals schwere Lasten in größere Menge einfach über weite
Distanzen ausgetauscht werden. Und solche großen Infrastrukturinvestitionen erbrachten
durchaus ihren Ertrag.

Der nächste Schritt kam mit der Erfindung der Dampfmaschine, die die Prozesskosten
in der Fertigung erheblich senken half und mit ihr mit der Eisenbahn, die eine weitere
starke Senkung der Logistikkosten ermöglichte. Zudem konnte man Eisenbahnlinien unabhängig von bestehenden Flussläufen überall und deutlich günstiger als Kanäle bauen.
Damit ließ sich die Distribution von Waren, aber auch das Herbeischaffen von Rohstoffen
wesentlich vereinfachen und günstiger gestalten. Beides zusammen führte in die Industriegesellschaft, in der nicht mehr Land, sondern das Organisieren von Arbeit zum wichtigsten Produktionsmittel wurde. Deren Optimierung erfolgte über die Umsetzung des
Prozessgedankens von Frederick Taylor und Zeitgenossen und die darüber eingeführte
Teilung der Arbeit in Planende und Ausführende. Durch die durch die Logistikverbesse-
rungen mögliche größere Reichweite von Unternehmen konnten diese weiter wachsen und
wurden so immer größer – bis hin zu ersten weltweit agierenden Konzernen.

Dann kamen Autobahnen und Flugzeuge, die die Möglichkeiten der logistischen Ver-
teilung von Waren zu immer geringeren Kosten auf die denkbare Spitze trieben. Der letzte
Schritt folgte mit dem Logistikmanagement über das Internet, durch das die vielen lokalen
Märkte letztendlich zu einem einzigen, globalen Weltmarkt verschmolzen. Damit ist die
Mechanik der Logistik als Optimierungspotenzial weitgehend ausgereizt, auch wenn ein
Jadehafen für Schiffe mit hohem Tiefgang in Deutschland oder ein zweiter Panamakanal
im Detail noch mal Verbesserungen bringen werden. Jetzt geht es im Wesentlichen nur
noch um die Steuerung. Und damit dürfte eines klar sein: Wer die Daten hat, ist einer der
Gewinner.

Ein zunehmender Bedarf an hochkarätigem Führungspersonal, das in der Lage ist komplexe Steuerungsaufgaben zu lösen, machte es spätestens nach dem 2. Weltkrieg auch
für Universitätsabgänger immer attraktiver in solchen Großunternehmen tätig zu sein,
statt beispielsweise selbstständiger Apotheker zu werden. Von dann ab stieg der Anteil
der Wissensarbeiter besonders stark und der Einstieg in die Wissensgesellschaft begann.
Aufgaben der Wissensarbeiter waren nicht nur Mitarbeiterführung und Prozessplanung
und -Optimierung, sondern vermehrt auch das Innovationsmanagement – sowohl bezogen
auf Produkte als auch auf Prozesse.

Doch Wissen haben, als entscheidende Fähigkeit für eine erfolgreiche Karriere, kommt
heute – nach nur 60 Jahren – unter Bedrängnis. In der Zeit der Wissensgesellschaft stand

bei der Anwendung von Wissen immer die Jagd nach Informationen im Vordergrund; Informationen, die man braucht, um Entscheidungen zu unterfüttern. Wissensarbeitern wurde von Analysten nachgesagt, dass sie etwa 60 bis 80 % ihrer Arbeitszeit damit verbringen würden, Informationen zu suchen. Das war ohne die heutigen Kommunikationsmittel damals auch sehr viel schwieriger. Präsenzwissen war gefragt, denn ein Nachschlagen im Intranet war gar nicht möglich.

Das Arbeitsleben der Wissensarbeiter war also letztlich geprägt durch einen allgegenwärtigen Mangel. Informationsaustausch funktionierte durch persönliche Kommunikation, also durch Gespräche in aufwendigen und teuren Dienstreisen oder per Telefon. Das Medium war das gesprochene Wort und damit einerseits flüchtig und andererseits nur wenig skalierbar. Ein Abteilungsleiter kommunizierte mit seinen Mitarbeitern und vertrat die Abteilung nach außen. Er war in seiner Rolle quasi als Bote des Wissens der Abteilung zu verstehen, musste/konnte/durfte alleine reisen und jeweils seine ganze Abteilung, bzw. seinen ganzen Bereich inhaltlich vertreten. Das war das Kommunikationsmodell der hierarchischen Organisation, wobei das eine das andere bedingte, in beide Richtungen. Deshalb wurden vorrangig Personen zu Abteilungsleitern befördert, die die Inhalte der Abteilung vertreten können. Damit war das Horten von Wissen in einer solchen Konstellation ein ausgezeichneter Karrierebeschleuniger.

Da ist es nicht verwunderlich, dass daraus auch gern Hoheitsansprüche nach Francis Bacons 1597 geprägter Formel „Wissen ist Macht" (Bacon 1597) abgeleitet wurden. Dabei ist es eine Ironie der Geschichte, dass Bacon das Zitat ganz anders gemeint hatte, als es heute verstanden wird: Es war die Zeit vor der Aufklärung und es ging Bacon im positiven Sinne darum, die Menschen aufzurufen, sich möglichst viel Wissen anzueignen, also eher um Lernen als um Machterhaltung. Laut Einträgen in Wikipedia geht es sogar auf das Alte Testament, Buch der Sprüche, 24.5, zurück: „Ein Weiser ist mächtiger als ein Starker". Immer wieder wurden ganze Karrieren darauf aufgebaut, kleine Wissensvorsprünge vor anderen zu halten und zu konservieren. Der Mangel wurde also zu einem Selbstzweck und behinderte einen effektiveren Informationsaustausch. Das war zwar einer Steigerung des Erfolgs des Unternehmens abträglich, aber mangels Alternativen in der Informationsbeschaffung trotzdem allgemein akzeptiert.

Die neuen Möglichkeiten mit den CAMSS-Technologien (Cloud, Analytics, Mobile, Social, Security), auf die später noch im Detail eingegangen wird, verändern diese Kommunikationsmöglichkeiten im Moment radikal. Damit kommt der breite Mangel an Informationen, der die Zeit der Wissensgesellschaft geprägt hatte, jetzt plötzlich an ein Ende. Tsunami-gleich überschwappt uns die Möglichkeit jederzeit und von überall auf Informationen und Wissensträger direkt zugreifen zu können. Statt eines Mangels gilt es nun plötzlich einen Überfluss zu managen. Der „Wissen ist Macht"-Horter verliert seine Vormachtstellung, weil es plötzlich Alternativen zu ihm als Wissensquelle gibt.

Jetzt ist eher die Kunst herauszufinden, was besonders wichtig ist, wo sich Resonanzzustände abzeichnen, wie man Informationen und Personen vernetzen kann, wie man Daten interpretieren muss. Das ist nichts anderes als der Umstieg von der Wissens- in die Digitalgesellschaft, in der wiederum neue Spielregeln gelten.

Aber mit den neuen Technologien sind nicht nur Herausforderungen an die Wissens-arbeiter verbunden, sondern vielleicht sogar noch mehr an Mitarbeiter in der Fertigung. Auf den Fertigungssektor kommt unter dem Stichwort „Industrie 4.0" eine Welle der Automatisierung zu, die in ihren Ausmaßen kühnste Vorstellungen übertreffen wird. Hintergrund ist, dass ein Roboter nur etwa 1/8 der Kosten erzeugt wie ein Mensch in ähnlicher Rolle. Das wird denen in der Industrie, die es zuerst umsetzen, erhebliche Wettbewerbs-vorteile bringen und damit das Thema Prozessoptimierung in nächster Zeit – zumindest im Fertigungsbereich – bestimmen. Sieht man autonome Automobile auch als Roboter an, werden die Grenzen des Fertigungsbereichs sogar weit überschritten werden. Auch hier stehen wieder Daten und deren Handhabung im Fokus. Es ist aber absehbar, dass nach dieser Industrie 4.0-Entwicklung im Bereich der Prozessoptimierung eine Plateauphase erreicht sein wird, was darauf hindeutet, dass Peter Drucker mit seiner These Recht behalten könnte, dass dann eine Ruhephase eintreten wird.

In jedem Fall bleibt als fortlaufendes Potenzial der Wettbewerbsoptimierung das Thema „Innovation". Das ist ein Feld, in dem weder die aktuellen CAMSS-Technologien, noch cognitive Computer – auch dazu später mehr – massiv Einfluss nehmen können und werden. Computer können zwar, anders als der Mensch, beliebig große Datenmengen „kennen" und werden es Menschen so immer einfacher machen eine immer größere Informationstransparenz zu haben, aber letztlich werden sie zu Produkt-und Prozessverbesserungen – oder gar richtigen Innovationen – allenfalls einen Anstoß liefern können. Es wird hierzu weiterhin erfahrene Spezialisten benötigen, Ideen zu haben und die Spreu vom Weizen zu trennen.

Damit wird in Summe eines deutlich: Die wesentliche Herausforderung für die Unternehmensführungen wird sich immer mehr dahin verschieben, das Innovationspotenzial in drei Richtungen zu entwickeln:

- Neue Geschäftsmodelle
- Neue Produkte und Produktverbesserungen unter Einsatz neuer Technologien
- Optimierte Abläufe mit besserer Vernetzung

Denn nur dadurch werden sich Unternehmen am weltweiten Markt weiter differenzieren können. Dazu ist zunächst einmal der massive Einsatz, beziehungsweise die Integration der Möglichkeiten der CAMSS-Technologien notwendig. Mit anderen Worten: Die Weiterentwicklung zu einem Digitalen Unternehmen – und das betrifft nicht nur die Sicht nach außen, zu den Kunden, sondern schwergewichtig auch die interne Organisation.

1.1   Die Vorreiter

Als Grundlage für den Umbau zu einem Digitalen Unternehmen dienen, wie gesagt, die neuen CAMSS-Technologien. Sie schaffen in wechselnden Kombinationen sehr viele Möglichkeiten für neue und optimierte Prozesse, bis hin zu ganz neuen Geschäftsmodellen, die nicht selten in Konkurrenz zu bisherigen Modellen und deren Unternehmen stehen.

Bevor ich auf die Details eingehe, möchte ich exemplarisch zwei beeindruckende Beispiele von Unternehmen herausheben, die einen Teil des Weges heute bereits sehr erfolgreich umgesetzt haben: den Baustoffhersteller CEMEX und das Schuhhaus Reno. An ihnen wird deutlich, welche Veränderungen auch in angestammten Industrien auf uns zukommen. Beides sind keine Extrembeispiele, sondern liegen eher im Normalfeld dessen, was alle Unternehmen vor sich haben.

1.1.1 Die soziale Vernetzung bei CEMEX

CEMEX, 1906 in Mexiko gegründet, ist heute mit mehr als 44.000 Mitarbeitern und Handelsbeziehungen in mehr als 106 Länder der drittgrößte Baustoffanbieter weltweit. Ihr Hauptsitz in Deutschland liegt in Düsseldorf. Mitte der 2000er hatte das Management bei CEMEX aggressive Pläne für eine weltweite Expansion geschmiedet. Dadurch wuchs in dem damals sehr zentralistisch aufgestellten Unternehmen die Herausforderung irgendwie innovativer zu werden, um das vorhandene Expertenwissen in und für die Expansion besser nutzen zu können. Einer der frühen Ideen war eine erste globale Marke für Zement zu entwickeln. Normalerweise hätte man dafür in ein neues Labor oder Versuchsaufbauten für einen neuen Produktionsprozess investiert. So nicht bei CEMEX. Sie investierten stattdessen in den Aufbau eines sozialen Netzwerks und nannten es „Shift", was einerseits Schicht heißt, aber auch austauschen und verändern bedeutet.

„Shift" war 2007 als kleiner Pilot gestartet worden und wurde nur zwei Jahre später weltweit eingeführt – also zu einem Zeitpunkt, als nicht nur diese Branche schwer von der Weltwirtschaftskrise gebeutelt wurde. Zunächst hatte man klein mit Wikis und etwas später mit Blogs angefangen, wechselte dann aber schon 2011 auf eine vollständige soziale Plattform – die Wahl fiel auf IBM Connections – und ermöglichte, was in der Bauindustrie besonders wichtig ist, auch gleich den Zugriff von mobilen Geräten auf alle sozialen Services in der Plattform (Garcia 2014).

Ihr pragmatischer Ansatz war ungewöhnlich für die konservative Branche, aber auch ungewöhnlich für den Umgang mit sozialen Medien. Sie beschritten einen innovativen, hybriden Weg zwischen Hierarchie und „social". Statt rein auf soziale Selbstorganisation zu setzen, definierten sie zentral fünf Innovationsthemen, zu denen Communitys aufgesetzt wurden. Anders als bei ähnlichen Initiativen üblich, kamen die Mitarbeiter nicht von sich aus hinzu. Stattdessen wurden durchaus im klassisch-hierarchischen Sinne jeweils zwischen 400 und 800 Experten aus der ganzen Welt nominiert an diesen strategischen Themen mitzuarbeiten – was für jeden einzelnen Mitarbeiter als Ehre angesehen wurde. Um von Anfang an die Wichtigkeit herauszustellen, wurde allen auch gesagt, dass die Ergebnisse einmal pro Quartal dem Executive Committee vorgelegt werden würden.

Und die Initiative war und ist erfolgreich: Im Bereich ReadyMix (Fertigmix von Beton) arbeitet man sehr viel mit lokalen Zulieferern und unterschiedlichen Qualitäten von

Materialien. Deshalb galt der Aufbau einer weltweiten Marke hier als wirklich große Herausforderung. Die 684 Mitglieder in dieser Innovationsinitiative tauschten über 3000 Rezepturen und Erfahrungen aus. Darüber gelang es relativ schnell drei solche Marken zu definieren und weltweit einzuführen.

In einer anderen Community mit 660 Mitgliedern geht es darum, die in der Branche typisch sehr hohen Energieverbrauchskosten einzudämmen. Hier war es in Deutschland gelungen 80 % der fossilen Energien kostengünstiger durch alternative Energien zu ersetzen. Das Wissen darüber und die gemachten Erfahrungen wurden über Shift ausgetauscht. Die Kollegen in Polen wurden aufmerksam und begannen eine ähnliche Umstellung, wobei es ihnen gelang sogar 84 % zu ersetzen. Letztlich konnte auf weltweiter Ebene über „Shift" die Rate der Nutzung alternativer Energien um 18 % erhöht werden, was Einsparungen von über 140 Mio. US Dollar einbrachte – ein schönes Beispiel dafür, dass man den Erfolg von Social Business Initiativen manchmal auch mit harten Dollars belegen kann.

Bei CEMEX hat man dann auch begonnen sich selbstorganisierende CommUntys zuzulassen und zu fördern. Jeder Mitarbeiter kann eine solche initiieren und heute gibt es schon über 2200 Communitys von Experten, die auf fachlicher Ebene so effektiver zusammenarbeiten. Fünfzehn davon wurden als spezielle Expertennetzwerke zu bestimmten Fachthemen explizit herausgehoben und in der Organisation nochmals besonders sichtbar gemacht. Eines dieser funktionalen Netzwerke arbeitet im Bereich „Technologie, Gesundheit & Sicherheit", in dem man der ganzen Social Business-Initiative anfänglich besonders kritisch gegenüberstand. Mittlerweile weiß man den weltweiten Wissensaustausch deutlich besser zu schätzen und hat sogar beschlossen, dass alle Projekte mit einem Investitionsvolumen von über einer Million Dollar zunächst von der Expertengruppe in „Shift" freizugeben sind – ganz einfach, weil das geballte Wissen frühzeitig hilft, Fehler – und damit unnütze Kosten – zu vermeiden. Dafür hat man zehn Unter-Communitys gebildet.

1.1.2   Der neue Vertriebsprozess bei Reno

Reno ist mit über 750 Filialen der zweitgrößte Schuhhändler in Deutschland. Sie sind in einer Branche aktiv, die mit kleinen Margen arbeitet, die besonders hart umkämpft ist und aus der sich in den letzten Jahren fast alle Traditionsmarken verabschiedet haben. Der übliche Ansatz in einer solchen Branche ist der pure Fokus auf Kosten. Da ist auch Reno nicht wirklich eine Ausnahme. Trotzdem setzt man parallel auch stark auf Innovationen und das Überdenken von vielleicht veralteten Prozessen.

Der hohe Fokus auf niedrige Kosten führte in der Vergangenheit auch dazu, dass einer Kommunikation mit den Filialen oder gar zwischen Filialen oder direkt zu Mitarbeitern nur sehr wenig Augenmerk zugewandt wurde. So bestand die Kommunikation mit der Zentrale im Wesentlichen darin, dass die Filialleiter mehrmals im Jahr einen dicken Katalog in Papierform per Post zugeschickt bekamen und daraus ihre Bestellungen abwickeln mussten. Teilwiese gab es auch Nachrichten von der Zentrale, die direkt in die Kassen (!) einliefen – und das war es dann. Doch das ist Vergangenheit.

Im Frühjahr 2012 beschloss der geschäftsführende Gesellschafter Dr. Matthias Händle eine neue Kommunikationsabteilung aufzusetzen, die unter anderem das Ziel haben sollte, das Know-how unter den Mitarbeitern intensiver zu nutzen und breiter verfügbar zu machen. Zunächst Berater und dann Leiter dieser Abteilung wurde Jens Rauschen, der seinen Chef schnell von einer gänzlich neuen „Social Business"-Strategie überzeugen konnte, indem er die Schwachstellen des bisherigen Systems dagegen aufzeigte. Er bekam ein halbes Jahr Zeit den gesamten Kommunikationsprozess mit den Filialen neu zu gestalten.

Rauschen schaute sich verschiedene Lösungen am Markt an. Er suchte nicht nach einer traditionellen Intranetlösung mit einem Web-Content-Management, das zentral befüllt wird, sondern nach einer Social-Media-Suite, bei der alles auf Austausch ausgelegt ist und jeder einzelne Mitarbeiter zu einer erkennbaren Persönlichkeit wird – also mit sehr viel Transparenz, Kommunikation und Motivation. Natürlich machte das ein Umdenken – auch und gerade im Management – notwendig, da in dem neuen System plötzlich jede Entscheidung konkreten Personen zuordenbar werden konnte und – ganz neu – unmittelbares Feedback ermöglicht wurde. Bei Reno wurden im Laufe des Projekts fast alle bisherigen Kommunikationssysteme – vom Intranet bis zu den Gruppenlaufwerken – durch die soziale Plattform IBM Connections ersetzt. Jeder einzelne Mitarbeiter bekam seinen persönlichen Account und die Marktleiter mobile iPads mit einer einzigen App, um auf das System von überall im Markt zugreifen zu können (Rauschen 2012).

Heute ist der Schuhkatalog online in der Plattform und erlaubt sogar den Rückkanal über Kommentarfunktionen. Alleine die Einsparungen der Druck- und Versandkosten der Kataloge haben einen Großteil der Projektkosten getragen. Inzwischen wurde auch das CRM-System mit der sozialen Plattform verbunden, sodass die Filialleiter ihre Kennzahlen erstmals täglich frisch auf ihrem iPad finden, ohne alle direkten Zugriff auf das CRM-System haben zu müssen. Aber es sind nicht nur die Schuhbestellungen und Kennzahlen, die den Unterschied ausmachen. Es gibt viele weitere Beispiele, wie etwa den Austausch von mit den iPads gemachten Fotos der Dekoration in den Filialen über die integrierte Multimedia-Bibliothek. Der Vergleich der Bilder hat unter den Filialleitern automatisch und ohne Mehraufwand einen konstruktiven Wettbewerb ausgelöst – man orientiert sich jetzt an den jeweils besten Ideen der Kollegen, die man früher gar nicht kennen konnte.

Ein weiteres Beispiel: Bei Reno legt man viel Wert auf Nachhaltigkeit und untersucht im firmeneigenen Labor Schuhe auf Schadstoffe. Dies war bisher nur wenigen Mitarbeitern überhaupt bekannt – geschweige denn den Kunden. Heute werden auch solche Informationen einfach über die soziale Plattform kommuniziert, die Mitarbeiter können sie aufnehmen und im Kundengespräch weitergeben. Damit haben sie neue, bisher im Verborgenen schlummernde Argumente für die Wertigkeit der eigenen Produkte, was sich positiv auf das Unternehmensimage und die Kundenbindung auswirkt.

Social Business heißt für Rauschen „den Informationsweg von 'Push' auf 'Pull' zu drehen. Das ist eine Energieleistung, für die man unter anderem einen Wahnsinnigen im Unternehmen braucht" – als den er sich selbst sieht. Dass er mit dem Ansatz nicht ganz falsch liegt, zeigt sich auch in anderen erfolgreichen Transformationsprojekten in anderen

Unternehmen. Immer wieder fällt auf, dass jedes dieser Projekte mindestens einen Visionär mit entsprechender Durchsetzungskraft und einer Geschäftsführung, die der Person den Rücken stärkt, hat. Wissen allein reicht eben nicht immer, ein bisschen (delegierte) Macht hilft auch.

Bei Reno hat sich die Transformation nicht nur für das Unternehmen gelohnt, sondern auch für den Visionär: Jens Rauschen ist heute Mitglied der Geschäftsführung.

1.2   Was ein Digitales Unternehmen kennzeichnet

In beiden Beispielen erkennt man gravierende Veränderungen an Prozessen, bei CEMEX primär dem Innovationsmanagementprozess und bei Reno dem Vertriebsprozess. Auch wenn Informationstechnologie aus diesen Veränderungen nicht wegzudenken ist, so geht es in erster Linie aber doch um Prozessveränderungen – und das mit Blick in zwei sehr wesentliche Stoßrichtungen. Es betrifft:

- Das „Schaufenster zum Kunden" mit allem, was firmenintern dahinter steht. In Amerika spricht man hier vom „Digital Front Office".
- Das Unternehmen intern als „global integriertes Unternehmen", was in erster Linie die internen Prozesse und Formen der Zusammenarbeit anspricht und das sich zukünftig immer mehr als partizipatives Unternehmen, also als ein Social Business organisieren wird.

Digitales Unternehmen

Außen		Innen
Digital Front Office	**Digital Transition Framework** Komponenten der Digital-Transformation	**Global integriertes Unternehmen (Social Business)**
	Geschäftsmodell	
Eine kundenorientierte Strategie entwickeln	Kundenorientierte Strategie	Innovation, Kreativität & Design
Das Wissen über die Kunden kultivieren	Integrierendes Operating Modell	Social Collaboration
Ein System des Engagements aufbauen	Cloud Infrastruktur	Advanced Analytics
	IT Operations	

Im rechten Kasten: Die Abläufe weltweit optimieren / Social Informationen und Analytics aktivieren / Die Agilität der Organisation erhöhen

1.3   Das „Digital Front Office"

Beim „Digital Front Office", also dem „Schaufenster zum Kunden", geht es in erster Linie darum zu überdenken, wie Menschen, durchaus als Kunde verstanden, mit Unternehmen und öffentlichen Organisationen in Kontakt treten, interagieren und sich engagieren – und wie man in dem Zusammenhang gemeinsam Mehrwerte erschafft, also dem Kunden etwas verkauft, sich von ihm aber auch beeinflussen lässt. Ein Beispiel könnten da personalisierte Produkte, z. B. im Pharmabereich, genauso wie ein personenbezogen gestalteter Preis sein.

Was dabei so wesentlich anders als bisher ist, ist dass man den Kunden nicht mehr als normiertes Mitglied einer Käuferschicht betrachten kann, sondern als Individuum. Virginia Rometty, die Vorsitzende der Geschäftsleitung der IBM, hatte dazu bereits 2013 das „Ende der Mittelwerte" für gekommen erklärt.

Ganz früher kannte man als guter Verkäufer seinen Kunden, doch mit zunehmender Globalisierung des Handels ist das kein allgemein tragfähiges Modell für die normale Kundenbeziehung. In der analogen Welt wurden Kundenkarten eingeführt, die zumindest etwas Transparenz in das Kaufverhalten bringen sollten. Das war aber nur ein müder Anfang gegenüber dem, was heute über digitale Kanäle möglich ist:

- Internet-Nutzer hinterlassen beim Suchen über Suchmaschinen, beim Nutzen eines kostenfreien E-Mail Dienstes oder auch beim Anklicken vieler Sites im Internet Daten über sich, die u.a über Cookies Rückschlüsse auf den Nutzer zulassen.
- Nutzer sozialer Medien, wie Facebook, Twitter, WhatsApp, usw. hinterlassen oft sehr viele, öffentlich zugänglich Details über sich.
- Smartphone-Besitzer hinterlassen bei jedem Surfen im Internet, aber auch bei jedem Kauf (der nicht klassisch mit Bargeld erfolgt) und bei jeder physischen Bewegung, die vom Smartphone fast unbemerkt mitverfolgt werden kann, oft eine Unmenge an Daten.
- Dazu kommen weitere Daten von Sensoren aus dem „Smart-Home" der Kunden – der berühmte Kühlschrank, der sich meldet, wenn das Bier auf den Rest zugeht, lässt grüßen.

Diese digitalen Kanäle zu nutzen, die Geschäftsmodelle darauf anzupassen oder gar ganz neu zu erfinden und vor allen Dingen auch die Unternehmen intern dafür fit zu machen, wird für viele Unternehmen eine der ganz großen Herausforderungen der nächsten Jahre sein.

Laut der „IBM Global C-Suite Study 2013" (IBM 2013), zu der mehr als 4100 Führungskräfte aus 70 Ländern in Einzelinterviews befragt wurden, sehen diese Führungskräfte ebenfalls, dass digitale Kanäle in den kommenden Jahren zu einem der wichtigsten Mittel der Interaktion mit Kunden werden werden. Schon heute nutzen mehr als die Hälfte der Unternehmen solche Kanäle und es ist absehbar, dass es bis 2018 über 90 % sein werden. Von den Leitern der Rechenzentren (CIO – Chief Information Officer) und ihrer Teams wird spätestens bis dahin erwartet, dass sie die technischen Grundlagen dafür schaffen – ein enormer Klimmzug, da die heutigen Prozesse und Systeme darauf oft nicht vorbereitet sind und Informationstechnologie zu oft nur nach Kostengesichtspunkten gemanagt wird.

Auffällig ist, dass die CIOs in überdurchschnittlich erfolgreichen Unternehmen bereits doppelt so häufig wie in den anderen Unternehmen auf eine integrierte Strategie zur Verbindung der digitalen und physischen Elemente ihres Unternehmens setzen.

Es geht dabei aber nicht nur darum Daten über Kunden einzusammeln, sondern vielmehr darum insgesamt eine neue, kundenorientiertere Strategie zu entwickeln. Wer an dieser Stelle bemerkt, dass man das schon immer gemacht hat, täuscht sich wahrscheinlich. Denn war es bisher nicht so, dass man sich fast immer ausgehend von dem eigenen Produkt überlegt hat, wie man es am besten verkaufen kann, ohne wirklich Rücksicht auf den einzelnen Kunden zu nehmen? Fairerweise ist zu bemerken, dass es bisher eigentlich auch gar nicht anders ging, weil man in der Regel zu wenig vom einzelnen Kunden wusste.

Eine wirklich kundenorientierte Strategie fordert eine nahezu umgedrehte Sichtweise: „Hier ist ein Kunde. Wie kann ich Geschäft mit ihm machen?" – und das auch noch bezogen auf das Individuum. Das beinhaltet oft auch eine Abkehr von dem Gedanken Produkte zu verkaufen, hin zum Angebot vom Komplettlösungen, die Produkte und Services beinhalten. Das beinhaltet mit einem plakativen Beispiel ausgedrückt: statt Autos zu verkaufen Mobilitätskonzepte à la Car2Go (Daimler), DriveNow (BMW) oder Quicar (Volkswagen) anzubieten und, wie es z. B. Daimler mit seiner Car2Go App tut, auch Wettbewerbsprodukte, wie in diesem Beispiel den öffentlichen Nahverkehr, mit einzubeziehen. Solche Angebote sind nur möglich, wenn man die Kompetenzen im Unternehmen und auch mit (neuen) Partnern ganz anders bündelt; also neue, grenzüberschreitende Formen der Zusammenarbeit mit agilen, mitdenkenden Mitarbeitern eingeht.

Dazu lässt sich eine Abkehr von der linearen Lieferkette („Supply Chain") hin zu Ökosystemen von Partnern beobachten. Dabei können die Partner in anderen Bereichen auch einmal Wettbewerber sein, erbringen aber eben auch manchmal gemeinsam Leistungen für Kunden. Dabei kann es sein, dass sie zu unterschiedlichen Zeiten im Ablauf aktiv werden. Ein plakatives Beispiel ist eine Urlaubsreise, bei der klassisch ein Reisebüro eine vorkonfektionierte Reise aus einem Katalog gebucht hat. Heute haben die Kunden individuellere Ansprüche und auch mehr Vorwissen zu den Angeboten – aus dem Internet über Vergleichsportale und Hotelbewertungen. Da sind die angebotenen Hoteltermine in Einklang zu bringen mit individuell ausgesuchten Flügen, von einem weiteren Anbieter kommt der Mietwagen dazu und ein weiterer bringt den Picknickkorb für das Essen am Ankunftstag. Der Kunde erwartet, dass das Ökosystem „Reise" perfekt funktioniert.

An dem Beispiel erkennt man, dass sich für Unternehmen – auch Start-ups – neue Chancen jenseits der klassischen Lösungen und Prozesse auftun, zum Beispiel als Koordinator in einem solchen Ökosystem aufzutreten. Differenzierend wird dabei sein, welches Wissen es über den Kunden hat oder mitbringt und wie gut seine Kommunikationssysteme mit dem Rest des Ökosystems funktionieren. Der Kunde wird ihn letztlich über die Leistung des gesamten Ökosystems nach Qualität und Preis beurteilen und die Partner innerhalb des Systems werden mittelfristig nur mitmachen, wenn sie auch für sich daraus einen Mehrwert generieren können.

Dazu bedarf es vieler Daten, über den Kunden und seine Vorlieben, aber auch über die Partner und deren Lösungsbeiträge und über den späteren, realen Ablauf des gemeinsamen Angebots, um daraus im Sinne von Verbesserungsmanagement zu lernen. Das ist aber bei Weitem nicht alles, denn der Anbieter muss:

- In der Lage sein Kundenfragen idealerweise sofort (automatisch) zu beantworten – auch über die Teilangebote hinweg.
- Die Angebotsmodule von den Unteranbietern sofort individuell an den Kunden und seine Anforderungen anzupassen.
- Dem Kunden einen Zugriff auch von beliebigen, insbesondere also auch mobilen Geräten aus zu ermöglichen.
- Bei Vertragsabschluss die Unteranbieter über spezielle Anforderungen zu informieren, dass der reibungsfreie Ablauf gewährleistet werden kann.
- Für das Angebot Werbung machen und es auch in sozialen Netzwerken tun.
- Idealerweise den Kunden einbinden sich selbst für das Angebot oder auch eine Produktverbesserung zu engagieren. Dieser Rückkanal ist auch als Maßnahme zur Vertiefung der Kundenbindung zu verstehen.

Diese Liste, die nicht vollständig ist, zeigt deutlich, wie viel das Ganze auch mit Kommunikationsprozessen zu tun hat. Die Thematik beschränkt sich gar nicht auf Unternehmen sondern ist auch weitgehend auf öffentliche Organisationen übertragbar, nur dass hier der Kunde der Bürger ist.

1.3.1   Digital Front Office – von Vorreitern lernen

Es gibt Beispiele zuhauf – in ganz klein und ganz groß. Ich greife jeweils eins heraus, zunächst das kleine.

Seit dem Dreikaiserjahr 1888 fertigt und verkauft die Familie Schott im nordhessischen Städtchen Homburg Schuhe und beschäftigt dort heute im traditionellen Schuhgeschäft 10 Personen. Soweit nichts Besonderes und die Standardfrage, wie lange so ein Geschäft noch erfolgreich weiterlaufen kann, sitzt natürlich immer im Nacken. Doch Markus Schott, der Geschäftsführer, begann 2008 eine innovative Idee umzusetzen, die sein Unternehmen umkrempelte und in die Neuzeit katapultierte. Als Nebeneffekt konnte er bis heute schon 16 weitere Mitarbeiter einstellen und sein Unternehmen wächst weiter. Was hat Schott gemacht?

Er hatte Mitte der 1990er seinen Bruder in Australien besucht und dort gesehen, dass die Australier bei jeder Gelegenheit, egal ob am Strand, im Supermarkt oder in der Stadt Flipflops trugen. Jetzt sind normale Flipflops auf Dauer weder bequem, noch gesund. Seine Idee bestand darin, sie mit einem Fußbett auszuliefern. Aber nicht mit irgendeinem Fußbett, dem Mittelwert der jeweiligen Größe, sondern ganz individuell für jeden Kunden angepasst. Im kleinen Homburg skaliert so etwas nicht, aber nun gibt es ja das Internet.

Unter der Marke „MyVale" bietet er seinen neuen Kunden weltweit an, einen Fußab-
druck einzusenden. Der Kunde erhält dann wenige Tage später seine perfekt angepassten,
gesunden MyVale Flipflops. Schott hat es so geschafft aus einer Nische eine eigenstän-
dige Marke zu machen und ein sehr traditionelles Geschäft dank der Skalierung durch
das Internet zu etwas ganz Neuem zu führen, auch wenn die einzelnen Komponenten
Flipflops, orthopädische Schuheinlage, ein Maßprodukt in großer Stückzahl herstellen
und online weltweit anzubieten im Einzelnen für sich genommen nicht neu waren, so ist
es seine individuelle Kombination. Und für sein kleines, mittelständisches Unternehmen
eine echte Erfolgsgeschichte (Schott 2014).

Das zweite Beispiel: Keiner in Deutschland baut einen bestehenden, großen Konzern
so strategisch zu einem Digitalen Unternehmen um, wie Mathias Döpfner den von ihm geführten Axel Springer SE Konzern. 2005 hatte er noch versucht Wachstumspotenziale im
Fernsehmarkt zu erschließen, wurde dann aber vom Kartellamt ausgebremst. Nach einem
weiteren Versuch im Jahr 2007 als Postdienstleister zu wachsen, was durch Entscheidungen zum Mindestlohn ausgebremst wurde, änderte er seine Strategie. Von nun an hieß es
„Das Wachstum der Zukunft liegt in der Digitalisierung und im Ausland."

Dass er mit dem eingeschlagenen Weg einen für viele unbequemen, aber für das Unternehmen erfolgreichen und für andere wegweisenden Weg eingeschlagen hat, zeigen die
Zahlen. Der Umsatz mit den digitalen Medien wuchs 2014 auf 53,2% (2013 waren es
noch 47,9%) und zum Gewinn steuern sie sogar 72,1% bei. Dagegen lief es im klassischen
Print-Geschäft in allen Bereichen rückläufig.

Was hat er gemacht? Zunächst hat Döpfner nach neuen Geschäftsmodellen gesucht und
Anzeigenportale wie Immonet, Seloger und Stepstone und neue Online-Vermarktungs-
dienste aufgebaut. Und dann hat er einen Großteil der Zeitungen und Magazine, die Axel
Springer früher als Kerngeschäft führte, wie das „Hamburger Abendblatt", die „Berliner
Morgenpost" und „Hörzu" an die Essener Funke-Gruppe verkauft. Damit hat er den Kon-
zern von einem Medienhaus zu einem Digitalkonzern umgebaut.

Das ist gelungen, weil er rechtzeitig die Entwicklungen vorhergesehen hat, die die Digitalisierung der Gesellschaft brachten: Nachrichten werden vermehrt in sozialen Medien
von jedem für jeden erstellt und online konsumiert. Auf dem von der Deutschen Welle
veranstalteten Global Media Forum 2014 äußerte sich Döpfner zur Rolle der sozialen Medien beim sichtbaren Niedergang der Printbranche. Er sagte: „Der Vertrieb journalistischer
Inhalte wird durchaus revolutioniert." Allerdings gelte dies nicht für die journalistische
Arbeit selbst: die Erstellung von Inhalten, die Garantie für Qualität, die Schaffung von
Vertrauen und die Übernahme von Verantwortung. Tatsächlich lehre die Digitalisierung an
den Grundwerten journalistischer Arbeit festzuhalten, um nicht nur die gefällige, sondern
weiterhin auch anstrengende und zuweilen gefährliche Arbeit der Berichterstattung zu
erledigen. (Schulz 2014).

Als Verlagshaus musste sich Springer anpassen. Es ging nicht darum den Redakteuren
den Boden unter den Füßen wegzuziehen, sondern ein Geschäftsmodell zu finden, das
auch in Zeiten der Digitalisierung erfolgreich sein kann. Das scheint ihm zunächst gelungen zu sein.

1.4 Das global integrierte Unternehmen – ein Social Business

Für die Unternehmensleitung muss die selbstkritische Frage nach dem richtigen Geschäftsmodell für die Zukunft, dem optimierten „Schaufenster zum Kunden" und der stimmigen Auswahl der Angebote natürlich im Vordergrund stehen. Es wäre aber ein Irrglaube zu meinen, dass es sich darauf beschränkt. Denn eine unveränderte, klassisch-hierarchische Organisation mit ihren gewachsenen und teils verkrusteten Strukturen ist gar nicht in der Lage solche neuen Modelle umzusetzen. Hier ist – wenn vielleicht auch nicht als Voraussetzung, so denn aber zumindest als parallele Maßnahme – ebenfalls ein neues Niveau zu erreichen: Überkommene Silostrukturen müssen aufgebrochen, Motivation und Produktivität auf ein neues Niveau gehoben und alte Gewohnheiten zur Disposition gestellt werden. Denn letztlich geht es um eine Transformation der Organisation mit Blick auf Effizienz, Effektivität und Schaffung neuen Wachstums.

Dazu ist es unumgänglich alle Abläufe und Prozesse auf den Prüfstand zu stellen – so ähnlich, wie man es in den 1990ern unter dem damals neuen Qualitätsstandard ISO 9000 gemacht hat. Damals ging es darum das Prinzip von Frederick Taylor Wissen auf Arbeit anzuwenden, um Strukturen in Arbeitsabläufen zu erkennen und zu optimieren, also aus unstrukturierten Abläufen optimierte Prozesse zu machen. Diesmal geht es darum ein neues Kommunikationsmedium einzuführen, wie es vor über einhundert Jahren das Telefon und vor dreißig Jahren die E-Mail waren, nämlich die sozialen Medien. Sie erlauben neue, effektivere und produktivere Formen der Zusammenarbeit und des Wissensaustauschs. Dabei werden quasi „on the fly" – also nicht als zusätzlicher Aufwand – intern auch wesentlich mehr Daten, allerdings in in der Vergangenheit nur schwer nutzbarer unstrukturierter Form, erzeugt. Neue Technologien im Bereich Business Analytics machen die erfolgreiche Nutzung solcher Daten nun aber mehr und mehr möglich und sind damit ein weiterer Meilenstein bei der Entwicklung zum digitalen Unternehmen.

Da ist es nur konsequent, dass die Internationale Organisation für Normung (ISO) in ihrer aktuellen Überarbeitung der Qualitätsnorm ISO 9001:2015 das Thema der Informationsflüsse in den Prozessen unter dem alten und etwas unglücklich gewählten Stichwort „Wissensmanagement" endlich mit aufgenommen hat. Das bedeutet, dass sich alle Organisationen, die entsprechend zertifiziert sein wollen, zumindest intensiv mit dem Thema auseinandergesetzt haben müssen – mit anderen Worten: Das Thema Social Business/ Wissensmanagement ist von keinem Unternehmen oder öffentlichen Organisation mehr zu ignorieren.

Grundsätzlich lässt sich mithilfe von Social Media Tools das Wissen einer Organisation viel effektiver zusammenführen und allgemeiner nutzbar machen, als es noch vor wenigen Jahren möglich gewesen wäre. Grundsätzlich gilt, dass tatsächlich jeder einzelne Prozess zu analysieren ist, ob die neuen Möglichkeiten nicht eben doch positive Auswirkungen auf ihn haben könnten. Denn in den alten Abläufen fehlt es zu oft an Möglichkeiten der heute erforderlichen Agilität und Flexibilität. Hier sind jetzt die Voraussetzungen zu schaffen und das bedeutet nichts anderes als den Umbau der internen Seite zu einem durchgängig und gegebenenfalls weltweit integrierten Unternehmen. Der Hebel besteht in der Nutzung der neuen CAMSS-Technologien auch intern – in anderen Worten: durch die Transformation interner Prozesse zu einem „Social Business", also einem Unternehmen, das soziale Medien als neues Kommunikationsmittel auch intern zur effektiveren Wissensverteilung einsetzt. Dabei ist das IT-Tool nur das neue Werkzeug, wie früher einmal das Telefon. Auch damals musste man sich überlegen, welche neuen Chancen ein Telefon bietet und wie man die Arbeitsweisen und Kommunikationsformen darauf anpassen sollte.

Ein Anwendungsbeispiel dazu, das den realen Nutzen aufzeigt: Viele Unternehmen haben heute das einfach aussehende Problem nicht zu wissen, was man mit ihren Produkten alles machen kann. Produkte können hier kleine Bauteile oder auch größere Dinge sein. In klassisch-hierarchischen Kommunikationsstrukturen mit ihren Silos zwischen Unternehmensbereichen ist das bei Weitem kein triviales Problem und ich kenne Unternehmen, die es über Jahrzehnte beschäftigt hat. Sie wissen, dass es zu jedem Produkt sowohl in der Entwicklung, der Fertigung und im Vertrieb, sowie bei den Kunden und Nutzern zahlreiche Experten gibt, die sich bestens auch mit Nischennutzungen dieser Produkte auskennen. Deren Problem ist, dass sich dieses spezifische Detailwissen in den klassischen Kommunikationsstrukturen nicht weit verteilt und damit schon gar nicht zentral verfügbar ist. Sehr viele Unternehmen sind an dieser Fragestellung mit zentralistischen Ansätzen bisher weitgehend gescheitert. Damit sind ihnen riesige Marktchancen entgangen, weil sie, letztlich aus Unwissenheit, ihre Produkte bei Weitem nicht für alle Einsatzszenarien angeboten haben. Ähnlich gelagert und noch einfacher, aber auch häufig vertreten, ist das Problem, dass die Vertriebsmitarbeiter einen großen Teil der Produkte gar nicht kennen und deshalb nicht anbieten.

Hier hilft es eben wirklich ein Social Business zu werden, das Wissen also sozial zu vernetzen, indem die Mitarbeiter partizipativ über (bisherige) Grenzen zusammenarbeiten.

Aber es geht – auch unter dem Gesichtspunkt, dass die innere Organisation als wesentliche Aufgabe das Geschäft, also das Digital Front Office, am Laufen halten muss – um mehr: Die Frage ist, wie industriell und im Non-Profit Sektor heute Werte entstehen und wie sich das zukünftig ändern wird. Reichte es bisher eine gut aufgestellte Organisation zu haben, die ein motiviertes Team hat, in ihren Werten einen klaren Fokus auf die Kunden aufzeigt, ihr Wissen gut bewahrt und nutzt und schlanke Prozesse hat, so wird das zukünftig nicht mehr hinreichend sein. Nicht dass die bisherigen Werte wegfallen, aber es kommen neue hinzu: die Flexibilität haben, sich schnell auf sich ändernde Bedingungen am globalen Markt einstellen können, den Markt immer wieder mit innovativen Lösungen überraschen, dynamisch neue Geschäftsmodelle ausprobieren und einführen können und dazu eine Mitarbeiterschaft haben, die über die gesamte Unternehmensbreite fast perfekt zusammenarbeitet. So entstehen neue Wettbewerbsvorteile für die Unternehmen, die ihre Prozesse fortlaufend überprüfen und konstruktiv auf Prozessverbesserungen setzen. Typische Ziele solcher Veränderungen sind Kosteneinsparungen, Prozessbeschleunigungen und auch Qualitätsverbesserungen und nicht zuletzt die Steigerung der Kundenzufriedenheit, u. a. durch eine stark gestiegene Agilität.

Die Realität sieht viel zu oft noch ganz anders aus: Unsere Arbeitsweisen haben sich in den letzten Jahren trotz sich ändernder Rahmenbedingungen nur wenig gewandelt. Noch sehr oft fühlt man sich an eine Metapher aus dem Sport erinnert: In Fußball-Jugendmannschaften versuchen die Nachwuchsspieler – zumindest anfänglich – immer selbst das Tor zu machen, auch wenn sie dafür über den ganzen Platz laufen müssen und ein Teammitglied in der besseren Schussposition wäre. Doch die Talente von morgen lernen schnell, dass es sich beim Fußball um eine Mannschaftsleistung handelt, und gehen bald dazu über, sich gegenseitig die Bälle zuzuspielen. In vielen Unternehmen arbeiten die Mitarbeiter seit Jahrzehnten wie solche Jungendmannschaften: Sie versuchen Dinge möglichst eigenständig zu lösen – selbst auf die Gefahr hin, dass sie auf diese Weise zu viel Zeit investieren oder das Ziel nur mit einem qualitativ schlechteren Ergebnis erreichen. Eine Weiterentwicklung der Arbeitsweisen in Richtung Social Business findet kaum statt, selbst wenn allen Beteiligten mehr oder weniger klar ist, dass die bisherigen Verfahren von Zusammenarbeit und Kommunikation unter dem Aspekt des zunehmenden, internationalen Wettbewerbsdrucks nicht mehr zeitgemäß sind.

Der Fußballverein Arsenal London hat vor Jahren den sogenannten „One Touch"-Fußball eingeführt – was bedeutet, möglichst immer sofort wieder abzuspielen – und ist damit sehr erfolgreich. Es ist eigentlich die Arbeitsweise von Managern: Impulse setzen und die Besten machen lassen. Übertragen auf Unternehmen heißt das trotzdem nicht, dass man nur noch kommunizieren sollte. Natürlich muss auch Arbeit im klassischen Sinn erledigt werden. Jeder Fußballer muss auch ein Stück laufen, aber eben nur das Stück, das im Gesamtkontext Sinn macht. Das Management ist der Trainer seiner Organisation und sollte sie so führen, dass die Mitarbeiter möglichst intuitiv erkennen, wann der jeweils sinnvollste Zeitpunkt zur Ballabgabe ist. Aus der Sicht der Mitarbeiter ist die entscheidende Frage – wieder in der Fußballanalogie – „Wann sollte man wen anspielen?" Die Aufgabe des Managements der Zukunft im Unternehmen besteht in diesem Zusammenhang darin die Arbeits- und Kommunikationsprozesse so zu verändern, dass man sich in der Organisation „die Bälle besser zuspielt", wie es stetig weiter optimierte Prozesse erfordern. Es geht also darum, die Wertschöpfung in den einzelnen Prozessschritten unter Einbeziehung neuester Technologien immer weiter zu optimieren. Für das global integrierte Unternehmen bedeutet das, dass die interne Transformation zu einem Social Business einzuleiten ist.

1.4.1   Wissensmanagement: Der Fehlstart in den 1990ern

Die heutigen Social Business Initiativen sind nicht der erste Versuch einer Unternehmenstransformation in diese Richtung, aber die damaligen Lösungen waren zu sehr an bestimmten Interessen orientiert und zu ihrer Zeit noch nicht ausgereift. Dazu sind insbesondere zwei Ansätze zu nennen, die heute als Fehlentwicklung gelten, auch wenn Weiterentwicklungen daraus heute als wichtige Bestandteile von Social Business-Inititaiven gelten. Das war zum einen das sogenannte Wissensmanagement in den 1990ern und als zweites James Surowiecki's falsch aufgesetzter „Wisdom of Crowds"-Ansatz von 2005.

Peter Drucker hatte 1954 in seinem Buch „The Practice of Management" den Begriff des Knowledge Workers, des Wissensarbeiters, eingeführt, der nach dem 2. Weltkrieg seine Karriere nicht mehr als selbstständiger Apotheker oder in ähnlichen Berufen suchte, sondern als Mitarbeiter in größeren Unternehmen einstieg. Dazu führte Drucker aus, dass „jeder Geistesarbeiter [wie es in der Originalübersetzung heißt], der Wissen, Können und Urteilskraft auf seine Arbeit verwendet, Entscheidungen trifft, die das Ganze angehen." Zusätzlich machte Drucker auch klar, wer die Verantwortung hat: „Gewiss muss sich der Manager in erster Linie vergewissern, dass die ihm Unterstellten ihr Bestes tun, und zwar auf die beste Art und Weise. Aber er trägt eine echte Eigenverantwortung, die echte Autorität erfordert." Letzteres sah er nicht nur im Management, sondern auch bei den Wissensarbeitern selbst. Für ihn war auch klar, dass man sich Gedanken machen müsse, wie man die Produktivität dieser Wissensarbeiter managen und steigern können müsste. Dafür wurde später der etwas verkürzte und damit irreführende Begriff „Wissensmanagement" benutzt, denn eigentlich geht es dabei nicht um das Managen von Wissen (was nach Aussage vieler Fachleute, wie z. B. Larry Prusak und Ikujirō Nonaka sowieso nicht gehen kann), sondern um das Managen von Wissensarbeit.

Über viele Jahre blieb es eher ein Thema der Soziologie, bis es Mitarbeiter von Beratungsfirmen Anfang der 1990er Jahre aufgriffen. Sie waren bis dahin gewohnt gewesen vier Tage in der Woche direkt beim Kunden zu arbeiten, um typisch am Freitag im Büro auf dem Desktop-PC die Ergebnisse zu dokumentieren. Der positive Nebeneffekt war, dass sie so regelmäßig Erfahrungswissen austauschen konnten und damit Teil eines lernendes Unternehmen waren, ohne das strukturiert zu organisieren.

Dann wurden Laptops erschwinglich, womit eine gravierende Veränderung ihrer Prozesse begann. Mit ihnen war es möglich direkt beim Kunden zu dokumentieren und somit alle fünf Arbeitstage der Woche direkt beim Kunden zu verbringen – und das auch in Rechnung zu stellen. Der scheinbare Vorteil entpuppte sich jedoch schnell auch als Nachteil: Der natürliche Erfahrungsaustausch fiel unter den Tisch. Um das zu kompensieren wurde in den Beratungsunternehmen beschlossen noch mehr zu dokumentieren, es zentral zu sammeln und allen zur Verfügung zu stellen. Die Idee der sogenannten „Wissensdatenbank" war geboren. Sie war in den Beratungsunternehmen nötig geworden, weil man den Arbeitsprozess der Beratungsarbeit gravierend verändert hatte. Schnell wurde in Analystenreports berichtet, dass Beratungsfirmen bis zu 15 % ihres Umsatzes in Wissensmanagement investieren würden – also erhebliche Summen. Die Wahrheit war, dass das Geld im Wesentlichen für den Kauf der Laptops ausgegeben wurde, die den Bedarf an Erfahrungsmanagement eigentlich erst ausgelöst hatten.

Solche damals eingeführten Informationsansammlungen mit Feedback aus den einzelnen Projekten machen im Beratungsbetrieb durchaus Sinn, was man daran erkennt, dass Beratungsunternehmen ganz grob auch heute noch so arbeiten. Nur war der Rückschluss der Berater, dass auch ihre Kunden von nun ab Wissensdatenbanken benötigen würden, eher ein Selbstzweck zur Beschaffung neuer Aufträge, als das Ergebnis einer echten Analyse. Bei ihren Kunden waren weder prozessverändernde Laptops eingeführt worden noch hatten sich die erprobten Prozesse der Informationsweitergabe in der Zeit anderweitig wesentlich verändert. Somit fehlte ein realer Bedarf und das zusätzliche Dokumentieren wurde eher als „Overhead" angesehen. Das merkte man in den Wissensmanagementprojekten aber erst, als die Wissensdatenbanken an gravierenden Akzeptanzproblemen scheiterten – selbst wenn zusätzlich sogenannte Motivationsprogramme aufgesetzt wurden. Das war letztlich ein gutes Zeichen dafür, dass Selbststeuerungsmechanismen in den Unternehmen durchaus gut funktionieren und die Mitarbeiter ein klares Gespür dafür haben, was sinnvoll ist und was nicht.

Das praktische Wissensmanagement der 1990er Jahre begann also mit diesem Missverständnis. Die theoretische Grundlage hatte dazu wider Willen der japanische Professor Ikujirō Nonaka mit seinem *SECI-Modell* geliefert (Nonaka und Takeuchi 1995). Es wurde so interpretiert, dass es Sinn machen würde das Wissen, das die Mitarbeiter in ihren Köpfen hätten, zu dokumentieren und dann über elektronische Medien anderen zur Verfügung zu stellen. Die würden das wiederum als neues Wissen aufnehmen und weiteres Wissen daraus bilden, sodass sich eine endlose Schleife des Lernens ergeben würde. In Verbindung mit den damals ebenfalls populären Thesen von Peter Senge zum „lernenden Unternehmen" [Senge 1990] schien so ein perfekter Wissenskreislauf zu entstehen. Nur leider war es in der Realität nicht so und zumindest von Nonaka auch nie so beabsichtigt, wie er in späteren Werken immer wieder betonte.

Dazu hatte Thomas A. Stewart in seinem 1997 erschienen Buch „Intellectual Capital: The New Wealth of Organizations" Wissen als den neuen und vielleicht wichtigsten Produktionsfaktor propagiert und dazu aufgerufen sogenannte „Wissensbilanzen" zu erstellen. Der englische Professor Ralph Stacey glaubt dagegen nicht, dass man intellektuelles Kapital in irgendeiner bedeutungsvollen Weise überhaupt messen kann und hält damit Wissensbilanzen auch nicht für sinnvoll. Auch aus seiner Sicht kann man Wissen nicht managen, weil man den Verstand und die Beziehungen von Menschen nicht managen kann, Wissen aber nur durch Interaktionen zwischen Menschen entsteht. Damit unterscheidet er sich von den systemischen Ansätzen, die die Frage, wie Wissen entsteht, genau genommen immer ausklammern. Für ihn sind es die sich komplex verhaltenden Prozesse der Verbindungen von Personen, die zum Entstehen neuen Wissens führen und deshalb zu managen sind (Stacey 2001). Wenn schon in der Wissenschaft umstritten, muss man anmerken, dass Wissensbilanzen ihr Versprechen in der Realwelt auch nicht gehalten haben – man nehme nur die Wissensbilanz-Bewertung von vielen Unternehmen und dann deren Zusammenbruch im Börsencrash im Jahr 2000. Wenn man die Bilanzen nicht als Bilanzen versteht, sondern so ähnlich wie die ISO 9000 Zertifizierung als Anlass sich einmal konkret Gedanken über die Prozessoptimierung zu machen, dann passt es wieder – nur bleibt der Name unglücklich gewählt.

Man muss sich letztlich fragen, warum dieses Wissensmanagement der 1990er so kläglich gescheitert ist. Natürlich ist der Hauptfaktor nicht etwa – wie so oft unterstellt – die falsche Unternehmenskultur (eine Unternehmenskultur eines erfolgreichen Unternehmens ist immer die richtige!) – sondern der fehlende Mehrwert in den realen Prozessen. Der Konstruktionsfehler war, dass für die Wissensdokumentation Mehraufwand zu tätigen war, dem nur in Ausnahmefällen wirklicher Mehrwert entgegen stand. Dieser Mehraufwand musste sein, weil man damals den Qualitätsanspruch hatte, dass auch alles, was intern veröffentlicht wurde, zunächst vom Zuständigen oder zumindest einem „Subject Matter Expert" freizugeben wäre. Das war der wirkliche Killer und das ist auch der ganz große Unterschied zum heutigen Ansatz der internen Transformation zu einem Social Business.

Heute geht man davon aus, dass der Mitarbeiter nichts zweimal dokumentieren muss, sondern direkt in einer mit Social Media Funktionen ausgestatteten Arbeitsumgebung arbeitet, was letztlich aber auch eine Änderung, bzw. einer Modernisierung des zur Arbeit zur Verfügung stehenden Toolsets und der Prozesse erfordert. Zudem bedarf es keines aufwendigen Freigabeprozesses mehr, denn heute ist es selbstverständlich, dass der Aufnehmende die Qualität vor einer Wiederverwendung selbst beurteilen muss. Dabei hilft die sogenannte „Schwarmintelligenz", die in Form von in den modernen Tools überall hinterlassbaren Kommentaren sichtbar wird. In diesen Kommentaren können Andere ihr Zusatzwissen dokumentieren und auf potenzielle Fehler hinweisen.

1.4.2   Schwarmintelligenz oder besser Leuchttürme?

Der zweite Fehlstart – nicht ganz so bedeutend, dramatisch und teuer – kam 2005 mit James Surowiecki, der mit einer falschen These zunächst für viel Verwirrung sorgte, letztlich aber ein wichtiges Thema in das allgemeine Interesse rückte: die „Weisheit der Vielen" (Surowiecki 2005). Surowiecki behauptete, dass man nur eine genügend große Gruppe von Personen befragen müsse und dann würde der Mittelwert quasi automatisch sehr nahe bei der richtigen Antwort liegen. Das funktioniert tatsächlich relativ gut bei Schätzumfragen, wie „Wie viele Kugeln sind in diesem Glas?" oder auch bei Schätzungen zu Wahlergebnissen, wo es eine Wissenschaft für sich geworden ist, weil es hier besonders um nur geringe Abweichungen geht.

Wenn es aber um Wissen geht, besteht eine starke Abhängigkeit vom Wissen der Teilnehmer in dem jeweiligen Fachgebiet. Die Wahrscheinlichkeit über den Mittelwert der Antworten zu einem richtigen Ergebnis zu kommen, ist dann oft von der Zufallswahrscheinlichkeit kaum noch zu unterscheiden. Das kann man immer wieder in Rateshows beim Publikumsjoker beobachten. Solange keine Leuchttürme des Wissens, also Experten, im Schwarm dabei sind, kann eigentlich nichts Substanzielles – von neuen Ideen einmal abgesehen – herauskommen. Aber selbst das qualitativ Schlechte kann in einem solchen Fall mangels Vergleich sogar gute Bewertungen bekommen. Manche Texte in Wikipedia sind ein klarer Beleg für diese These.

Surowiecki übersah nicht nur, dass eine unwissende Menge von Personen allein durch die Menge der Personen nicht wissend wird, sondern auch, dass sich eine Menge durch eine kleine Untermenge leicht beeinflussen lässt, was Untersuchungen von Prof. Jens Krause von der Humboldt-Universität in Berlin eindrucksvoll zeigten. Experimente mit

Fischschwärmen und Schafherden führten ihn zu seiner Basisannahme, dass eine Richtungsänderung bei nur 5–10 % der Tiere den gesamten Schwarm zu einer Richtungsänderung bringt.

Dass es auch bei Menschen ähnlich funktionieren kann, zeigte Prof. Krause unter anderen mit zwei Versuchen mit 150 Führungskräften der Firma Continental AG (Krause 2012). Im ersten Versuch sammelten sich die 150 Personen in einem Kreis und hatten lediglich die Aufgabe sich zu bewegen, aber immer auf Armlänge zu den Nachbarn zu bleiben. Um den Kreis herum standen zwölf durchnummerierte Tafeln. Lediglich 8 Personen wussten von der Zusatzaufgabe den Kreis auf die Tafel mit der Ziffer 6 zuzubewegen. Schweigend schritten die Personen einige Runden voran und dann bewegte sich der Kreis tatsächlich auf die Tafel mit der Sechs zu. Im zweiten Versuch bekamen zehn Teilnehmer die Aufgabe den Kreis in die eine Richtung und zwanzig ihn in die gegenüberliegende richtig zu bewegen. Nach Beginn verformte sich der Kreis zunächst in ein längliches Oval in beide Richtungen, um sich dann doch gemeinsam in die Zielrichtung der Zwanzig zu bewegen.

Beide Versuche belegen zunächst noch nicht viel, zeigen aber, dass es auch bei Menschen so sein kann, dass fünf bis zehn Prozent eine größere Menge in ihre Richtung leiten können. So etwas ist natürlich für Marketingstrategen von extremem Interesse, während es für Prof. Krause eher Grundlagenforschung ist, die allerdings auch erst noch in den Anfängen steht. Denn was letztlich dazu führt, dass eine Schwellwertüberschreitung von fünf oder zehn Prozent einen Schwarm zur Richtungsänderung bringt oder auch nicht, ist noch Forschungsgebiet.

Die Punkte zusammengenommen belegen leider, dass das Mittelwertverfahren von Surowiecki im Unternehmenskontext so nicht einsetzbar ist. Trotzdem bleibt etwas Gutes an seinem Buch, denn er hat es damit geschafft, ein grundsätzliches Augenmerk der Diskussion um die Qualität von Informationen auf das Thema Schwarmintelligenz zu wecken. Und darüber hinaus ist es ihm gelungen zu thematisieren, ob, wie bis dahin üblich, immer erst ein Zuständiger eine Information freigeben muss, oder ob es auch denkbar wäre, dass man Informationen veröffentlicht und die Leser, also der Schwarm, die Qualitätskontrolle übernehmen und gegebenenfalls spätere Leser auf Fehler aufmerksam machen.

Als diese Diskussion damals lief, hatte man schon einige Jahre Erfahrungen mit einem ähnlichen Modell sammeln können: mit den Produktrezensionen bei Amazon. Dort wird ein Produkt angeboten und Personen, die es schon gekauft haben, geben Bewertungen ab, schreiben Einschätzungen und geben weitere Tipps. Von spezifischen Problemen mit solchen Rezensionen mit gefälschten oder gekauften Rezensionen einmal abgesehen, funktioniert das Prinzip sehr gut und war auch damals schon breitflächig akzeptiert. Es hat damals sehr geholfen vielen Unternehmensvertreten klar zu machen, dass die These nach der eine Community grundsätzlich schlechtere Informationen liefert als ein einzelner Zuständiger, dem im Zweifelsfall das Wissen selbst fehlt, dann doch nicht richtig ist. Verstärkend war, dass es in der Vergangenheit auch immer wieder vorgekommen war, dass ein Zuständiger Informationen für gut befunden hatte, aber die Leser dann später korrigierend eingreifen mussten. Das zeigte, dass die alten Freigabeprozesse zu viel des Guten waren und dass man die Prozesse ohne wirkliche Verluste verschlanken, und damit Kosten sparen und an Geschwindigkeit zulegen konnte. Man musste nur etwas mehr Mut aufbringen, die Intelligenz im Schwarm der Mitarbeiter aktiv zu nutzen.

Die Erfahrungen vieler Unternehmen mit der neuen Öffnung waren positiv und es zeigte sich an vielen Stellen, dass es überall wissende Experten gab, die eigentlich für andere Dinge zuständig waren oder einfach auch nur spontan gute Ideen hatten. Sie dynamisch im Bedarfsfall in die Prozesse einbinden zu können, also eine Möglichkeit zu schaffen im Bedarfsfall schnell auf ihre Expertise zugreifen zu können, entweder in Echtzeit durch direkten Kontakt oder auf Basis von auch in anderen Kontexten dokumentierten Inhalten, wurde zur neuen Herausforderung.

Für Unternehmen und Organisationen stellen sich dazu zwei Fragen:

1. Wie muss man die Prozesse umgestalten, damit sich exponiertes Wissen Einzelner im Schwarm optimal entfalten kann und einbinden lässt – unabhängig von deren Zuständigkeit?
2. Welche Werkzeuge der Informationstechnologie müssen dazu zum Einsatz kommen?

Die eigentliche Frage ist aber, wie man die Regeln der Organisation anpassen muss, damit jeder Einzelne sein volles Wissen überall einbringen kann *und darf*, und – aus der Perspektive des potenziellen Nutzers – von überall auch auf solches Wissen zugegriffen werden kann. Genau das ist eines der Kernthemen bei der internen Transformation zu einem Social Business, die mit allen ihren Facetten im Zentrum dieses Buchs steht. Doch zunächst zurück zum größeren Blick auf das Gesamte, also das Digitale Unternehmen.

1.5 Wann ist ein Digitales Unternehmen erfolgreich?

Im IBM Institute for Business Value hat man sich Gedanken gemacht, welche Kriterien anzusetzen sind, um abzuschätzen, in wieweit die Transformation zu einem Digitalen Unternehmen bereits erfolgreich fortgeschritten ist (IBV 2013). Sie gehen dabei von einem grundsätzlichen Wandel in drei Schritten aus:

1. Im Istzustand besteht in den meisten Organisationen heute noch ein starker Fokus auf die eigene Organisation. Man ist – bei näherer Betrachtung – viel mit sich selbst beschäftigt. Der Kunde existiert als Mitglied eines Kundensegments.
2. So langsam tritt ein Wandel ein, der den Kunden als Individuum in den Fokus rückt.
3. Die Vision geht aber noch weiter und sieht letztlich Jeder-zu-Jedem Beziehungen innerhalb von Ökosystemen in den Fokus rückend.

Im Detail ist das Modell am Beispiel von vier Kriterien einfacher zu verstehen: Das Erste ist die Verbundenheit der IT-Systeme („Konnektivität"). Hier herrscht heute noch eine gewisse Asymmetrie vor, die sich aber langsam in Richtung einer flexiblen, transparenten und weitgehend automatisierten Supply Chain weiter entwickelt. In der Vision stehen aber Ökosysteme, in denen nahtlos kollaborativ zusammengearbeitet werden kann.

Das Zweite ist die Interaktion mit den Kunden. Heute verläuft sie typisch als einmalige Transaktion, immer bezogen auf ein singuläres Ereignis. Das Interesse der Anbieter muss natürlich sein, eine längerfristige Beziehung zum Kunden aufzubauen, ihn also tiefer zu integrieren und damit zu binden. In der Jeder-mit-Jedem-Vision kommt man letztlich zu symbiotischen Beziehungen, weil sich eine gegenseitige Abhängigkeit einstellt.

Das Dritte betrifft die Aufmerksamkeit, die man einem Kunden widmet. Heute denken Unternehmen in Kundengruppen oder -Segmenten. Das Individuum ist dort nicht vorgesehen. Erst langsam und mit der wachsenden Verfügbarkeit von Daten über die einzelnen Kunden wachsen die Möglichkeiten spezifischer auf den Einzelnen einzugehen und ihn wesentlich persönlicher anzusprechen – eben nicht mehr als Mittelwert eines Segments, sondern als Persönlichkeit. In der Vision kommt noch der Aspekt des Kontexts hinzu, also Erfahrungen die aufzeigen, dass der Kunde unter verschiedenen Rahmenbedingungen auch verschiedene Wünsche hat. Ein Negativbeispiel war hier in der frühen Zeit von eCommerce ein Buchversender. Ich hatte dort einige Kinderbücher bestellt und suchte später nach einem Fachbuch über Wissensmanagement. Dummerweise hatte das Programm des Versenders nicht verstanden, dass es sich nun um einen anderen Kontext handeln würde und bot mir ausschließlich Lernbücher für Kinder an. Ich musste das gesuchte Buch woanders bestellen.

Das Vierte betrifft das Wissen des Anbieters. In einer transaktionsorientierten Kundenrelation bestehen nur wenige Möglichkeiten das Wissen auf der Seite des Anbieters zu erweitern, zumal auch Feedback aus der Transaktion eher selten ist. Es findet nur ein weitgehend passives, durch Zufälle in einzelnen Aktionen getriebenes Lernen statt. Es wird erst deutlich aktiver, wenn das Individuum ins Zentrum rückt, weil man sich dann auf zusätzlich vorhandene Daten stützen kann und erst damit die Chance hat, ein zusammenhängendes Bild zu bekommen. Richtig spannend wird das aber erst in der Vision, wenn mittels neuer Möglichkeiten des cognitive Computings (wird später noch detailliert erklärt) mehr aus der Datenbasis herausgeholt werden kann und konkrete Empfehlungen extrahiert werden, auf die man als Person eventuell gar nicht gekommen wäre.

In jedem Einzelfall wird die Transformation zu einem Digitalen Unternehmen immer etwas Aufwendiges sein, das das Unternehmen über Jahre begleiten wird. Das kann durchaus dazu führen, dass sich das Unternehmen dabei so verändert, dass man es danach kaum noch wiedererkennen kann. Ein Beispiel dafür ist, wie beschrieben, der Axel Springer Verlag, der sich frühzeitig für eine neue Geschäftsausrichtung entschieden hat und heute bereits mehr als 50 % des Umsatzes digital erwirtschaftet. Die gute Nachricht ist in jedem Fall, dass er weiter existiert und nicht untergeht, wie viele von denjenigen, die sich Neuerungen zu lange verweigern.

1.6   Ersetzt die Digitalisierung die Mitarbeiter?

Über viele Jahre konnten IT-Leiter dem Finanzchef beim jährlichen Gespräch immer wieder berichten, dass Sie wieder mindestens 30 % mehr IT-Leitung für das gleiche Geld bereitstellen konnten. Grundlage war dafür in den letzten 40 Jahren das sogenannte Mooresche Gesetz. 1965 hatte der Intel-Mitbegründer Gorden Moore vorausgesagt, dass sich die Leistungsfähigkeit und Komponentendichte von Computerprozessoren alle 18 bis 24 Monate verdoppeln würde. Auch wenn das gar kein Naturgesetz, sondern lediglich eine empirische Voraussage ist, so hat Gorden Moore zumindest bisher weitgehend Recht behalten. Und wenn es auch nur die nächsten zehn Jahre dabei bleiben sollte, dann hätten wir statt des heutigen Intel 15-Kern Xeon Ivy Bridge-EX Prozessors mit 4,31 Mrd. Transistoren und einer Strukturbreite von 22 Nanometern Prozessoren mit etwa 200 Mrd. Transistoren auf einer nur noch einen Nanometer breiten Struktur.

Neben Weiterentwicklungen auf Basis der weitgehend seriellen, klassischen von Neumann-Computerarchitektur gibt es auch andere Entwicklungen. So brachte IBM im August 2014 den SyNAPSE Chip mit Gehirn-ähnlichen Strukturen auf den Markt (IBM 2014). Er nutzt sogar 5,4 Mio. Transistoren. Gelang es 2011 erstmals 256 programmierbare Neuronen auf einen solchen Chip zu bringen, so hat dieser jetzt bereits eine Million und dazu 256 Mio. Synapsen. Dabei braucht der Chip mit seinen 4096 neurosynaptischen Kernen im Mittel nur 70 mW Leistung, da immer nur die gerade benötigten Teile Leistung ziehen. Im Vergleich dazu hat ein menschliches Gehirn etwa 20 Mrd. Neuronen und benötigt im Mittel 20 W.

So langsam lassen sich also Rechenleistungen erzielen, die den Menschen zumindest in Spezialgebieten nahekommen oder sogar klar überlegen sind. Solche Rechenmodule werden zukünftig nicht nur in der heutigen Form von Computern eingesetzt werden, sondern mehr und mehr in Verbindung mit verschiedensten Sensoren in alle möglichen Geräte – im Haushalt, in Fahrzeugen, aber auch in der Industrie. In der Fertigungsindustrie spricht man von „Industrie 4.0", von einer neuen industriellen Revolution. Damit wird sich also auch Arbeit verändern und bestimmte Aufgaben, die heute noch Menschen zur Erledigung benötigen, werden ganz oder zumindest teilweise einfach wegfallen, weil Roboter sie zu günstigeren Kosten und eventuell sogar mit besserer Qualität ausführen können.

Diese nochmals stark erhöhte Produktivität wird gravierendere Effekte auf den Arbeitsmarkt haben als heutige Globalisierungseffekte. Sie wird allenfalls durch die Effekte der umgedrehte Alterspyramide in den westlichen Industrienationen und China noch etwas aufgefangen werden. Die MIT Wissenschaftler Erik Brynjolfsson und Andrew McAffee stellen in ihrem Buch „Race against the Machine" (Brynjolfsson und McAffee 2012) sogar die These auf, dass der technologische Fortschritt schon heute mehr Jobs für Computer als für Menschen schafft. Sie führen als Beleg aktuelle Zahlen aus der Analyse der letzten Wirtschaftskrise an: 2008 kam es in den USA aufgrund der wirtschaftlichen Einbrüche zu Massenentlassungen. Seit Herbst 2011 ist das ehemalige Produktionsniveau zwar wieder erreicht, allerdings mit sieben Millionen Beschäftigten weniger. Der Denkansatz muss nicht in voller Breite richtig sein, weil etliche Jobs sicher auch einfach per Outtasking

in Schwellenländer verlegt wurden, also Globalisierungs- und nicht Technologieeffek-
ten zum Opfer gefallen sind. Der Vermutung, dass überwiegend klassische Arbeitsplätze
wegfallen und stattdessen neue in der IT-Industrie entstehen, ist auch entgegenzuhalten,
dass in den 34 Industrienationen heute zusammen nur 16 Mio. Jobs in der IT-Industrie
bestehen. Damit werden aber bereits Umsätze erzielt, die höher sind als die der Chemie-
oder Automobilbranche. Insofern wird ein Zuwachs dort nicht ausreichen, die Effekte zu
kompensieren.

Eine derart leistungsfähige Technologie, deren erste Woge mit der Mobilisierung der
Informationsübertragung durch Smartphones mit bemerkenswerter Leistungsfähigkeit bereits erlebbar ist, wird die nächste Welle der globalen Veränderung mit sich bringen. Angefangen hat es schon vor vielen Jahren u. a. in Flugzeugen. Ist heute schlechtes Wetter,
dann schalten die Piloten auf den Autopiloten, der es offensichtlich bereits besser kann als
der Mensch – und wir Passagiere verlassen uns ohne Bedenken darauf.

> Das letzte Mal richtig Angst bei Fliegen hatte ich bei einem Anflug auf Boston, als
> der Pilot der Großraummaschine ankündigte, dass man wegen starken Nebels auf
> eine automatische Landung umstellen müsse. Als die Maschine dann aber den weit
> fortgeschrittenen Landeanflug plötzlich abbrach und massiv durchstartete, fragte
> ich mich, wie man denn nun landen wolle, wenn der Mensch sagt, er könne nicht
> und es der Elektronik überlässt und die kann es auch nicht ... Beim zweiten Versuch
> ging es zum Glück doch – dank der Elektronik.

In der westlichen Welt gehören heute Verkehrsunfälle zu den häufigsten Todesursachen.
Deshalb arbeitet Sebastian Thun als leitender Professor für Künstliche Intelligenz an der
Stanford-Universität an einer Vision vom Automobil der Zukunft (Dettmer 2012). Seine
Vision ist das autonome Fahren, das intelligente Automobil, das eigenständig fährt – ähnlich der Flugzeugsteuerung mit dem Autopiloten. Er glaubt nicht daran, dass das Auto
„social" wird und sich mit anderen Autos vernetzt und über die aktuelle Verkehrslage austauscht, ganz einfach, weil es sehr lange dauern wird, bis wirklich alle Autos mit entsprechender Elektronik ausgerüstet sein werden. Seine Idee ist, dass man kein eigenes Auto
mehr vorhält, sondern bei Bedarf ein Auto einfach per Smartphone anfordert und dieses
dann von schlauer Elektronik gelenkt zu einem kommt, und einen dann auch entsprechend
transportiert – ohne menschliche Einwirkung. Damit wäre es einfacher Parkplatzbedarf
und Verkehrsflüsse zu optimieren und Unfälle zu vermeiden. Dass das keine Spinnerei ist
und auch nicht zu visionär in die Zukunft schaut, belegten als erste von Google gesponser-
te Testfahrzeuge, die unfallfrei mehr als eine Million Kilometer im normalen Straßenver-
kehr zurückgelegt haben. Mittlerweile ziehen fast alle nennenswerte Automobilkonzerne
mit ähnlichen Testfahrzeugen nach – der Trend ist unaufhaltsam.

2014 hatte Google ein neues Auto vorgestellt, dass so ähnlich aussah wie ein Smart
– nur mit dem Unterschied, dass es weder ein Lenkrad noch ein Bremspedal hatte. Es

fuhr ausgestattet mit diversen Sensoren völlig autonom, wobei es schon noch ein paar Probleme gab und noch gibt: Starkregen und Schneefall machen es den Sensoren noch zu schwer. Das Problematischste dürfte aber sein, dass eine durchgängige Online-Verbindung zum Google-Rechenzentrum notwendig ist, da die Berechnungen des Fahrverhaltens nicht im Fahrzeug, sondern im Rechenzentrum passieren. Zudem erfordern (außer in Kalifornien) die rechtlichen Bedingungen immer noch, dass der Mensch zur Not eingreifen können muss. Deshalb wird die angedachte Kleinserie mit 200 Fahrzeugen schon auch noch ein Lenkrad und ein Bremspedal haben. Die Frage ist aber, ob ein Mensch, der sich in einem Fahrzeug nicht mehr primär um die Fahrsituation kümmert, in einer plötzlich auftretenden Situation, in der die Technik überfordert ist, das Geschehen überhaupt noch schnell genug erfassen kann, um richtig zu reagieren.

Hatte Gottfried Daimler nicht angeblich kurz vor Ende des 19. Jahrhunderts noch orakelt: „Die weltweite Nachfrage nach Kraftfahrzeugen wird eine Million nicht überschreiten – allein schon aus Mangel an verfügbaren Chauffeuren", so scheint das Auto nur etwas mehr als hundert Jahre später komplett ohne Chauffeure und Selbstfahrer auszukommen und fährt nun bald ganz von selbst – und das besser und sicherer als es der Mensch steuern kann. Das führt auch zu interessanten Nebenaspekten: Dinge wie ein Airbag und anderer „Sicherheitsballast" werden dann nicht mehr benötigt. Ein autonomes Auto fährt weder zu schnell noch macht es Unfälle. Die beliebte Einnahmequelle der Städte, Blitzanlagen, fällt dann auch weg. Selbst das gezielte Fahren von Selbstmördern gegen einen Baum wird nicht mehr möglich sein. Dass das Auto Fahren damit zum nackten Transport degeneriert wird und der „Spaß am Fahren" auf der Strecke bleibt, steht ebenfalls auf einem anderen Blatt. Schlimmer noch wird aber sein, dass man dann weder Taxifahrer, noch Busfahrer, noch Lkw-Fahrer benötigen wird und vollautomatische Erntefahrzeuge Äcker ohne Menschenhand abernten – viele Jobs, die zukünftig ersatzlos wegfallen werden.

Die Taxibranche ist heute schon betroffen. Es begann im Juni 2009, als ein kleines Hamburger Start-up-Unternehmen eine App mit Namen MyTaxi auf die Smartphones brachte. Die Hamburger konnten ihre App dank einer angemietet, globalen Cloud-Infrastruktur ohne einen sie normalerweise völlig überfordernden Aufwand schnell an vielen Stellen der Welt zur Verfügung stellen – ein anderer Aspekt der CAMSS-Technologien. Mittlerweile sind sie für viele Millionen Euro von Daimler übernommen worden und sollen mit deren Movell App verknüpft werden, was wiederum die Weiterentwicklung des Daimler-Konzerns vom reinen Automobilhersteller zum digitalen Unternehmen als Mobilitätsanbieter andeutet.

Mit der MyTaxi App kann man auf einem Smartphone/Tablet direkt auf einer Landkarte sehen, wo sich das nächste freie Taxi befindet, das bestellen und die geplante Fahrt auch direkt – und mittlerweile sogar bargeldlos – bezahlen. Das funktioniert alles ganz ohne die lokalen Taxizentralen, die darüber zunächst in eine Art Schockstarre verfielen. Für die Taxifahrer ist MyTaxi attraktiv, weil sie nur für tatsächliche Fahrten etwas bezahlen müssen und bei hoher Nachfrage dynamisch entsprechend weniger, während sie bei den Zentralen einen festen, monatlichen Betrag abgeben müssen, auch wenn sie im Urlaub oder krank sind. Mittlerweile haben die Zentralen, die sich über Jahre im Wesentlichen nur mit sich und ihrer Organisation beschäftigt hatten, aber wenig mit den Wünschen der Kunden, nachgelegt und eine ähnliche App herausgebracht, damit ihr Geschäftsmodell, das so viele Jahrzehnte gehalten hatte, nicht so plötzlich zusammenbricht.

Doch nun kommt die zweite Welle, die Taxizentralen und Taxifahrer gleichermaßen auf den Plan ruft und aus dem „der Kunde steht im Fokus" Ansatz von MyTaxi einen „Jeder-zu-jedem"-Fokus machen möchte. Aus Amerika kommen die „Uber" und die „Lyft" App und aus Deutschland „WunderCar" mit einem ähnlichen Modell: Sie vermitteln Privatpersonen mit ihren Privatautos – ohne Taxizentrale und ohne Taxis. Das „Share-Economy" Modell kennt man vom Wohnungssharing über Apps wie airbnb, wimdu oder couchsurfing, wobei das in Deutschland die explizite Erlaubnis des Vermieters erfordert und ansonsten nicht erlaubt ist. Dabei ist die Realität auch nicht ganz so rosig, wie die Versprechen der Vermittler klingen. Es ist durchaus nicht immer von privat an privat. Teilweise vermieten Immobilienunternehmen ihre Wohnungen lieber per airbnb, als sie dem normalen Wohnungsmarkt zuzuführen. Der Kunde merkt es daran, dass die vermittelte Wohnung keine privaten Gegenstände enthält – und der Vermittler auch durchaus mal für 80 andere Wohnungen als Besitzer auftritt. Der Negativeffekt ist, dass so ganze Wohnbezirke ihren Charakter verändern – insbesondere in Großstädten wie Berlin. Ganz ähnlich verstoßen auch die Fahrzeugvermittlungs-Apps (noch) gegen gesetzliche Bestimmungen, worauf die Taxifahrer die Öffentlichkeit mit massiven Protesten hingewiesen hatten, denn ihr Geschäft ist traditionell staatlich sehr eng reglementiert und erfordert u. a. eine Lizenz und vom Fahrer einen Personenbeförderungsschein sowie die Sozialversicherung des Fahrers. Unklar ist auch noch, ob im Falle eines Unfalls die Versicherung der Privatperson bei im Prinzip gewerblichen Fahrten einspringen würde. In einigen Ländern, etwa Spanien, wurde Uber verboten. Und selbst im in solchen Dingen sehr liberalen Amerika stehen Klagen vor Gerichten an, weil z. B. Uber die Kunden mit falschen Informationen über die Sicherheitsprüfungen der Fahrer in die Irre geführt haben soll. Nachdem der juristische Druck auf Uber immer größer wurde, begannen sie in Deutschland Personenbeförderungsscheine zu sponsoren – Ausgang weiterhin unklar.

Nichtsdestotrotz: Das Prinzip der „Share Economy" bricht überall ein. Es sind nicht nur die Themen Mobilität und Unterkünfte, sondern auch Mode (Kleiderkreisel), Essen (foodsharing.de, JoinMyMeal), Geldverleih (lendstar, smava) und allgemeine Güter (Tauschticket, frents), wobei als Beispiele nur einige herausgegriffen sind. Was im ersten Moment verlockend klingt und irgendwie natürlich und ressourcenschonend erscheint, hat aber auch eine sehr dunkle Seite, wie Reiner Hoffmann, der Vorsitzende des Deutschen Gewerkschaftsbundes betont. Er beschreibt das wieder am Beispiel des Taxifahrens: „Wir waren gerade dabei für das Taxigewerbe halbwegs vernünftige Arbeitsbedingungen mit einem Mindestlohn auszuhandeln. Nun drängt der Taxidienst Uber an den Markt, zu dessen Geschäftsprinzipien es gehört, solche Regeln zu umgehen und 20 % Anteil von jeder vermittelten Fahrt einzustreichen" (Hoffmann 2014). Das ist eine traumhafte Rendite, die zudem noch nicht einmal in Deutschland versteuert werden muss, denn das Unternehmen sitzt in Kalifornien.

Man muss also schon sehr gut schauen, ob die neuen Möglichkeiten aufgrund der neuen Technologien auch gesellschaftlich verträglich sind oder über Jahrzehnte erworbene, positive Werte in einem Rutsch zunichtemachen. Keine Festanstellungen, keine Sozialversicherung, keine Rente, keine im Land bezahlten Steuern und so weiter, erinnern schon an Frühzeiten eines ungestümen Kapitalismus. Hier sind Politik und die Anbieter gleichermaßen gefordert eine neue Balance zu definieren, also die Share-Economy nicht abzuwürgen, aber Exzesse sinnvoll zu begrenzen.

Beim Thema Transportdienste könnte es sogar noch zu einer weiteren Welle kommen, wenn, wie oben beschrieben, Professor Thun Recht behalten sollte. Dann würden wir alle (oder zumindest überwiegend) keine eigenen Autos mehr besitzen, sondern uns bei Bedarf per Smartphone – wie bei MyTaxi – ein Auto bestellen. Der Unterschied wäre, dass es allein kommen würde – ganz ohne Chauffeur – und auch bestens den Weg kennen würde. Das wird aber nach Meinung der Fachleute aus der Automobilindustrie wohl noch mindestens 10 bis 15 Jahre dauern. Eigentlich ein sehr überschaubarer Zeitrahmen für eine solch gravierende Veränderung, die nur funktionieren kann, weil man Smartphones und gute Netze hat und man heute schon mit sehr großen Datenmengen auch in Echtzeit umgehen kann.

Diese konkreten Beispiele zeigen auf, wohin die Reise geht, wenn der Datenaustausch über das Internet in Echtzeit dazu führt, dass Prozesse gegebenenfalls mit Robotern günstiger und eventuell sogar mit höherer Qualität gestaltet werden können, als wenn Menschen die Tätigkeit ausführen. Der Aktienhandel bietet ein weiteres Beispiel, das heute schon Realität ist: Von den 4500 Händlern der Deutschen Börse sitzen nur noch 100 im Saal – als Kulisse für die Börsenberichte der Fernsehsender. Tatsächlich sind es Spezialisten für Spezialpapiere, für die sich ein Computerhandel nicht lohnt. Die Masse des Aktienhandels läuft dagegen ausschließlich über Computer – in einer Geschwindigkeit, bei der der Mensch nicht mehr mithalten kann. Eine Transaktion benötigt heute weniger als eine halbe Millisekunde – 300-mal kürzer als die Dauer eines Wimpernschlags. Immerhin sind die Systeme schon so intelligent, dass sie einen sogenannten Flash-Crash – einen durch ähnlich agierende Computer ausgelösten Kurz-Crash – bemerken und beenden können, sodass Wirtschaftszusammenbrüche zumindest keiner Automatismusfalle folgen. Wenn die Systeme immer besser werden, braucht man allerdings auch immer weniger echte Händler.

Ähnlich fallen auch in der Fertigungsindustrie weitere Jobs weg. Der taiwanesische IT-Auftragsfertiger Foxconn hat 2012 angekündigt in den folgenden drei Jahren eine Million Fertigungsroboter anschaffen zu wollen, die einen Teil seiner mehr als eine Million Arbeitskräfte ersetzen sollen – und das in einem eigentlich aufstrebenden Schwellenland. Das könnte mehr als ein Ausreißer sein. In seinem Buch „The Lights in the Tunnel" beschreibt der US Computerwissenschaftler Martin Ford eine Zukunft, die weitgehend ohne den Menschen funktioniert. Er hält deshalb Raten von 75 % Arbeitslosigkeit noch in diesem Jahrhundert für möglich (Ford 2009).

Sollte er Recht behalten, kann das für Unternehmensleiter nur heißen sehr wachsam zu sein, das Geschäftsmodell und die Prozesse in sehr kurzen Zeiträumen immer wieder nach Optimierungspotenzial auch radikal zu hinterfragen und das Unternehmen sehr straff weiterzuentwickeln. Was wird Amazon.com noch alles anbieten? Wird Paypal zur weltweiten Bank und Versicherung? Was bedeutet ein in die Armbanduhr integriertes Apple Pay? Was setzen deutsche Banken und Versicherungen dagegen? Immerhin wachen sie so langsam auf, haben gemeinsam die Gesellschaft für Internet und mobile Bezahlung (GIMB) gegründet und wollen Paypal nun ab Ende 2015 ein Stück des schon auf 45 % gewachsenen Marktanteils wieder abjagen. Aber früh kommen ist anders. Und was ist mit den Herstellern von Schlüsseln, etwa für das Auto, wenn die Apple Watch zukünftig alle Schlüssel ersetzt (und Apple darüber perfekt kontrollieren kann, wo man überall Zugang hat und hatte)? Werden Google und Apple, die beide an dem Thema autonomes Fahrzeug arbeiten, zum Mobilitätsanbieter und was machen BMW, Mercedes und VW als gewinnende Alternative? Immerhin arbeiten die großen deutschen Automobilzulieferer, wie Bosch und Continental, bereits mit den beiden zusammen und auch die klassischen Hersteller präsentieren erste Pilotmodelle. Wird ein weiteres Start-up eine App hervorbringen, die die Produzenten mit Solardächern vernetzt und Strom ganz anders anbietet als bisher? Was machen Hersteller von Regenschirmen, wenn ich mir zukünftig bei Bedarf einen Regenschirm mit einem 3-D-Drucker ausdrucken kann und das Rohmaterial nach Gebrauch neu zum Ausdrucken einer Butterdose benutzen kann? Solche Fragen lassen sich für fast alle Branchen stellen.

Ein Szenario für in zwanzig oder selbst in nur zehn Jahren ist heute seriös kaum darstellbar. Sicher ist aber, dass der Weg dahin in jeder Hinsicht dornig sein wird und ein paar Gewinner, aber auch viele Verlierer aufweisen wird. Unternehmen, die Resonanzen erkennen, die Agilität zur schnellen Veränderung und neuen Geschäftsideen mitbringen und eine motivierte Mannschaft haben, werden zu den Gewinnern gehören. Für Staaten, die Möglichkeiten, aber auch sinnvolle, rechtliche Rahmenbedingungen schaffen, dass nicht nur die ganz großen, weltweiten Player übrig bleiben, gilt Ähnliches. Genauso wird es auch für entsprechend aufgestellte Mitarbeiter sein.

Literatur

Bacon, F. (1597). *Meditationes sacrae, 11. Artikel „De Haeresibus" in "Essayes. Religious Meditations. Plaies of perswasion and disswasion".*

Brynjolfsson, E., & McAfee, A. (2012). *Race against the Machine: How the digital Revolution is accelerating Innovation, driving Productivity, and irreversibly transforming Employment and the Economy.* Digital Frontier Press.

Dettmer, M., Schmundt, H., & Tietz, J. (2012). Hertz ist Trumpf, in Der Spiegel, Heft 10, S. 60 ff.

Ford, M. (2009). *The Lights in the tunnel: Automation, accelerating Technology and the Economy of the Future.* CreateSpace.

Hoffmann, R. (2014). Moderne Sklaverei. *Interview in DER SPIEGEL, 34,* Seite 65.

IBM. (2013). Brain Power. http://www.research.ibm.com/cognitive-computing/neurosynaptic-chips.shtml?lnk=w3news#fbid=wNMr5UKOhlG. Zugegriffen: 8. Aug. 2014.

IBM. (2014). Erkenntnisse aus der IBM Global C-Suite Study 2013. http://www.ibm.com/services/de/de/c-suite/csuitestudy2013/. Zugegriffen: 26. Juli 2014.

IBV. (2013). IBM Institute for business value: Digital Reinvention – preparing for a very different tomorrow. http://ibm.co/1cSfx88. Zugegriffen: 28. Dez. 2013.

Krause, J. (2012). Kollektives Management, Reportage. http://podcast-mp3.dradio.de/podcast/2012/01/05/drk_20120105_0820_c702225b.mp3. Zugegriffen: 5. Jan. 2012.

Nonaka, I., & Takeuchi, H. (1995). *The Knowledge creating Company – how Japanese Companies create the dynamics of Innovation*. New York: Oxford University Press.

Rauschen, J. (2012). Social Business bei Reno, http://youtu.be/EDIITWSRJFw, (28.12.12); Für Socal Business braucht man einen Wahnsinnigen im Unternehmen. http://www.silicon. de/41572760/fur-socal-business-braucht-man-einen-wahnsinnigen-im-unternehmen/. Zugegriffen: 21. Sept. 2012.

Schott, M. (2014). Sich neu erfinden. *Impulse, Oktober,* 82.

Schulz, S. (2014). http://www.faz.net/aktuell/feuilleton/global-media-forum-in-bonn-genuegt-ein-smartphone-fuer-die-journalisten-der-zukunft-13018873.html. Zugegriffen: 16. Juli 2014.

Senge, P. (1990). *Die fünfte Disziplin: Kunst und Praxis der lernenden Organisation*.

Stacey, R. D. (2001). *Complex responsive Processes in Organizations – Learning and Knowledge Creation*. London: Routledge.

Surowiecki, J. (2005). *The Wisdom of Crowds*. New York.

Digitalisierung und die Rolle der Politik

2

Deutschlands Stärke ist seine Innovationskraft.
Ursula von der Leyen, 2012. Damals Bundesministerin für Arbeit und Soziales

Die Rolle der Politik bei der Transformation zu Digitalen Unternehmen und Organisationen ist nicht zu unterschätzen – wird sie aber noch viel zu oft. Sie muss vom Standort her die Grundlagen schaffen und in gewisser Weise für die Organisationen den Rücken frei halten – und auch das Unternehmen „Öffentlicher Dienst" steuern. Noch 2013 sprach die Bundeskanzlerin vom Internet als „Neuland" für die Politik. Die im Sommer 2014 verabschiedete Digitale Agenda ließ dann erkennen, dass das Thema doch so langsam auch in der Politik angekommen war, selbst wenn vieles oberflächlich blieb. Was demnach konkret angegangen werden soll, ist das Infrastrukturthema „Breitbandnetz für alle". Bis 2018 soll es überall in Deutschland möglich sein mit mindestens 50 Megabit pro Sekunde in das Internet zu kommen und Behörden sollen digital erreichbar sein. Das ist in der Tat eine wesentliche Grundvoraussetzung für die in Deutschland breit verteilte Industrie – und insbesondere auch für den Mittelstand – bei der Digitalisierung überhaupt mitmachen zu können. Woher die dafür benötigten 20 Mrd. € kommen sollen, bleibt aber zunächst noch offen.

Für die meisten Unternehmen bedeutet ein Digitales Unternehmen werden nicht nur neue Geschäftsmodelle zu nutzen oder näher auf individuelle Kunden einzugehen, sondern auch die Entwicklung und insbesondere die Fertigung umzubauen. Es geht darum in den Fabriken Kommunikationstechnik und deren Vernetzung über das Internet zu einem Internet der Dinge einzuführen, etwas, das plakativ „Industrie 4.0" genannt wird. Damit würde die Produktion eine bisher unbekannte Echtzeitfähigkeit erhalten, die eine dezentrale Steuerung und Ad-hoc-Gestaltung von Prozessen ermöglichen würde. Das würde erstmals die Fähigkeit eröffnen, hohe Variantenzahlen auch bei kleineren Losgrößen zu

© Springer-Verlag Berlin Heidelberg 2015
P. Schütt, *Der Weg zum Digitalen Unternehmen*, DOI 10.1007/978-3-662-44707-9_2

bisher undenkbar niedrigen Kosten produzieren zu können. Funktionieren kann es aber nur, wenn es Standards gibt, sodass die Informationen von Sensoren usw. auch Hersteller- und firmenübergreifend ausgetauscht werden können. Zum Thema „Industrie 4.0" hatte deshalb das zwischen 2006 und 2013 aktive Beratungsgremium der deutschen Bundesregierung „Forschungsunion Wirtschaft – Wissenschaft" 2012 eine entsprechende Umsetzungsempfehlung eingereicht. Aber laut Kritik aus der Wirtschaft ist über die beauftragten Verbände nur Gremienarbeit abgelaufen und unter dem Strich wenig passiert (Zühlke 2015).

Das sieht etwa in den USA oder China ganz anders aus. Dem amerikanischen Industrial Internet Consortium (IIC) ist neben Bosch nun auch Siemens beigetreten, um hier in der ersten Reihe mitspielen zu können, wenn denn schon in Europa nichts passiert. Denn eines ist klar: Nur wer hier die Standards definiert ist ein Prämium-Player und die Zeit zu Handeln ist jetzt. Die Politik in Deutschland und Europa müsste sich hier massiv für die Mittelstandsunternehmen, die sich nicht so wie die ganz Großen à la Bosch und Siemens weltweit engagieren können, einsetzen, damit diese Standards wirklich offen werden und sie nicht abgehängt werden.

Noch ist Deutschland weltweit betrachtet eine der drei führenden Exportnationen. Das gilt zumindest für klassische Produkte, aber nicht am Digitalen Markt, in dem Deutschland relativ weit abgeschlagen erst auf Platz 28 von 39 folgt, angeblich, weil deutsche Unternehmen immer noch eher auf den persönlichen Kontakt setzen (IWK 2014). Das kann man durchaus als Beleg dafür nehmen, dass die Politik das Thema Digitalisierung schon viel zulange einfach ausgesessen hat.

John Micklethwait und Adrian Wooldridge, leitende Redakteure beim englischen The Economist, haben 2014 mit ihrem Buch „The Fourth Revolution: The Global Race to Reinvent the State" (Micklethwait und Wooldridge 2014) die noch etwas grundsätzlichere Frage nach der optimalen Organisation eines Staates gestellt. Das ist deshalb wichtig, weil die Effektivität der Organisation der Staaten in der westlichen Welt ein wesentlicher Faktor des Erfolgs der Industrienationen ist. Damit stellt sich berechtigterweise die Frage, ob das unter der fortschreitenden Digitalisierung der Gesellschaft weiterhin so bleiben kann und wird, oder ob es Inhibitoren gibt, die zwangsläufig zu einem reduzierten Erfolg führen und eher anderen Regionen helfen werden. Wooldridge fasste das auf dem „Global Peter Drucker Forum 2014" in Wien so zusammen, dass „die Welt heute nicht mehr auf die USA als Modell von Demokratie sieht, sondern auf China als Modell von Effizienz". In seinem Buch wird nicht China, sondern Singapur als Modell einer effizienten Verwaltung hervorgehoben, aber auch Singapur ist eine Oligarchie und keine Demokratie. Da passen vielleicht die nordischen Länder, wie Schweden und Finnland, schon deutlich besser als Beispiel einer effektiven Staatsorganisation – eben auch mit Bürgerbeteiligung. Das offenkundige Problem, das die Autoren in aller Klarheit ansprechen, ist die Frage, in wieweit eine Demokratie auch in der Lage sein kann unpopuläre Entscheidungen zu treffen, etwa um modernen Anforderungen entsprechend schnell zu reagieren. Eine der Schwierigsten ist dabei – wie man am Beispiel Griechenland sieht – einen zu ausgeuferten Staatsapparat wieder auf ein sinnvolles Maß zurückzuführen. Der Lösungsansatz der Autoren, der verkürzt bedeutet mehr Freiheit der Märkte einzuräumen, ist anhand vieler historischer Erfahrungen nicht wirklich voll befriedigend und erweist sich anhand der erfolgreichen nordischen Beispiele auch noch nicht als zu Ende gedacht.

Ein Staat ist in gewisser Weise eine besonders komplexere Form eines großen Unternehmens. Insofern stellt sich bei der Weiterentwicklung der Organisationen schon die Frage nach der Synergie eines gegenseitigen Übernehmens von Maßnahmen und Lernens voneinander. Und insbesondere stellt sich auch die Frage, was die Digitalisierung, beziehungsweise die interne Organisation als Social Business für Auswirkungen haben wird. Dabei haben, trotz einfacherer Entscheidungsstrukturen, auch große Unternehmen immer wieder vergleichbare Probleme, wie die eines ausufernden Stabs, einer Überregulierung der Prozesse, eines Lahmlegens bei gravierenden Entscheidungen aufgrund von Flügelkämpfen, usw. Einen Vorteil haben zumindest erfolgreiche Unternehmen trotzdem: Sie haben Kapital. Das bringt Unternehmen manchmal einen Vorsprung. So ist es beim Thema Social Business. Dort steht der Staat aufgrund fehlender Infrastrukturinvestitionen zumindest in Zentraleuropa erst in bescheidenen Anfängen, sodass die Industrie heute weitgehend allein als Vorbild dienen muss.

Ein weiteres Themenspektrum, das auch in der Digitalen Agenda angesprochen wird und das im Moment sehr viel Medieninteresse auf sich zieht, sind Datensicherheit und Datenschutz. Im Bereich Datensicherheit muss vielen Unternehmen und öffentlichen Organisationen Naivität vorgeworfen werden, denn hier stehen, wie es die NSA-Affäre gezeigt hat, die Scheunentore oft sperrweit offen. Die klassischen Schutzmechanismen Firewall und Virenscanner reichen bei ernsthaften Attacken heute nicht mehr wirklich, wie später näher erläutert. Die Bundesregierung plant deshalb eine Meldepflicht bei schwerwiegenden Cyberattacken, ähnlich wie bei ansteckenden Viruskrankheiten. Die Industrie stemmt sich noch dagegen, weil sie befürchten, dass solche Informationen an die Öffentlichkeit gelangen könnten und dann zu Imageschäden führen.

Dazu mangelt es auch an rechtlichen Rahmenbedingungen im praktischen Alltag von Unternehmen und Organisationen, etwa bei der Nutzung von Cloud Services. In deren Natur liegt es, dass die Daten oder ihre Sicherheitskopien eben irgendwo in der Cloud liegen und nicht mehr anfassbar im Keller. Oder bei der Nutzung von Smartphones, die penibel betrachtet beim Mitnehmen in den Auslandsurlaub bereits ein Verstoß gegen das Außenhandelsgesetz darstellen. Unternehmen benötigen mehr Rechtssicherheit auf dem Stand aktueller und absehbarer Technologien.

1932 hatte Aldous Huxley seine Negativvision „Schöne neue Welt" veröffentlich und um 1948 folgte George Orwells Roman „1984", in dem er eine düstere Vision eines zukünftigen, totalitären Staats entwickelte. Auch 1984 liegt derweil über dreißig Jahre zurück und beide Visionen sind in dieser Form nicht eingetreten, wenngleich einige Praktiken, insbesondere im Bereich Erfassung von persönlichen Daten, durchaus an die Romane erinnern lassen. Jetzt hat der US-Autor Dave Eggers eine Art aktualisierter Version unter dem Titel „The Circle" veröffentlicht (Eggers 2013). Es ist nicht mehr der Staat, der die

totale Führung übernimmt wie bei Orwell, sondern eine große Firma, mit dem Unterschied, dass die Düsternis des Originalwerks einer scheinbaren Glücksseligkeit gewichen
ist. Diese wird nicht durch Psychopharmaka erreicht, wie bei Huxley („Soma"), sondern
durch das fortlaufende „Like-n" von „Freunden" in einer total vernetzten Welt. So sind
dann auch nicht mehr irgendwelche Feinde das Problem, sondern die allgegenwärtigen
Freunde, die dank einer Omnivernetzung über das Internet jeden Schritt im Alltag mit
überwachen – alle mit dem Bestreben Gutes zu tun. Ein Aussteigen ist allerdings nicht
möglich, worin das Totalitäre und damit das Problem liegt.

Dave Eggers sagte in einem Interview, dass das Szenario in seinem Roman nicht auf
Insiderwissen aus den Firmen wie Google, Facebook und Twitter beruhen würde, sondern
nur auf seine Fantasie. Es wäre aber so gewesen, dass er mehrfach Teile hätte überarbeiten
müssen, weil diese Unternehmen in der Zwischenzeit Produkte entwickelt hätten, die das,
was er sich gedacht hatte, bereits überholt hätten. Und tatsächlich ist es ja heute bereits so,
dass Google und Microsoft alle Mails ihrer Dienste automatisch durchsuchen und Fälle
von Kinderpornografie der Polizei melden. Das klingt im ersten Moment vielleicht sogar
sinnvoll, widerspricht aber Artikel 12 der Allgemeinen Erklärung der Menschenrechte, in
der es heißt „Niemand darf willkürlichen Eingriffen … in seinen Schriftverkehr ausgesetzt
sein". Nach deutschem Recht brauchen Ermittlungsbehörden zumindest einen begründeten Anfangsverdacht um Zugriff auf E-Mail Postfächer zu erhalten, aber global agierende
US Unternehmen handeln meistens nach Landesrecht – dem US-amerikanischen.

Eggers Buch ist deshalb wichtig, weil es dazu anregt nachzudenken, wo die Grenzen
des gut Gemeinten liegen. Die meisten der neuen Technologien haben tatsächlich irgendwelche Vorteile. Problematisch wird allerdings die völlige Vernetzung aller Daten, weil
das dann ein Ende jeglicher selbstbestimmter Freiheit sein könnte, wie Eggers ja aufzeigt.
Und in der Tat ist das Szenario heute schon viel weiter fortgeschritten, als viele noch
meinen. Ein Beispiel: Wer zu Hause einen elektronischen Stromzähler einbauen lassen
hat, kann darüber seinen Energieverbrauch besser verstehen und Energie und Geld sparen. Und die Energieversorger können über die Daten ihr Angebot effizienter steuern und
ebenfalls Geld sparen. Soweit so gut, solange der Verbraucher weiterhin als neutraler Bestandteil einer Kundengruppe gesehen wird. Problematischer wird es erst, wenn die Daten
des Stromzählers personenbezogen individuell ausgewertet werden. Denn dann kann man
am Lastverhalten ziemlich genau sehen, was der Kunde wann macht, wann er morgens
aufsteht, Kaffee kocht und frühstückt, staubsaugt, usw. und wann er seinen Fernseher
an- und ausschaltet. Möglicherweise kann man über den Stromverbrauch sogar ermitteln,
welches Programm er sieht, weil der Fernseher je nach Programminhalt unterschiedlich
viel Strom benötigt. Das ist aber gar nicht nötig, wenn er das Programm nicht mehr über
Antenne oder Satellit empfängt, sondern per Streaming und die Daten der beiden Anbieter
vernetzt werden.

Die Frage ist also unter dem Strich, wo die jeweils erlaubten Grenzen liegen oder liegen
sollten. Ganz klar ein Thema der Politik, die sich aber bisher nur sehr wenig Gedanken
dazu macht. Am Beispiel des intelligenten Stromzählers sieht man, dass die Primärnut-

zung neuer Technologien durchaus einen positiven Fortschritt darstellen kann. Man sieht aber auch, dass eine Sekundärauswertung der Daten eigentlich verboten werden müsste. Oder vielleicht auch doch nicht? Was ist mit einer älteren, allein lebenden Person, deren typisches Tagesmuster anders ist als sonst? Ist sie nur ein paar Tage im Urlaub oder etwa im Bad gestürzt und braucht jetzt dringend Hilfe, schafft es aber selbst nicht diese zu alarmieren? Da wäre es doch wieder sehr gut, wenn solche Anomalien aufgedeckt würden, um Rettungsdienste zu alarmieren. Ein Kompromiss wäre, wenn Letzteres nur nach Einwilligung (oder gar als optionales, kostenpflichtiges Zusatzangebot) funktionieren würde und ansonsten verboten bliebe.

Die Politik sollte schleunigst erkennen, dass es ihre Aufgabe ist, fortschreitend mit der technologischen Entwicklung die Grenzen zu definieren und sicherzustellen, dass sie eingehalten werden. Und Unternehmen tun gut daran, sich selbst öffentlich proklamierte Beschränkungen aufzuerlegen. Ansonsten sind wir in wenigen Jahren tatsächlich in einem totalitären Rahmen eingesperrt, wie ihn Eggers warnend beschreibt.

In den Händen der Politik liegen aber auch viel traditionellere Themenfelder, wie Ausbildung, Forschungs- und Mittelstandsförderung, in denen heute auch gehandelt werden sollte, um die Basis dafür zu legen, dass die hiesige Industrie bei der Transformation zu digitalen Unternehmen und Organisationen nicht ins Hintertreffen gerät. Die Gefahr ist deshalb so groß, weil das Internet keine schützenden Grenzen kennt und damit jedes Unternehmen und jeder Mitarbeiter in Konkurrenz zu allen anderen steht. Ein einfaches Ausruhen, insbesondere auch auf traditionell über Jahre erfolgreiche Geschäftsmodelle, ist keine weiterhin Erfolg versprechende Option mehr.

Das vielleicht Wichtigste ist, dass Unternehmen und öffentliche Einrichtungen heute Mitarbeiter mit etwas benötigen, das bisher an kaum einer Schule vermittelt wurde und in seiner Tragweite in der Politik immer noch völlig unterschätzt wird: Medienkompetenz. Bei näherer Betrachtung sieht man, dass das Thema nicht nur unterschätzt, sondern auch noch falsch betrachtet wird. Es wird in der Regel nur der medial besonders wirksame, kleine Teilaspekt der Einhaltung der „Privatsphäre" herausgehoben, in dem es u. a. darum geht, Jugendliche davon abzuhalten, Partybilder in sozialen Medien zu veröffentlichen. Aus der Sicht von Unternehmen und Organisationen geht es aber vielmehr um den gesamten Umgang mit Medien, angefangen bei den (mobilen) Geräten mit ihren Apps bis hin zum Internet und seinen oft auch manipulierten Inhalten. Hiermit effektiv arbeiten zu können ist immer mehr ein absolut kritischer Erfolgsfaktor.

2.1 Medienkompetenz fördern

Ein wesentlicher Teil unserer Ausbildung erfolgt in der Schule und in etlichen Fällen zusätzlich noch der Universität und dient letztlich der Allgemeinbildung und Befähigung später einen Beruf ausüben zu können. Das geht zu einem großen Teil auf Wilhelm von Humboldt zurück, der 1809 in einem Brief an den König von Preußen schrieb: „Jeder ist offenbar nur dann ein guter Handwerker, Kaufmann, Soldat und Geschäftsmann, wenn er an sich und ohne Hinsicht auf seinen besonderen Beruf ein guter, anständiger, seinem Stande nach aufgeklärter Mensch und Bürger ist. Gibt ihm der Schulunterricht, was hierzu erforderlich ist, so erwirbt er die besondere Fähigkeit seines Berufs nachher sehr leicht und behält immer die Freiheit, wie im Leben so oft geschieht, von einem zum anderen überzugehen." (Humboldt 1809)

Die Fähigkeiten, die Mitarbeiter benötigen, um erfolgreich zu sein, ändern sich aber stetig. So erweisen sich lange erfolgreiche, ausschließlich hierarchische Strukturen in den meisten Betriebsabläufen heute als zu langsam. Das führt dazu, dass zunehmend der mitdenkende und in Teilbereichen auch mitentscheidende Mitarbeiter gefragt ist. Um Entscheidungen zu fällen, benötigt man eine Entscheidungsgrundlage, also Informationen um die Sache herum. Diese Informationen kann man sich selbst erarbeiten oder aus der Zusammenarbeit mit anderen („Collaboration") beschaffen. Das effizient zu machen muss man gelernt haben – ein wichtiges Ziel der Ausbildung. Da viele Entscheidungen heute nicht mehr zentral bei einer höheren Instanz fallen – die im Zweifelsfall die Übersicht hat und auch dafür sorgen kann, dass Doppelarbeit minimiert wird – kommt es in der Praxis immer häufiger vor, dass Mitarbeiter Dinge neu erfinden, die eine Kollegin oder ein Kollege bereits erfunden haben. Das ist für die Unternehmen natürlich teuer. In einer Studie war die IDC 1999 zu dem Schluss gekommen, dass der durchschnittliche Schaden bei 5850 $ pro Mitarbeiter und Jahr liegt. Oftmals liegt es an der Unkenntnis darüber, dass jemand anderes die Fragestellung bereits gelöst hat. Das ist ein Thema für eine effiziente Suchmaschine im eigenen Unternehmensumfeld, aber letztlich auch die Transformation des Unternehmens zu einem Social Business.

Schlimmer ist es, wenn sich die Mitarbeiter nicht trauen oder sich nicht darum bemühen bestehende Lösungen zu identifizieren, um sie wieder zu verwenden. Das ist leider ein sehr häufiger Fall, an dem auch immer wieder Wissensmanagement-Projekte gescheitert sind. Verwunderlich ist es nicht, weil uns in vielen Jahren der Ausbildung fortwährend eingebläut wurde, dass wir Dinge selbst erarbeiten müssen und auf keinen Fall abschreiben dürfen. Zu langsamen Zeiten war das noch kein großes Problem, aber in Zeiten des globalisierten Wettbewerbs geht es immer mehr um Geschwindigkeit. Da ist Nicht-Abschreiben, also Doppelarbeit, nicht nur ein Kostenfaktor in sich, sondern auch ein Zeitfaktor und damit ein zunehmender Wettbewerbsnachteil.

In der aktuellen Pädagogik scheint immer noch der Weg das Ziel zu sein, während Unternehmen in der Praxis nur am Ergebnis interessiert sind. Schülern wird beigebracht, wie sie alleine eigene Lösungen erarbeiten können. Das ist zwar nach wie vor sehr wichtig, nur reicht das heute nicht mehr. Mitarbeiter brauchen heute zusätzlich eine Medienkompetenz, die es ihnen ermöglicht besonders schnell die richtigen Antworten auf Fragen im Geschäftsalltag zu finden – und das ist vielleicht sogar das wichtigste, was man heute lernen muss. Denn der Weg, wie man auf eine Lösung kommt, ist aus einer Unternehmenssicht völlig nebensächlich. Und wenn ein Kollege bereits eine passende Lösung erstellt hat, dann ist sie möglichst abzuschreiben, da das die schnellste und kostengünstigste Variante ist.

Medienkompetenz bedeutet, zu wissen:

- Wie man mit den Social Media Tools (unternehmensintern und extern) und dem Internet insgesamt in effektiver und verantwortlicher Weise umgeht, ohne Datenschutz und Datensicherheit zu verletzten.
- Welche Quellen die gesuchte Information vorrätig haben könnten. Das können sowohl die Zuständigen in der Organisation als auch andere Experten sein, das kann aber auch ein Datenbestand im Intra- oder Internet sein. Dazu kommt die Fragestellung, wie man in einem Thema aktuell bleiben kann.
- Wie die Quelle qualitativ einzuschätzen ist. Dabei steht die Vertrauenswürdigkeit im Vordergrund. Zur Medienkompetenz gehört also auch die Fähigkeit der Einschätzung der Vertrauenswürdigkeit von Inhalten und die Fähigkeit sie durch weitere Recherchen zu unterfüttern.
- Wie man mit der Zeit ein persönliches Wissensträger-Netzwerk aufbaut, das man um Rat fragen und dem man vertrauen kann, und wie man effektiv auch anderen helfen kann (Stichwort: „Give and take"), bzw. durch Zusammenarbeit – auch über soziale Medien – schneller zu Lösungen kommt.

Medienkompetenz geht über die Informationsbeschaffung und -Bewertung hinaus und muss auch Kompetenz zur Steuerung der eigenen Aufmerksamkeit aufbauen helfen. Ein Einstieg ist zu lernen rechtzeitig abzuschalten und mit potenziellen Gefahren (z. B. stark überzogene Nutzung, die in Spielsucht enden kann) umgehen zu können. Dazu ist es auch wichtig bei den Lernenden eine „kritische Vernunft" zu etablieren, ein „Digital Sense Making", das es erlaubt die Flut der verfügbaren Informationen effizient zu nutzen. Das umfasst nach wie vor auch die Kompetenz sich mit komplexen Gedanken und Texten auseinanderzusetzen, wie sie in Büchern formuliert sind. Dazu gehört aber genauso das Nutzen von auf 140 Zeichen begrenzten SMS-Nachrichten, WhatsApp und Twitter-Feeds. Und dazu gehört auch intelligentes Abschreiben. Passt ein z. B. im Internet gefundener Text zu einer Aufgabenstellung und ist der Lernende in der Lage Fragen aus dem Kontext des Textes zu beantworten – hat er ihn also verstanden – dann ist das Kopieren mit richtigem Zitieren eine richtige und sinnvolle Lösung. Dieses darf natürlich kein Freibrief sein intellektuelles Kapital ohne Einwilligung des Besitzers (Autors) zu kopieren, denn das wäre geistiger Diebstahl. Urheberrechte sind selbstverständlich zu respektieren und Quellen sind auszuweisen. Der Berufsstand der Politiker hat sich hier durch zahlreiche Negativbeispiele von großflächig abgeschriebenen Doktorarbeiten nicht gerade als leuchtendes Beispiel für Medienkompetenz hervorgetan.

Pädagogen regen sich darüber auf, dass es Schülern mit Wikipedia und auch speziellen Hausaufgabe-Lösungsanbietern zu leicht gemacht wird, die von ihnen gestellten Aufgaben zu erfüllen (Bonstein 2008). Kann es nicht sein, dass sie damit den technischen Fortschritt lediglich negieren? Müssten sie nicht stattdessen die neuen Möglichkeiten einer Digital-Kultur einkalkulieren und ihre Anforderungen entsprechend hochschrauben? Genau das würde der Spirale des Konkurrenzdrucks entsprechen, den auch die Unternehmen spüren, und würde die Lernenden viel besser auf ihren späteren Arbeitsalltag vorbereiten. Es scheint ein Teil des Problems darin zu liegen, dass heute immer noch sehr viele der Lehrenden diese Medienkompetenz selbst nicht haben. Man kann eben nicht davon ausgehen, dass alle Lehrenden überhaupt einen PC mit Internetanschluss besitzen – und selbst wenn, auch mit sozialen Medien so sicher umgehen können, wie z. B. mit klassischen Texteditoren.

Veränderungen im Bildungssektor haben es schwer. Mit fast jeder technischen Neuerung wird der Untergang des Abendlands beschworen. Ob es nun vor grob 500 Jahren Gutenbergs Buchdruck war, durch den man damals einen „verwirrenden und schädlichen Überfluss an Büchern" vermutete oder die um 1870 erfundene Postkarte, die zunächst als Untergang der Briefkultur angesehen, dann aber nur 30 Jahre später als „den Geist der Zeit – Kürze und Geschwindigkeit" verkörpernde Errungenschaft gefeiert wurde. Und nun die vom amerikanischen Autor Nicholas Carr geäußerte, provozierende Fragestellung „Macht Google uns dumm?" (Carr 2008), die die Informationsvielfalt durch das Internet angreift und auch in der deutschen Medienlandschaft auf breite Resonanz stieß (u. a. Bonstein 2008). Die These ist immer wieder, dass wir durch Informationsüberfluss geistig verflachen.

Klar sollte sein, dass Google nicht vorm Denken bewahrt: „Treffer sind keine Antworten", so Google-Forscher Dan Russell (Russell 2011). Im Kern geht es bei all diesen Diskussionen aber eigentlich darum, welche Auswirkungen Veränderungen haben könnten. Die Pessimisten gehen immer davon aus, dass der Untergang droht und man deshalb am Bewährten, solange es irgend geht, festhalten muss, während die Optimisten neue Chancen in den Veränderungen erkennen und umzusetzen versuchen.

Dabei können die Veränderungen persönlichen Aufwand erfordern – etwa bei den Lehrenden – und es kann auch deren Autorität angreifen, nämlich wenn die Schüler feststellen, dass sie dem Lehrer in der Medienkompetenz bereits weit überlegen sind. Veränderungen sind aber grundsätzlich nicht aufzuhalten. Im Normalfall balanciert sich die Veränderung durch das Spiel der Kräfte aus: Sie kommt, wenn sich eine genügend große Zahl von Personen dafür interessiert und desto mehr desto schneller. Das Internet hat zumindest als Technologie die Anfangsschwelle lange hinter sich gelassen, aber trotzdem noch lange nicht die Akzeptanz in allen Prozessen des Alltags erlangt.

2.2 Ausbildungsförderung

Das wirft die Frage auf, ob die derzeitigen Ausbildungsverfahren in Deutschland noch geeignet sind, die zukünftigen Mitarbeiter so zu befähigen, wie sie in der Industrie und im öffentlichen Dienst zukünftig gebraucht werden. Die wichtigsten Fähigkeiten sind sicher – auf allen Ebenen – unternehmerisches Denken und eine ausgeprägte Innovationsfähigkeit. Mitteleuropa kann sein Lohnniveau nur halten, wenn das Ausbildungsniveau dem Delta zu Niedriglohnländern weiterhin entspricht. Damit müsste die Ausbildungsförderung extrem weit oben in der Priorität der Politik stehen.

Europa und Nordamerika werden ihre bedeutenden Rollen in der Weltwirtschaft nur behalten können, wenn sie weiterhin eine hohe Zahl von vermarktbaren Innovationen hervorbringen. Paul A. Samuelson, Nobelpreisträger für Wirtschaft 1970, meint, dass die Regierungen die Investitionen für Forschung und Entwicklung wieder nach oben schrauben müssen, um dieses zu erzielen (Steingart 2006, S. 384). Bedingt durch hohe und wachsende Staatskosten für Rente, Arbeitslosigkeit und Zinslasten, die zusammen einen Großteil des Bundeshaushalts ausmachen, sind diese Investitionen in den letzten Jahren aber eher zurückgefahren worden. Das gilt insbesondere auch für den Ausbildungssektor, der am Anfang der Kette steht. Hier sind die Zahlen über den Rückgang der Schülerzahlen hinaus negativ.

Ein paar Fragen dazu:

- Wie lange leisten wir uns noch die heutige föderale Struktur des deutschen Bildungswesens? Das scheinbar reformresistente Klein-Klein um Schulbücher, Lehrpläne und -Inhalte, Prüfungsanforderungen, usw. ist kaum noch jemandem wirklich zu vermitteln und lähmt die Weiterentwicklung der Bildung in Deutschland.
- Warum ist es für einen Studenten heute einfacher sich ein Auslandsemester anerkennen zu lassen als eines in einem anderen Bundesland? Nahezu ähnliche Hürden bestehen ja auch für Schulen, wenn Familien von einem Bundesland in ein anderes ziehen.
- Warum wurde die gut funktionierende Zentrale Vergabestelle für Studienplätze (ZVS) weitgehend aufgelöst – mit der Folge großer Planungsunsicherheit für Universitäten und Studenten? Jetzt müssen sich Studenten selbst an mehreren Universitäten bewerben. Das kommt einem Pokerspiel gleich und führt dazu, dass viele Studenten ihr Studium erst mit Verspätung aufnehmen. Im Wintersemester 2013/2014 blieben deshalb sogar 8,6 % der Studienplätze unbesetzt, auch wenn es im Trend besser wird.
- Wie sieht es mit der Qualität der Inhalte aus? Wo bleibt der, z. B. über Hochschul- und fachbereichbezogene Studiengebühren gesteuerte Wettbewerb zwischen Universitäten?
- Unternehmen klagen über mangelnde Fähigkeiten von Hauptschülern insbesondere bei den Grundrechenarten. Ist die geplante Zusammenlegung mit den Realschulen die pädagogische Antwort?
- Warum lernen Grundschüler in Deutschland je nach Alter und Bundesland ein bis zwei von vier unterschiedliche Schreibschriften, aber kein Tippen auf einer Tastatur? In Finnland dagegen ist geplant das Prinzip ab 2016 umzudrehen: Tastaturschrift wird Pflicht und die Schreibschrift kann ergänzend hinzukommen.
- Warum macht jeder Lehrer weiterhin sein eigenes didaktisches Programm? Wo bleibt so etwas wie die gemeinsame Anreicherung der Inhalte und Vermittlungsweisen zu „best Practices"; etwas, das ein Kernbaustein einer Digitalgesellschaft sein sollte und in der Industrie seit Jahren gelebte Praxis ist?

Ist unser Bildungswesen damit so positioniert, dass die Absolventen bestens auf ein erfolgreiches Berufsleben an einem prosperierenden Standort vorbereitet sind? Es könnte der Eindruck entstehen, dass sich das Bildungswesen in sich verselbstständigt hätte, so wie es Geary Rummler (Co-Autor des Klassikers „Improving Performance") 2008 in einem Interview darstellte: „[The training and development profession is] a solution in search of a problem. People have developed all this wonderful stuff around learning and development, and it is become a thing in and of itself rather than something that exists to help people be more effective in their jobs."

Er stellt also die Frage nach Zielorientierung und Anpassung an reale Bedürfnisse der Lernenden – also auch hier nach dem Übergang von der Organisation, die sich überwiegend mit sich selbst beschäftigt, hin zu einer „Kundenorientierung" im Sinne der Lernenden, bis hin zu einer Selbstorganisation als Ökosystem von Lernenden. Macht es heute wirklich noch Sinn Ausbildung als „Individualausbildung per Gießkanne" zu verstehen oder sollten wir es im Licht von sozialen Medien und deren Möglichkeiten nicht mehr als Netzwerkausbildung sehen?

Darauf hat der kanadische Lerntheoretiker George Siemens 2005 als einer der Ersten mit einem Modell reagiert (Siemens 2005), das er Konnektivismus nennt. Seine Grundprinzipien dazu sind:

- Lernen und Wissen beruhen auf der Vielfältigkeit persönlicher Auffassungen.
- Lernen ist der Prozess des Verbindens von spezialisierten Knoten und Informationsquellen.
- Lernen kann in nicht-menschlichen Dingen stattfinden.
- Die Möglichkeit mehr zu wissen ist wichtiger als das, was man bereits weiß.
- Das Erhalten und Pflegen von Verbindungen ist notwendig um fortlaufendes Lernen zu ermöglichen.
- Die Fähigkeit, Zusammenhänge zwischen Wissensfeldern, Ideen und Konzepten zu erkennen, ist eine Grundvoraussetzung.
- Aktualität (Genauigkeit, up to date sein) des Wissens ist das Ziel des konnektivistischen Lernens.
- Entscheidungen treffen ist in sich bereits ein Lernprozess. Die Auswahl, was zu lernen ist, und die Bedeutung der aufgenommenen Informationen müssen im Licht einer sich ständig verändernden Realität gesehen werden. Während etwas heute eine richtige Antwort ist, kann sie morgen aufgrund von Veränderungen im Informationsumfeld, das die Entscheidung beeinflusst, bereits falsch sein.

Die Umsetzung dieses Modells erfordert sowohl Eingriffe in die Inhalte – Medienkompetenz wird wichtiger als Abfragewissen – als auch in die Lernmethodik selbst, denn hier sind Social-Media-Möglichkeiten zukünftig wesentlich stärker zu berücksichtigen als heute auch nur angedacht. Die Veränderungsgeschwindigkeit, die wesentlich durch die Politik bestimmt wird, dürfte zu einem kritischen Erfolgsfaktor für den Standort Deutschland werden.

Tatsächlich gibt es noch weitere Probleme, denen sich die Bildungspolitik bisher auch wenig widmet: Lehrer werden ist für viele Studenten heute nur noch eine Notlösung, weil man in der Industrie vermeintlich keinen so sicheren Arbeitsplatz bekommt, aber keine Berufung mehr. Negativ bemerkenswert ist auch der Rückgang des männlichen Anteils in pädagogischen Berufen, der nach Expertenprognosen zu Rollenbildverzerrungen zukünftiger Schüler führen könnte.

Nicht unproblematisch ist auch die Behäbigkeit bei der Anpassung der Ausbildungsinhalte an neueste praktische Erkenntnisse in Forschung und Wirtschaft. Scheinbar gilt die alte Daumenregel des Erscheinens von neuem Wissen in Ausbildungsbüchern noch immer: Demnach dauert es im Mittel 10 Jahre, bis ein neues Forschungsergebnis akzeptiert ist. Sodann vergehen nochmals 10 Jahre, bis es in der Ausbildungsliteratur der Universitäten auftaucht. Mindestens weitere 10 Jahre vergehen, bis die Schulbuchliteratur die Themen aufnimmt und die komplex abgestimmten Lehrpläne sie vorsehen. Und erst nach weiteren 10 Jahren wird es langsam Allgemeinbildung. Dieser Wissenszyklus von der Idee bis zum Allgemeinwissen ist mit grob 40 Jahren – fast 2 Generationen – einfach viel zu lang.

Das Problem liegt zu einem erheblichen Teil in der traditionellen Buchbezogenheit als zentrales Medium der Schul- und Universitätsausbildung. Würde Ausbildung mehr über das Internet als viel flexibleres Medium funktionieren – durchaus im Klassenraum benutzt – und würde man in der Lehre mehr auf Best Practices-Anreicherung von neuen Lehrmaterialien setzen – ein Social Business Ansatz für die Lehre -, so wäre der Einstieg in Methoden der Digitalgesellschaft und damit eine drastische Verkürzung dieses Wissenszyklus geschafft. Das soll den didaktischen Vorteil einer vor der Zuhörerschaft entwickelten Erörterung nicht schmälern und auch die Tafel (nicht zwingend physisch, sondern als didaktische Form) nicht völlig verbannen. Es geht um den Anschluss des Unterrichts an die Neuzeit, um eine sinnvolle Mischung, durchaus auch mit einem Medienmix. Leider scheitert das heute noch weitläufig an der technischen Ausstattung von Schulen und Universitäten und teilweise auch an der fehlenden Medienkompetenz der Ausbildenden.

Mit der fortschreitenden Digitalisierung und einer nach den Plänen der Bundesregierung bis 2018 abgeschlossenen Breitbandvernetzung (50 Mb/s) für alle, sowie der hohen Verbreitung von mobilen Endgeräten und Tablet-PCs, muss man sich sowieso die Frage stellen, die die beiden Journalistinnen Stephanie Banchero und Stephanie Simon im Wall Street Journal platzierten: „Ist der nächste Lehrer eine App?", also eine Anwendung auf einem PC oder Smartphone? (Banchero und Simon 2011). Auch wenn in den USA ein Boom an reinen Online-Schulen begonnen hat, so zeigen die Diskussionen zu dem Artikel und die Testergebnisse von Schülern, dass eine schwarz-weiß-Lösung kein wirklicher Ansatz ist, u. a., weil man im Klassenverbund eben auch mehr lernt als fachliche Inhalte, also Dinge, wie Sozialkompetenz und Zusammenarbeit. Das heißt aber nicht, dass Online-Elemente einen Unterricht nicht abrunden und verbessern können.

Interessant ist ein neues Konzept aus den USA, der sogenannte „flipped Classroom", also der umgedrehte Klassenraum. Dabei wird der Lehrervortrag als Multimedialösung angeboten und etwa zu Hause verfolgt, während die Hausaufgaben gemeinsam im Unterricht mit dem Lehrer erledigt werden. Die von Salman Khan gegründete, gemeinnützige Khan Academy bietet jeden Monat den über 21 Mio. Nutzern bereits 4000 Lehrvideos

(2014) in diversen Sprachen – einige auch schon mit deutschem Ton – kostenlos im Internet an. Lehrer können ihre ganze Klasse dort anmelden und dann den Lernfortschritt jedes einzelnen Schülers verfolgen. So besteht, unter anderem durch die so gewonnene Unterrichtszeit, auch die Möglichkeit viel individueller als bisher auf einzelne Schüler einzugehen, die vielleicht mehr Anläufe für einzelne Aufgaben gebraucht haben als andere (Dworschak 2012).

Dazu stellt sich die Frage, in wieweit man hier auf solche neuen Lehrmodelle allein technisch vorbereitet ist oder auch nur bereit ist zu investieren? Eine Vollausstattung wäre aber die erste, technische Grundlage für einen computergestützten Unterricht – zumindest wenn man von der Alternative, individuelle Laptops oder Tablets (z. B. iPads) für alle Schüler und eine entsprechend hochbandbreitige Infrastruktur in den Räumen zu haben – einmal absieht. Abgesehen von den Endgeräten fehlt es den meisten Schulen an der Infrastruktur und noch mehr am Personal zur Wartung von Netz und Geräten. Angeblich haben einige Schulen deshalb sogar ihre Smartboards wieder gegen die alte Kreidetafel eingetauscht. Die im November 2014 vorgestellte International Computer and Information Literacy Studie (ICILS 2013) bescheinigt Deutschland einen sehr schlechten Rang: Die Computernutzung von Lehrern von Achtklässlern liegt in 36,4 % bei seltener als einmal im Monat, bzw. bei nie. Und nur 34,4 % nutzen den Computer täglich oder mindestens wöchentlich. Die Zahlen der teilnehmenden Länder der EU sehen da schon deutlich besser aus: 21,3 und 58,8 % und in Australien sind es gar 2,9 zu 89,5 %. Udo Beckmann, Vorsitzender der Bildungsgewerkschaft VBE sieht das Problem so: „Die digitale Schule wird vom Dienstherrn als Privatangelegenheit auf die Lehrer abgeschoben" und Stephan Pfisterer vom Branchenverband BITKOM deutet die Folgen an: „Über 40.000 Stellen können derzeit nicht besetzt werden, weil Informatiker fehlen." (Schmundt 2014)

Da ist man selbst in Entwicklungsländern oft scheinbar schon weiter. Die weltweite „One Tablet per Child" (OTPC) (http://one.laptop.org) Initiative hat bis heute bereits 2,5 Mio. Tablets für Schüler überwiegend in Entwicklungsländern bereitgestellt. Kritiker bemängeln allerdings, dass das einfache Bereitstellen von Tablets die Schüler nicht automatisch besser macht. Studien zeigen, dass die Kinder oft nicht mehr gelernt haben als den Einstieg ins Internet, aber ihre Fähigkeiten in Mathematik und Sprachen sind nicht besser geworden als ohne Computer – und darüber hinaus auch schnell das Interesse an den Tablets verloren haben. Die OTPC Organisation sucht jetzt nach neuen Softwarekonzepten, damit die Schüler eingeständig besser lernen könnten, weil ihnen die unterstützenden Lehrer fehlen. Technik ist also kein Ersatz für die Lehrer, aber ein Unterricht ohne Technik bereitet eben auch nicht mehr richtig auf die Anforderungen im späteren Beruf vor. Bereits 2012 hatte man deshalb in Thailand beschlossen 25 Mio. $ zu investieren, um 930.000 7-Zoll-Tablets für Schüler und Lehrer anzuschaffen. Und was passiert bei uns?

Für die Lehrer und die Lehrerausbildung führen die neuen Möglichkeiten zu einer Grundsatzfrage: Bisher wurden sehr viele Inhalte „gepaukt" und das Lernen von Kompetenzen stand irgendwo mehr der Zufälligkeit überlassen in der zweiten Reihe. Wenn es die Inhalte nun in weitgehend unbegrenzter Menge im Internet gibt, müsste sich die Lehre eigentlich schwerpunktmäßig ändern: Die grundsätzliche pädagogische Kernaufgabe, nämlich das systematische Vermitteln von Kompetenzen, müsste deutlich in den Vordergrund rücken. Dazu wäre aber erforderlich, dass die Lehrerschaft selbst eine hervorragende Kenntnis der internetgestützten Möglichkeiten hätte und diese nutzen und vermitteln könnte. Und um Missverständnisse zu vermeiden: nicht als gesondertes Fach Medienkompetenz, sondern als Grundprinzip aller Fächer.

Klar ist aber auch, dass das Zusammenstellen eines individuellen Medienmixes für jede Unterrichtsstunde den einzelnen Lehrer überfordern würde. Genau das hat aber auch mit der Frage zu tun, warum Lehrer eigentlich so wenig voneinander „abschreiben", warum sie nicht in Communitys zusammen Lehrinhalte gestalten und optimieren? Warum wird Schule – und Ähnliches gilt für die Universitäten – nicht als Social Business organisiert? Auch wenn es zum Beispiel über den eingetragenen Verein „Zentrale für Unterrichtsmedien im Internet" (www.zum.de) positive Beispiele gibt, ist man heute noch sehr weit davon weg: Schon die Schulbücher werden nur ausschnittsweise genutzt und fast jeder Lehrer entwirft sein Unterrichtsprogramm selbst – mit allen Schwächen des Individuums. Reicht das, um den Innovationsvorsprung des Standorts Deutschland auch zukünftig mit exzellent ausgebildeten Leuten aufrechtzuerhalten? Zweifel sind angebracht.

Und es gibt im Thema Ausbildungsförderung weitere Baustellen. Herausgegriffen seinen noch zwei Aspekte der demografischen Verschiebung:

- Da ist zum einen bei zunehmender Überalterung der Mitarbeiterschaften die immer wichtiger werdende, fortlaufende Ausbildung im Beruf und das damit verbundene Thema der „Employability" (einsatzfähig bleiben), auf das später noch eingegangen wird.
- Und das Thema Integration und Ausbildung von Zuwanderern, auf die Deutschland spätestens ab 2020 extrem angewiesen sein wird, weil die Zahl der potenziellen Arbeitnehmer dann innerhalb von nur zehn Jahren um mindestens fünf (wenn nicht über zehn – je nach Rechenmodell) Millionen abnehmen wird. Das kann dann nur noch durch forcierte Zuwanderung aufgefangen werden. Ein erster guter Schritt seitens der Politik ist damit gemacht, dass jetzt im Ausland erworbene, akademische Abschlüsse einfacher anerkannt werden. Es bedarf darüber hinaus eines klaren Anwerbeplans und klaren Strategien zur wirklichen Integration sowie der Sprach- und Ausbildungsförderung, um die entstehenden Lücken zumindest etwas zu schließen.

2.3 Forschungsförderung

Forschungsförderung muss sich an Erfolgen messen. Mit Sicherheit gibt es zahlreiche Reports, die die Erfolge deutscher Forschungsförderung ausweisen – nur, wo ist der deutsche Google-, eBay- oder Amazon-Erfolg? Ja, XING – eine nette, kleine Erfolgsgeschichte, die zwischenzeitlich allerdings mehr und mehr vom Riesen Facebook in eine Nische gedrängt wird. Haben die jemals öffentliche Fördergelder bekommen? Die gleiche Frage stellt sich für das ehemalige Start-up MyTaxi, dass 2014 vom Daimler-Konzern komplett übernommen wurde. Sonst nichts, was über die Grenze hinaus strahlt. In den USA werden die Googles, usw. als Beleg für die Innovationskraft der amerikanischen Wirtschaft gefeiert – und hier?

Schaut man sich hiesige Förderpraxis an, dann wird man mit Ritualen konfrontiert, die dringend der Überprüfung bedürfen. Wenn Fördergelder ausgeschrieben werden, kann man sich als Organisation oder Unternehmen bewerben, oft sind es auch Konsortien. Dann werden die Anträge geprüft, wozu eine Kommission einberufen wird, zu der einige unabhängige Experten als Gutachter geladen werden. Gewinnen tun meistens die, die am geschicktesten in der Formulierung des Antrags sind – die Antragsprofis.

Schaut man am Beispiel der Einzelförderung etwas näher herein, was gefördert wird, dann sind das:

- Projekte von Großunternehmen, bei denen man annehmen sollte, dass sie selbst die Kapitaldecke hätten, das Projekt zu finanzieren. Insbesondere bei ihnen ist oft auch nicht transparent, wo das Ergebnis der Forschung umgesetzt wird. Nicht selten finanzieren so deutsche Steuergelder Arbeitsplätze im Ausland.
- Projekte, zu denen es gleiche oder ähnliche Produkte bereits am Weltmarkt gibt. Es soll also das Rad noch einmal neu erfunden werden. Das kann in begründeten Ausnahmen sogar Sinn machen, sollte aber entsprechend begründet werden, und nicht als Innovation dastehen.
- Projekte, die überwiegend das Ziel haben bestehende Forschungseinrichtungen bei Lohn und Brot zu halten, was durchaus strategisch gesehen Sinn machen kann. Aber sollte die Politik nicht endlich einmal die Ehrlichkeit aufbringen und diese Einrichtungen mehr direkt fördern, als sie über den verwaltungsmäßig aufwendigen, langsamen und teuren Weg der Einzelförderung zu schicken?

Darüber hinaus, und das ist unbestritten, gibt es eine Vielzahl sinnvoller Projekte, auch auf dem Weg der Einzelförderung. Auf der anderen Seite sagt man deutschen Banken – die bis auf Ausnahmen längst internationale Banken sind -, dass sie bei der Förderung von Unternehmensgründern in Deutschland viel zu vorsichtig sind und wichtige Innovationen damit hier ausbremsen. Sie werden dennoch umgesetzt, aber in den USA, wo ein anderes Klima vorherrscht. Vielleicht müssen wir uns von der „Forschung auf Bestellung" via Forschungsförderung etwas abkehren und mehr ein Klima für Innovation, für Gründer schaffen. Robert Bosch, Werner von Siemens, Carl Benz und August Borsig waren damals auch alle Gründer. Und sie und ihre Zeitgenossen hatten viele innovative Ideen, die die Grundlage unseres heutigen, allgemeinen Wohlstands sind. Vielleicht sind die Verfahren zur Vergabe von Venture Kapital effizienter als die Rituale der Einzelförderung. Und wenn den Banken der Standortbezug abhandengekommen ist, vielleicht kann die Politik noch helfen. Sie ist nicht nur zum Nachdenken aufgefordert, sondern zum Handeln.

In einer Zeit des Wandels zur Digitalgesellschaft wird nicht wirklich deutlich, wie die Forschungsförderung hier strategisch aufgesetzt ist, eine Transformation in allen gesellschaftlichen Bereichen anzustoßen und zu unterstützen. Es gibt zwar im Bundesministerium für Wirtschaft und Technologie ein Programm zur Förderung des Wissensmanagements. Das gehört allerdings eher in den Bereich der Mittelstands- und Kleinunternehmensförderung. Pläne, zum Beispiel für den Öffentlichen Dienst selbst, scheinen auch noch in den Kinderschuhen zu stecken, auch wenn einzelne Kommunen über Bürgerbeteiligung durchaus Vorbildcharakter aufzeigen. Hier gilt ansonsten wohl weiterhin erst einmal die alte Parole: „Der Zuständige – und nur der – macht!" Social Business-Elemente oder gar Umsetzungsversuche sind rar und entsprechende Forschungsprojekte dazu ebenfalls.

2.4 Mittelstandsförderung

Eine der wichtigsten Erfolgsfaktoren und in Summe einer der größten Arbeitgeber des Standorts Deutschlands sind die kleinen und mittelständischen Unternehmen (KMU). Sie gilt es aktiv auf die Veränderungen durch die Globalisierung vorzubereiten, bzw. ihnen zu helfen sich auch den Herausforderungen des globalen Marktes zu stellen, insbesondere, wenn sie nicht nur Anbieter lokaler Dienstleistungen sind.

Ein sehr wichtiges Element ist aktive Stimulierung und Nutzung des Innovationspotenzials, das in den KMUs steckt, das ohne äußere Unterstützung aber bei einzelnen Betrieben haften bleibt. Es geht dabei vorrangig um den Austausch von Erfahrungswissen in Netzwerken und dazu auch um die Einführung von Social Business Methoden im Mittelstand. Es geht darum Methodenwissen zu verbreiten, aber auch Informationsaustauschplattformen ins Leben zu rufen, die einen verbesserten Informationsaustausch auch zwischen KMUs ermöglichen. Dabei könnte den Verbandsorganisationen endlich wieder eine aktivere Rolle zukommen, die sie konkret an der Wertschöpfung beteiligt. Diese Rolle hatte sie zuletzt in ihrer Gründungsphase im frühen Mittelalter, als sie nicht nur als Sozialverband bestanden, sondern auch wesentlich für den Wissensaustausch sorgten. Zwar standen die einzelnen Betriebe in Konkurrenz zueinander, was den Wissensaustausch auf Meisterebene erschwerte. Die Gilden betrieben damals die sogenannten Gildehäuser, die in manchen lateinischen Quellen als *Theatrum* oder *Gymnasium* bezeichnet wurden. Sie waren auch für die Lehrlinge der zentrale Treffpunkt, über den dann letztlich der Erfahrungs- und Wissensaustausch unter ihnen lief (Ehbrecht 1985).

Auch wenn Verbände heute noch Vortragsreihen organisieren, Zeitschriften herausgeben, Prüfungen abnehmen, Qualitätstests vornehmen, usw., so haben sie doch die zentrale Rolle im Arbeitsalltag der Mitarbeiter verloren. Teilweise sind hier Hersteller in die Rolle gesprungen, so beispielsweise im Heizungsbau, wo Hersteller die Informationsversorgung der Sanitärhandwerker weitgehend im Direktkontakt übernommen haben. Das könnte durchaus als Modell für die Verbände dienen, klein- und mittelständische Unternehmen zu Social Business Gruppen mit relevanter Teilnehmerzahl zu vernetzen – auch wenn die Betriebe selbst, wie schon im Mittelalter, teilweise in Konkurrenz zueinander stehen. Heute organisieren sich die Mitarbeiter eben notgedrungen selbst über öffentliche Social Media Angebote. Die Verbände hier entsprechend zu unterstützen, durch konzeptionelle Vorarbeiten, aber auch konkret beim Aufbau entsprechender Vernetzung wäre konkrete Mittelstandsförderung.

Tatsächlich geht es bei KMUs aber nicht nur um Vernetzung, sondern auch um die Einführung neuer Arbeitsformen, insbesondere, wenn es um wissensintensive Branchen mit hoher Nutzung von Informationstechnologie geht. Für die ist die klassische, E-Mail gestützte Arbeitsweise nämlich durchaus ein Problem: Verlassen Mitarbeiter das Unternehmen oder arbeitet man viel mit Teilzeitkräften und studentischen Hilfskräften, dann hat man ein stetiges Kommen und Gehen von Personen, deren gesamte E-Mail Korrespondenz dem Datenschutz unterliegt und damit gelöscht werden muss, wenn sie gehen. Zudem kann niemand anderes in deren E-Mail suchen.

Unter diesem Aspekt bringen Social Business-Arbeitsformen, in denen man mit Blogs, Wikis, Aktivitäten, usw. statt mit E-Mail arbeitet, deutliche Vorteile. Diese branchenorientiert herauszuarbeiten wäre ein weiteres, noch anzustoßendes Feld moderner Mittelstandsförderung.

Literatur

Banchero, S., & Simon, S. (2011). My Teacher is an App. http://on.wsj.com/sbJEZi. Zugegriffen: 12. Nov. 2011.

Bonstein, J. (2008). Abschreiben 2.0. *Der Spiegel, 33,* 86 f.

Carr, N. (Juli/August 2008). „Is Google making us stupid?" im Magazin „Atlantic Monthly".

Dworschak, M. (2012). Gefangen in der Kreidezeit. *Der Spiegel, 29.*

Eggers, D. (2013). *The circle.* San Francisco: Vintage Books.

Ehbrecht, W. (1985). *Beiträge und Überlegungen zu Gilden im nordwestlichen Deutschland. Gilden und Zünfte.* Sigmaringen: Thorbecke.

Humboldt, W. von. (1809). http://de.wikipedia.org/wiki/Wilhelm_von_Humboldt. Zugegriffen: 19. April 2009.

IW Köln Studie. (2014). Export Digital – die Bedeutung des Internets für das deutsche Auslandsgeschäft. https://docs.google.com/file/d/0B2bbhBX4CNWNQUppT2VRaXN4UDA/edit?pli=1. Zugegriffen: 28. Juli 2014.

Micklethwait, J., & Wooldridge, A. (2014). *The fourth Revolution: The global Race to reinvent the State.* England: Penguin Press.

Russell, D. (2011). Treffer sind keine Antworten. http://www.spiegel.de/netzwelt/web/0,1518,789395,00.html. Zugegriffen: 5. Okt. 2011.

Schmundt, H. (2014). Dino aus dem Drucker. *Der Spiegel, 48,* 147 f.

Siemens, G. (2005). Connectivism: A learning Theory for the digital Age. http://www.itdl.org/Journal/Jan_05/article01.htm. Zugegriffen: Jan. 2005.

Steingart, G. (2006). *Weltkrieg um Wohlstand.* München: Piper.

Zühlke, K. (2015). Plattform Industrie 4.0 vor dem Aus: „Deutschland hat die erste Halbzeit verloren". http://www.elektroniknet.de/elektronikfertigung/strategien-trends/artikel/116855/. Zugegriffen: 10. Feb. 2015.

CAMSS – die Megatrends der Informationstechnologie

3

Wege entstehen dadurch, dass man sie geht.
Franz Kafka (Schriftsteller 1883–1924)

Die goldenen Zeiten, in denen man als IT-Leiter (CIO) jeden Tag pünktlich um 17 Uhr Feierabend machen konnte, sind wohl erst einmal vorbei. Fünf Megatrends überfluten das Informationstechnologie-Management mit zahlreichen Veränderungen, die alle in naher Zukunft umgesetzt werden wollen. Vorbei ist damit auch der einfache zu managende Fokus auf genau zwei Themen: Technologie und Kosten. Stattdessen rückt für den CIO das Informationsmanagement in den Vordergrund.

Die Megatrends werden unter dem aus den USA stammenden Akronym CAMSS zusammengefasst. Das steht für Cloud, Analytics, Mobile, Social und Security. Was sie bedeuten und welche Rolle sie bei der Transformation zu einem digitalen Unternehmen spielen, wird in diesem Abschnitt erläutert.

3.1 Cloud

Cloud ist zunächst einmal nur ein Bereitstellungsmodell für Computerleistungen und Softwarelösungen. Mussten Software-Anwendungen bisher auf dem eigenen Rechner oder zumindest im eigenen Rechenzentrum installiert sein, so ermöglicht heute die Internettechnologie, dass der Service auch von irgendwo – also aus der Wolke (Cloud) – kommen kann. Typisch werden die Services stark standardisiert angeboten und Extrawünsche sind technisch oft gar nicht möglich. Der Vorteil ist, dass die Services so mandantenfähig auf virtualisierter Hardware installiert werden können. Mandantenfähig bedeutet, dass sich mehrere Kunden eine physische Instanz teilen, wobei ihre Daten logisch voneinander getrennt bleiben. Damit kann einerseits die günstigste Rechner-Hardware zum Einsatz kom-

© Springer-Verlag Berlin Heidelberg 2015
P. Schütt, *Der Weg zum Digitalen Unternehmen*, DOI 10.1007/978-3-662-44707-9_3

men – das sind in der Regel große Maschinen, die besonders günstig sind, insbesondere, wenn sie hochgradig ausgelastet werden – und andererseits Standardsoftware ohne gravierende, teure, kundenspezifische Anpassungen. Die kann dann auch sehr einfach und kostengünstig aktualisiert werden, weil der Arbeitsaufwand für alle Nutzer nur einmal anfällt. Da das so viel günstiger ist als komplexe Anpassungen wieder an eine neue Basisversion anzupassen, kann man Updates auch viel häufiger einspielen, womit der Kunde dann bei den meisten Cloud-Angeboten grundsätzlich immer auf der aktuellsten Version arbeitet.

3.1.1 Cloud – die Optionen

Cloud Services werden in verschiedenen Varianten angeboten. Da ist zunächst die Frage, auf welcher Ebene man in die Cloud gehen möchte. Es gibt alles von Basisservices bis zu vollständigen Prozesslösungen:

- Infrastruktur als Service: Das bedeutet, dass man virtualisierte Hardware bekommt, also Server, Netzwerkanbindung, Speicher und Betriebssysteme.
- Plattform als Service: Das ist die nächste Ebene und bedeutet, dass man eine komplette Plattform mit Betriebssystem, Middleware und Entwicklerwerkzeugen bekommt. Dabei wird auch die Integration verschiedener Anwendungen unterstützt.
- Software als Service: Das geht noch eine Ebene weiter, in dem eine fertige Anwendung oder auch mehrere als fertige Lösung angeboten werden. Das bedeutet, dass man die Software nicht mehr selbst besitzen muss, sondern wie Strom aus der Steckdose als Service beziehen kann. Auch um Updates und so weiter muss man sich nicht kümmern.
- Business Prozess als Service: Statt einzelner Anwendungen wird hier ein ganzer Prozess angeboten, also etwa das Abrechnungswesen, die Personalfunktionen oder die Supply-Chain-Dienste.

Sodann stellt sich die Frage, wo diese Services laufen sollen. Hierzu gibt es für alle Ebenen noch einmal zwei bis drei Varianten:

- „Public Cloud" nennt man einen im öffentlichen Internet verfügbaren Cloud-Service, der entweder kostenfrei oder für zahlende Mitglieder zugreifbar ist. Manchmal gibt es auch sogenannte Gastmodelle, in denen ein zahlendes Mitglied zusätzlich Gäste einladen kann. Das ist entweder kostenfrei oder das Mitglied übernimmt die Kosten für den Gast. Die Lösungen beruhen in der Regel auf mandantenfähiger Software, sodass sich viele Nutzer/Unternehmen eine Instanz teilen – ohne es zu merken, da die Bereiche logisch voneinander getrennt sind. Solche Lösungen zeichnen sich durch schnelle Bereitstellung des Services, „Pay-as-you-go" Preismodelle und hohe Skalierbarkeit und Flexibilität aus.
- Eine „private Cloud" ist das Gegenstück dazu. Die Bereitstellung erfolgt zwar ebenfalls über das Internet, aber alternativ auch über das private Intranet. Die Software muss

hierfür nicht mandantenfähig sein und kann einer klassischen „on premises"-Lösung, wie man sie auch im eigenen Rechenzentrum installieren würde, entsprechen. Unternehmen wählen solche Lösungen gern, um erweiterte Kontrolle über die Ausführung der Software und die Ablageorte der Daten zu behalten. Damit kommt eine solche Lösung einer klassischen Outsourcing-Variante sehr nahe, wobei die Vertragsgestaltung meistens doch sehr anders aussieht. Die Cloud-Variante setzt eher auf Standardsoftware mit häufigen Updates, während die Outsourcing-Variante eher bei hochgradigen Anpassungen zum Tragen kommt.

- Die „hybride Cloud" ist eine von Unternehmen gern eingesetzte Mischform, die Teile aus einer Public Cloud mit anderen Teilen aus privaten Clouds oder auch klassischen Rechenzentrum-Services kombiniert. Letztlich ist nur diese Variante in der Lage hochgradig integrierte Lösungen zu bieten, in denen verschiedene Services kombiniert sind. Ein Beispiel ist ein E-Mail Service aus der Cloud, bei dem aber weiterhin jede Mail ihren je nach Teilkonzernzugehörigkeit einen besonderen Fußbereich haben soll. Den liefert ein spezieller Filter auf einem Server im eigenen Rechenzentrum. Weitere Beispiele sind die Einbindung von Dokumentenmanagementsystemen und anderem. Dazu vereinfachen hybride Lösungen die Einstiegsphase in die Cloud. Im Beispiel von E-Mail ist es unmöglich den Service von vielen Tausend Mitarbeitern, die über die Welt verteilt sind, in einem einzigen Schritt und ohne Serviceunterbrechungen umzustellen. Bei hybriden Ansätzen ist das gar nicht nötig. Hier können die Mitarbeiter nach und nach in die Cloud verschoben werden – ohne Serviceunterbrechung. Es verbleiben damit aber immer einige Server im eigenen Rechenzentrum. Wenn man das nicht möchte, können diese aber auch final in eine Infrastruktur-Cloud verlegen werden.

3.1.2   Cloud – Vor- und Nachteile abwägen

Für eine Privatperson stellt sich bezüglich der Nutzung von Services aus der Cloud allenfalls die Frage, ob man bereit ist die Nebenwirkungen kostenfreier Lösungen, wie Bandenwerbung oder verdeckte Profilerstellung zu akzeptieren oder eher zu kostenpflichtigen Cloud-Lösungen greift, die hierauf verzichten. Bei manchen Services hat mal allerdings keine Wahl.

Für kleine und mittelständische Unternehmen ist das Cloud-Modell vermutlich am attraktivsten. Sie können so Services einer je nach Cloud-Anbieter weltweiten Infrastruktur nutzen, ohne sie selbst aufbauen zu müssen, was sie überfordern würde. Das schafft neue Chancen für neue Geschäftsmodelle. MyTaxi ist hier ein bereits erwähntes, gutes Beispiel. Geht es lediglich um die internen Daten, muss man abwägen, welche Vor- und Nachteile ein Betrieb aus der Cloud hat. Das ist dann ähnlich wie bei den Großbetrieben. Denn auch für große Unternehmen stellt sich zunehmend die Frage, ob sie Services selbst betreiben wollen („On Premises"), betreiben lassen (Strategic Outsourcing, Hosting) oder mieten (Cloud).

Das Grundprinzip eines Cloud-Betriebs ist:

- Die um 70–90 % bessere Ausnutzung der mehr oder weniger teuren Hardware.
- Die sofortige Verfügbarkeit von Services – statt Wochen auf eine interne Installation warten zu müssen.
- Die weitgehende Skalierbarkeit von Lösungen.

Anbieter gibt es viele, aber auch Tücken:

- So verlangt das deutsche Bundesdatenschutzgesetz (BDSG), dass personenbezogene Daten, also „Einzelangaben über persönliche oder sachliche Verhältnisse einer bestimmten oder bestimmbaren Person", in Deutschland oder zumindest der EU gespeichert sein müssen. Für andere Daten gilt diese Einschränkung nicht. Ein Unterschied wird auch noch gemacht zwischen Daten zur Weitergabe an Dritte oder Auftragsdatenverarbeitung (BDSG § 11), wobei Letztere für Cloud-Computing typisch ist. Die ist zwar etwas eher erlaubt, dafür ist sie mit einer aufwendigen Dokumentationspflicht verbunden. Eine Unterzeichnung des Safe-Habor-Abkommens beim US-Handelsministerium seitens des Cloud-Service Anbieters ist lediglich eine Absichtserklärung und rechtlich nach BDSG nicht hinreichend. Nach Außenhandelsgesetz ist es genau genommen sogar bereits problematisch Daten auf einem mobilen Gerät mit ins Ausland zu nehmen – etwa im Urlaub (Daumenregel: Handy ja, Smartphone und mehr nein).
- Die Herausforderungen durch den US Patriot Act sind bekannt und stehen nicht unbedingt im Einklang mit heutigem EU-Recht. Er gewährt US Behörden die Möglichkeit Einsicht in alle Daten von Firmen, die in den USA tätig sind, dort Töchter haben oder auch nur Provider nutzen, für die Entsprechendes gilt, zu nehmen. Das betrifft weltweit alle Firmendaten und selbst die, die nur aus Back-up-Gründen in den USA gespeichert sind. Hier sieht auch der BITKOM die dringende Notwendigkeit einer politisch-rechtlichen Klärung (Hackmann 2012). Das gesamte Thema ist zurzeit zumindest eine rechtliche Grauzone und verunsichert Firmen beim Einstieg in die Nutzung von Cloud-Lösungen.
- Der oftmals gemachte Vergleich von Cloud-Services mit dem Strom aus der Steckdose hinkt, weil es keine Normierung gibt. Eine Entscheidung für einen Anbieter kann schnell zum (ungewollten) Bund fürs Leben – mit entsprechenden Abhängigkeiten auch bei zukünftigen Preisverhandlungen – werden, da ein Wechsel von einem Anbieter zum nächsten technisch vor sehr hohen Hürden stehen kann.
- Cloud ist nicht zwingend automatisch kostengünstig, auch wenn der Begriff entsprechend besetzt sein mag. Unter Umständen kann das klassische Verfahren Software zu kaufen und selbst zu betreiben günstiger sein, denn in der Cloud muss man fortlaufend bezahlen, während einmal gekaufte Software zur Not auch über das Ende der Wartungsunterstützung hinaus betrieben werden kann. Vieles hängt hier von den Rahmenbedingungen ab.
- Jeder Service muss sich irgendwie finanzieren. Insofern sind insbesondere kostenfreie Angebote auch mit Problematiken belastet, etwa dass die Daten für ein Profiling benutzt werden, um gezielter Werbung einzuspielen. Hier muss man sich fragen, ob der Anbieter seriös genug ist oder andererseits die Daten keinen besonderen Schutz benötigen.

Dem steht die positive Seite der unüberschaubaren Vielfalt der Möglichkeiten entgegen, der sich mittelfristig niemand entziehen kann.

3.2 Analytics und Cognitive Computing

Der Wunsch nach einer Analyse von Massendaten hat die Entwicklung von Computern von Beginn an wesentlich vorangetrieben, in jüngerer Zeit aber eine ganz besondere Phase der Weiterentwicklung erlebt. Unter dem Begriff „Business Intelligence" (BI) war die Analyse strukturierter Daten seit 1990 zumindest für größere Unternehmen schon zu einem wichtigen Bestandteil in verschiedensten Bereichen, wie etwa Marketing, Marktbeobachtungen, Optimierungen der Supply Chain, Produktmanagement, Früherkennung von Fehlern, usw. geworden. Als Datenquelle dienten im Wesentlichen die strukturierten Daten aus dem unternehmenseigenen Enterprise-Resource-Planning (ERP) System.

Zu den strukturierten Daten haben sich in den letzten 10 Jahren immer mehr unstrukturierte gesellt, die teilweise von Sensoren in oder an Produkten – dem „Internet der Dinge" – stammen oder in sozialen Netzwerken à la Facebook oder den Kommentarfeldern bei Amazon.com erfasst werden. Alle diese Daten können sehr oft sowohl einzelnen Produkten als auch einzelnen Nutzern zugeordnet werden und bieten in Verbindung mit wesentlich verbesserten Analyseverfahren auch die Möglichkeit selbst aus größten Datenmengen Erkenntnisse zu gewinnen. Man spricht in diesem Zusammenhang auch von „Big Data".

3.2.1 Big Data

Die Auswertung von Daten geschieht im Bereich von Big Data in vier Klassen unterschiedlicher Wertigkeit:

1. Da ist zunächst die Erfassung und Beschreibung des Istzustands, etwa der Veränderung eines Warenbestands.
2. Als etwas höherwertig gilt die Analyse des „warum?", also die Diagnose eines Zustands, aus der heraus man zum Beispiel etwas für die Zukunft lernen möchte. Hierzu gehört zum Beispiel die Frage, warum sich plötzlich Kundenbeschwerden häufen.
3. Noch anspruchsvoller ist der Blick in die Glaskugel, der Versuch von Voraussagen auf die Zukunft. Was könnte passieren? Hier wird gern mit Szenarien gearbeitet. Ein relativ einfaches Beispiel bietet der Lebensmittelhandel: Wie viel Frischgemüse muss mehr bestellt werden, wenn ein variabler Feiertag auf einen Montag fällt und damit ein langes Wochenende mit geschlossenen Geschäften bevorsteht? Wie könnte es vom Wetter abhängen?
4. Die hohe Kunst ist die Erstellung von Empfehlungen, also der Erstellung von Regeln als Handlungsanweisung, die man aus Erfahrungswerten ableitet.

Eine weitere Veränderung ist, dass die Auswertung nicht mehr sehr spezielles Fachwissen erfordert, das früher in speziellen Abteilungen gebündelt wurde, sondern durch viel weitergehende, automatische und grafische Aufbereitung der Daten heute auch den thematischen Experten in den Fachbereichen unmittelbar zur Verfügung steht. Das Problem ist, dass die die neuen Fähigkeiten erst einmal kennenlernen und dann auch nutzen müssen. Das ist sind weitere Aspekte der Transformationen, die auf dem Weg zu einem Digitalen Unternehmen umzusetzen sind.

Darüber hinaus wird die Einbindung der Erkenntnisse in automatisierte Prozesse spätestens dann wichtig, wenn ein Digitales Unternehmen seinen Kunden ein Digitales Schaufenster anbietet. Dann ist es wichtig automatisch und in Echtzeit einigermaßen zu verstehen, was der Kunde wollen könnte und welche Information man ihm anbieten müsste, damit er zu einer positiven Kaufentscheidung kommt. Das macht klassisch jeder gute Verkäufer. Den gibt es aber in einem Internetshop gar nicht – zumindest nicht live. Deshalb kommt der Frage, wie man das auch elektronisch abbilden kann, einer großen Bedeutung zu. Die heutigen Verkäufer sind diejenigen, die das Wissen haben und deren Wissen man elektronisch einlesbar benötigt, um zumindest den Grundstock des „automatischen Verkäufers" zu bilden. Der kann dann später anhand der Kundenreaktionen stetig dazulernen. Aber am Anfang steht die Wissenserfassung der Fachleute über interne soziale Medien – dem Social Business Teil des Unternehmens.

3.2.2   Cognitive Computing benötigt Daten aus dem Social Business

Neben den Bereichen der Analyse und der Aufbereitung („Reporting") der Daten gibt es jüngst ein weiteres neues Feld, das sogenannte „Cognitive Computing". Darunter versteht man eine neue Ausrichtung von Rechnern in Richtung menschlichen Denkens, inklusive der Wege der Entscheidungsfindung über Hypothesen und der Berücksichtigung von zusätzlichen Informationen aufgrund von gemachten Erfahrungen oder externen Steuerimpulsen.

Fast solange, wie es Computer gibt, träumten Wissenschaftler und Science-Fiction Autoren davon einen Computer bauen zu können, der ähnlich wie ein Mensch denken kann. Als Messlatte eines Erfolgs in dieser „künstliche Intelligenz" (KI) genannten Sparte galt lange besser Schach spielen zu können als der Mensch. Das gelang erstmals 1997 dem von IBM entwickelten „Deep Blue" Rechner, der den damaligen Schachweltmeister Garri Kasparov in sechs Partien schlug.

2007 setzte man die Messlatte in einem IBM-Forschungsprojekt wesentlich höher. Es ging darum in der US-Rateshow „Jeopardy!" gegen die bisher besten Menschen anzutreten. Die Aufgabe bestand darin einen in natürlicher Sprache (Englisch) vorgelesenen Text zu interpretieren. Es sind Antworten und es gilt die dazugehörige Frage zu erraten. Dabei sind diese Antworten durchaus komplex und oft auch von Menschen nur schwer zu verstehen. Wenn man die Frage weiß, muss ein Buzzer gedrückt und die Frage formuliert werden. Das Spiel zog sich 2011 über 3 Spieltage hin, in denen der „Watson" genannte Computer letztlich deutlich gewann.

Seine Funktionsweise ähnelt tatsächlich menschlichem Denken, auch in seiner Komplexität (IBM 2012). Im ersten Schritt wurde bei Jeopardy versucht die Antworten zu verstehen, indem die Sätze zerlegt und aufwendig analysiert werden. Darauf aufbauend wurden mehrere Hundert Lösungsansätze in Hypothesenform aufgestellt. Diese wurden mithilfe von verschiedensten Algorithmen überprüft, wobei die Zahl der Überprüfungen dabei in die Hunderttausende gehen konnte. Fand eine Hypothese nicht genügend Unterstützung, wurde sie verworfen. Letztlich wurde die wahrscheinlichste Frage als Antwort in natürlicher Sprache ausgegeben. Dazu konnte man die wesentlichen Unterstützungsargumente ebenfalls sehen.

Das System ist ähnlich wie ein menschliches Gehirn lernfähig – einerseits aus den richtigen oder falschen Antworten und andererseits über zusätzliche, neue Daten. Der entscheidende Vorteil eines solchen Systems gegenüber dem Menschen ist natürlich, dass ein Computer, insbesondere wenn er an das Internet angebunden ist, beliebig belesen sein kann und zum Beispiel aus Fachgebieten wie der Medizin einfach jegliche, für ihn zugängliche Literatur kennen kann – und das sogar tagesaktuell. Da hat auch der noch so belesene Professor keine Chance.

IBM hat dieses „DeepQA" (tiefe Fragen und Antworten) genannte System, das dem Watson Computer zugrunde liegt, danach konsequent weiterentwickelt. Statt der ursprünglich benötigten 2880 Rechenkerne genügte 2013 schon eine einzige IBM Power 250 Maschine, die auch noch um 240 % schneller war. Mittlerweile wird Watson als System in der Cloud angeboten und auch von deutschen Firmen für Forschungszwecke genutzt. Allerdings ist die DeepQA Lösung heute noch auf die Sprachen Englisch, Spanisch und Portugiesisch beschränkt, wobei IBM an der Übertragung auf weitere Sprachen intensiv arbeitet. Erste kommerzielle Einsatzbereiche sind in der Medizin, in der Watson hilft Behandlungsstrategien zu entwickeln und in Call Centern, in denen Watson die Beantwortung von Kundenanfragen übernimmt.

Der Ansatz ist vielversprechend, insbesondere, wenn man als Analogie die Entwicklung von Navigationssystemen in Automobilen herbeizieht. Diese sind genau genommen die ersten Systeme einer künstlichen Intelligenz, die es in großer Breite in die Gesellschaft geschafft haben und schnell allgemeine Akzeptanz gefunden haben. Gab es anfänglich das Problem einer schlechten Datenlage, also schlechter Karten und fehlerhafter Algorithmen, sodass der Mensch immer mitdenken und sich häufig gegen die Empfehlung aussprechen musste, so wurden die GPS-gestützten Systeme um die Millenniumswende herum immer besser und sind heute breitflächig akzeptiert. Autofahrer machen sich nur noch selten Gedanken um den Fahrweg und folgen den Anweisungen nahezu ohne sie noch irgendwie infrage zu stellen.

Fahrzeugnavigation ist ein sehr eingeschränkter Wissensbereich, während das Cognitive Computing mit Watson als Beispiel ein wesentlich breiteres Potenzial aufweist und in wenigen Jahren schon zu einem allgemeinen, persönlichen Berater werden könnte. Die Analysten der Gartner Group gingen 2013 davon aus, dass 2017 bereits 10 % aller Computer Cognitive Computing Fähigkeiten haben könnten.

Um zu einem allgemeinen Berater in einem Unternehmen werden zu können, benötigt ein System à la Watson ähnlich wie ein Mensch viel „Wissen" – genau genommen Daten – aus und über das Unternehmen. Menschen lernen ja auch von der Geburt bis zur Pubertät erst einmal immer mehr, bis sie dann spätestens als Erwachsener genug Wissen haben auch in komplexen Situationen richtige Entscheidungen zu treffen. Wissen über ein Unternehmen ist in der Regel im öffentlichen Internet ausreichend vorhanden.

Viel schlechter sieht es aber mit dem Wissen aus dem Unternehmen aus. Das wesentliche Wissen steckt nämlich heute noch als Schatz in den Köpfen der Mitarbeiter und ist elektronisch nicht abgreifbar. Für eine strategisch denkende Unternehmensführung ist es deshalb heute eine der wichtigsten Aufgaben hier die Grundlagen für eine erfolgreiche Zukunft zu schaffen. Ähnlich wie bei Menschen kann der Einstieg in die Nutzung von Cognitive Computing nicht von heute auf morgen geschehen. Zunächst muss das Wissen elektronisch lesbar aufbereitet werden. Die hierzu genutzten, hierarchischen Ansätze des Wissensmanagements aus den 1990ern gelten heute als gescheitert und sind dafür kaum zu gebrauchen. Sie wurden immer als zusätzlicher Aufwand gesehen, der sich zu wenig für die Aktiven lohnen würde – also sowohl eine Aufwands- wie auch Motivationsfrage.

Erst die neueren Ansätze des Social Business bieten eine wirkliche Möglichkeit das Kleinwissen aus den vielen Arbeitsprozessen so weit zu dokumentieren – und gleichzeitig von schützenswerten, persönlichen Daten zu separieren -, dass ein Cognitive Computing eine hinreichend gute Datenbasis bekommt. In einem Social Business werden die Prozesse so verändert, dass die unstrukturierten Wissensbausteine als Daten direkt im Arbeitsprozess erfasst werden und nicht wie in dem veralteten Wissensmanagement als Extraaufwand eingegeben werden müssen. Damit wird die Transformation der Prozesse zu einem Social Business aber auch zu einer wesentlichen, strategischen Aufgabe für jede Unternehmensführung. Und wer früher beginnt wird eher in der Lage sein, aus den sich abzeichnenden, technischen Möglichkeiten des Cognitive Computings Vorteile zu erzielen.

Das wirft in weiterreichender Vision eine soziologisch-moralische Frage auf, nämlich wie höhere Führungskräfte zukünftig damit umgehen werden, wenn ihre Überlegungen auf Widerspruch von diesem „persönlichen Berater" stoßen werden. Was wird sein, wenn sie rechts abbiegen wollten, und der kognitive Berater stattdessen mit hohem, angegebenen Zuverlässigkeitswert das Abbiegen nach links empfiehlt? Konkret also zum Beispiel bei einer geplanten Akquisition davon abrät und dazu eine Reihe von guten Gründen liefert. Wie werden Führungskräfte damit umgehen? Ähnlich, wie mit ihrem heutigen Begleiter im Fahrzeug? Es wird spannend, insbesondere in der Anfangszeit, in der Fehleinschätzungen noch häufiger sein werden, so ähnlich wie bei den frühen Navigationssystemen, die zum Beispiel 1998 noch einen BMW Fahrer bewogen im Potsdamer Umland schnell abzubiegen, um über eine vermeintliche Brücke über die Havel zu fahren. Stattdessen war an der Stelle ein Fährübergang und leider war die Fähre gerade auf der anderen Seite.

Damit verbleibt auch beim Thema Cognitive Computing – so ähnlich wie beim Fahren mit autonomen Fahrzeugen – die heute nicht zu beantwortende Frage der Haftung bei Fehlern, die ja durchaus auch von gewichtiger Größenordnung sein können.

3.3 Mobile Geräte

Der weitgehend freie Zugriff der Mitarbeiter auf das Internet ist für viele IT-Verantwortliche so etwas wie der Teufel in Person. Und das noch nicht einmal aus Datensicherheitsgründen – man vermutet, dass die Mitarbeiter statt zu arbeiten nur noch in Partnerbörsen surfen oder chatten, auf jeden Fall nicht mehr verantwortlich und konzentriert arbeiten. Deshalb haben etliche Unternehmen den Internetzugriff für ihre Mitarbeiter einfach komplett gesperrt.

So langsam dämmert es ihnen allerdings, dass das nur noch eine Scheinlösung ist: Mitarbeiter bringen einfach ihre Smartphones mit und surfen bei privater Datenflatrate einfach vom eigenen Gerät – komplett ohne Kontrolle durch die zentrale IT. Gar keine Kontrolle ist aber schlechter als ein bisschen Kontrolle und so überlegen sich IT-Abteilungen Konzepte private Geräte auch im Zugriff auf Unternehmensdaten zuzulassen. Man spricht in dem Zusammenhang neudeutsch von „Konsumerisierung der IT", weil statt der offiziellen, durch die Firma gestellten Profi-Geräte persönliche Geräte aus dem Consumer-Sektor benutzt werden.

Wie groß der Effekt bereits ist und wie stark er von IT-Leitern unterschätzt wird, zeigt die von der IDC durchgeführten Studie „Consumerization of IT: Closing the Consumerization Gap" (Senger-Wiechers 2011). Demnach benutzten bereits 73 % der Befragten ihre privaten Smartphones und 12 % ihre privaten Tablets, um ihren Job zu machen. Die verantwortlichen IT-Leiter schätzen die Zahlen wesentlich zu niedrig ein: Sie gingen von nur 31 bzw. 7 % aus.

Auch bei der Nutzung von Social Media-Anwendungen lagen die IT-Leiter daneben. Laut IDC Studie nutzten 43 % der deutschen Arbeitnehmer (41 % in Europa) soziale Netzwerke wie Facebook, Twitter oder LinkedIn in der Kommunikation mit ihren Kunden, während die IT-Leiter von nur 35 % (30 % in Europa) ausgingen.

Was allerdings wirklich erschreckt ist, dass 34 % der europäischen Wissensarbeiter die öffentlichen Social Media Anwendungen nutzen (müssen) um untereinander zu kommunizieren – ein nicht unerhebliches Datensicherheitsrisiko. Die IT Manager schätzen den Wert bei nur 16 % ein, was deren relative Untätigkeit etwas erklärt. Aber selbst das wäre schon mehr als ein klarer Indikator für den eindeutigen Bedarf an einer datensicheren, internen Social Business Lösung.

In gewisser Weise ist das Ganze ein déjà vu zur Anfangszeit des PCs. Die ersten Geräte in den frühen 1980er Jahren wurden ebenfalls von Mitarbeitern mitgebracht. Da sie zunächst nicht vernetzt waren, brauchte man auch keine Unterstützung des zentralen Rechenzentrums. Ein paar Jahre später waren PCs in jedem Büro der Standard. Die Mitarbeiter tun heute vielleicht wieder etwas Verbotenes im Sinne der Unternehmensrichtlinien, aber durchaus um am Arbeitsplatz produktiver zu sein. Man sollte sich deshalb dem Trend der Konsumerisierung, der auch unter dem Namen „Bring Your Own Device" (BYOD) läuft, nicht widersetzen. Es bedarf aber einer klaren Strategie damit umzugehen, entsprechender Richtlinien, sowie geeignete Sicherheits- und Management-Werkzeuge.

Die erste Erkenntnis ist, dass mit diesem Trend die heile Monokultur der „One Size fits all" Microsoft Windows-Plattform für alle PCs unwiederbringlich zu Ende ist. Lange hatte man sich hinter Business Cases versteckt, die bei Einführung weiterer Plattformen mit steigenden Support-Kosten argumentierten. Dann kamen zunächst BlackBerrys und später iPhones und iPads als präferierte Geräte des Vorstands – und plötzlich ging es in die Breite.

Mittlerweile versteht man den Trend sogar als Doppelweg, sowohl Kosten sparen zu können, als auch gleichzeitig den „Spaß am Arbeitsplatz"-Faktor zu erhöhen: Mitarbeiter bekommen bei Nutzung eines privaten Geräts eine Kostenausgleichspauschale, die unter den klassischen Gerätekosten liegt, legen aber in der Regel etwas drauf und haben dann das Gerät ihrer persönlichen Wahl – eine Win-Win Situation für alle.

Es bleiben in diesem relativen Neuland allerdings ein paar Hürden zu nehmen:

- Wie kann garantiert werden, dass das Unternehmen Firmendaten zentral löschen kann, etwa wenn der Mitarbeiter das Unternehmen verlässt, ohne dass die privaten Daten auch gelöscht werden? (Hier bieten die Hardwarehersteller mittlerweile Lösungen an. Alternativ geht es über virtualisierte Unternehmensanwendungen und Daten. Der harte Weg ist Geräte nur für Firmendaten zuzulassen und alles zu löschen.)
- Es muss eine Strategie geben, wer zu einer solchen Lösung berechtigt ist und welche Geräte/Plattformen für wen unterstützt werden. Eine gute Vorgehensweise ist Power-User in die Ausarbeitung der Strategie mit einzubeziehen – auch als ein Beispiel für gelebte Social Business Prozesse. Bei der Geräte-/Plattformthematik kommt es meistens zu einer dreistufigen Lösung: Wird voll unterstützt, wird teilweise unterstützt und liegt in der Eigenverantwortung des Nutzers und seiner Community und wird gar nicht unterstützt/ist nicht zulässig.
- Entsprechendes gilt für die Anwendungen, die auf den mobilen Geräten benötigt werden. Auch hier hilft die Expertise von Power-Usern.

Dieser Trend wird die Gerätelandschaft in den Unternehmen schnell verändern und sorgt bei den frühzeitig einsteigenden Unternehmen für attraktivere Arbeitsplätze. Er wird auch zu einer höheren Ausstattung mit mobilen Endgeräten führen, was wiederum einer aktiveren Beteiligung an Social Business-Lösungen und -Prozessen entgegenkommt.

3.4   Social Media Services

Was macht soziale Medien aus? Sind es Seiten im Internet, kollaborative Services oder Plattformen der Zusammenarbeit? Das alles ist ein bisschen wahr, aber eigentlich kann man sich der Antwort nur nähern, wenn man den Kontext erweitert: Ist deren Nutzung nicht vielmehr eine neue Form der Kommunikation, so wie einst das Telefonieren, später das E-Mailen und dann das Chatten? Welche Lücke füllen soziale Medien in Unternehmen? Was kann man zur Einführung der neuen Services von den alten lernen?

Seitdem es Sprache gibt, sind Besprechungen die Urform menschlicher Kommunikation. Ziel ist der Austausch von Informationen und die Abstimmung untereinander. Eine Besprechung findet in der Regel zwischen zwei Personen oder manchmal in kleineren Gruppen statt. Die Inhalte sind komplett den Teilnehmern vorbehalten und können, abgesehen von persönlichen Aufzeichnungen, auch nicht gespeichert werden, sodass die Inhalte in der Regel bald in Vergessenheit geraten. Das war über Jahrtausende so.

Dann erfand man das Papier und es wurde zur Basis für die Depesche, aus der später der heute noch gebräuchliche Brief hervorging. Briefe waren über mehrere Jahrhunderte die einzige Möglichkeit (von Büchern abgesehen) Informationen über Distanzen zu übermitteln. Mangels anderer Optionen war es früher üblich, Briefe als Mittel der Kommunikation selbst über kurze Distanzen zu überbringen – etwa innerhalb eines Orts oder in Unternehmen als Hauspost von einem zum nächsten Gebäude. Was einen Brief auszeichnet ist, dass er eine schriftliche Form des Informationsaustauschs zwischen zwei Personen darstellt, dem Absender und dem Adressaten, und dass andere Beteiligte, etwa der Briefträger, den Inhalt nicht lesen können. Der Absender weiß nicht, wann der Empfänger die Informationen zur Kenntnis nimmt, weil erstens nicht klar ist, wann er ihn erhält und zweitens, wann er ihn öffnet und liest.

Briefe und ihre enthaltenen Informationen können aufbewahrt werden. Die vielen Briefe zwischen Goethe und Schiller, die zeitweilig beide in Weimar wohnten, sind ein gutes Beispiel, sowohl für die Kommunikation über kurze Distanzen, als auch für die Möglichkeit sie aufzubewahren. Beide schrieben sich manchmal mehrere Briefe an einem Tag, oft nur kurze Notizen, die man heute per Chat oder SMS verschicken würde. Goethe und Schiller hatten Dienstboten, die die Briefe überbrachten. Aber auch Handwerks- und später Industriebetriebe hatten damals bereits das Bedürfnis, schnell kommunizieren zu können. Deshalb wurde bis zum Ersten Weltkrieg, anders als heute, Post insbesondere in den Großstädten noch mehrmals am Tag verteilt.

Ab 1865 wurde eine Alternative zum verschlossenen Brief eingeführt: die offen lesbare Postkarte. Sie stieß zunächst auf vehement vorgetragene, moralische Bedenken und wurde als Untergang der Briefkultur angesehen. Nur 30 Jahre später galt sie aber als „den Geist der Zeit – Kürze und Geschwindigkeit" verkörpernde Errungenschaft. Vertriebsmitarbeiter in Unternehmen nutzten die sogenannten „Vertreterkarten" gern, um ihre Termine anzukündigen.

Bereits 1837 hatte Samuel Morse den Morsetelegrafen erfunden, mit dem man Texte elektrisch über weite Distanzen übermitteln konnte. Die dafür geschaffene Infrastruktur begünstigte später die Einführung des Telefons. Daran hatten verschiedene Personen gearbeitet, u. a. der deutsche Philipp Reis, der als Erster am 26. Oktober 1861 eine Vorführung eines Telefonats mit den Worten „Das Pferd frisst keinen Gurkensalat" durchführte. Aber erst Graham Bell gelang, nachdem er in den USA ein entsprechendes Patent erworben hatte und sich damit gegenüber den anderen Entwicklern durchsetzen konnte, der industrielle Durchbruch.

Das Telefonat unterschied sich von einer Besprechung strukturell nur darin, dass man plötzlich auch über Distanzen Informationen ohne Zeitverzögerung austauschen konnte.

Es ist naheliegend, dass diese Technologie für Unternehmen von großem Interesse war. Dennoch dauerte die Einführung der Telefonie in Unternehmen, also, bis jeder Mitarbeiter Zugang zu der Technologie hatte, viele Jahrzehnte. Abgewogen wurden Fragen nach Notwendigkeit, Kosten und die Sorgen darüber, dass Internes zu einfach ausgeplaudert werden könnte.

Weil ein Telefonat nur zustande kommt, wenn der Angerufene erreichbar ist und seine Tätigkeit für das Telefonat sofort unterbricht, bestand auch ein Bedarf für weniger störende Kommunikationsformen, die ähnlich wie ein Brief textbasiert sind und aufbewahrt werden können. Deshalb entwickelten sich parallel zur Technologie des Morsens weitere Formen der Informationsübermittlung als Ersatz für Briefe, wie das Telegramm, später das Fernschreiben und letztlich das Fax. Das Besondere am Fax war die Anerkennung als juristisch gültiges Dokument. Gemeinsam ist allen diesen Medien, dass der Absender bestimmt, wer die Information bekommt und auch wann er sie erhält.

3.4.1   E-Mail – hierarchische Informationsverteilung

In den 1980er Jahren begann eine neue Ära der Kommunikation. Zunächst wurden auf Großrechnern, aber bald auch auf vernetzten PCs Briefe vollelektronisch ausgetauscht – kurz E-Mail genannt. Hatte bis dahin selbst Hauspost innerhalb eines Firmengeländes manchmal Tage benötigt, so schrumpfte die Verzögerung in der Informationsübermittlung durch die elektronische Übertragung auf Sekundenbruchteile. Da der Zugang zu E-Mail einen vernetzten persönlichen Computer (PC) erforderte, also mit damals hohen Anschaffungskosten verbunden war, zog sich auch deren Einführung im betrieblichen Umfeld über Jahre hin. Auch damals gab es, wie heute bei der Einführung sozialer Medien, eine hitzige Diskussion um den „Return-on-Investment", also den Nutzwert der Investition in die damals neue Technologie. Letztlich wurden die Bremser aus dem Controlling ignoriert und es einfach gemacht. Heute hat praktisch jeder Mitarbeiter in fast allen Unternehmen E-Mail Zugang – und wenn es, wie bei manchen Blaukitteln, aus Gründen der Gleichbehandlung aller Mitarbeiter vom Betriebsrat erzwungen wurde. Der wahre Grund war natürlich der Wunsch des Betriebsrats die Betriebsratsnachrichten an alle verteilen zu können.

Aus der Einfachheit – mit wenigen Klicks auf einer Tastatur E-Mails an zahlreiche Adressaten zu senden – erwuchs dann schon bald das Problem der E-Mail-Überflutung. Hintergrund war und ist, dass immer der Absender bestimmt, wer die E-Mails bekommt und dabei der Adressat nicht gefragt wird, ob er sich für den Inhalt interessiert. E-Mail ist damit eine sogenannte „Push-Nachricht". Das ist aber nicht das einzige Problem von E-Mail. Eine weitere Problematik ergibt sich, wenn auch Anhänge mit versandt werden und jemand von dem Anhang eine neue Version verschickt, diese aber nicht mehr konsistent von allen so weitergeleitet wird, wie die Original-E-Mail.

Die zunächst steile Karriere der E-Mail schien anfänglich kaum zu bremsen. Neben den Office-Paketen zum Erstellen von Briefen, Präsentationen und Tabellenkalkulationen (Spreadsheets) wurde E-Mail schnell zur „eierlegenden Wollmilchsau" im Büroalltag. Es war nicht nur der Ersatz für die Hauspost auf Papier, sondern auch für das Archiv, das Dokumentenmanagementsystem und vieles mehr. Anfänglich unvorstellbar, sind heute manche Postkörbe viele Gigabyte groß. Und damit so groß, dass die Mitarbeiter schon gar nicht mehr wissen, was alles in ihrem Postkorb schlummert. Da das in der Masse auch Kosten für Speicherplatz verursacht, haben viel Unternehmen Maximalgrößen („Quota") für Postkörbe vorgeschrieben, die heute meistens irgendwo zwischen 100 MB und 1 GB liegen.

Nach einer Studie der Radicati Group wurden 2014 täglich 108,7 Mrd. Geschäfts-E-Mails versandt und empfangen (Radicati 2014). Dabei geht die Analystin von einem weiteren jährlichen Wachstum von 7 % aus, während die Zahl der privaten, täglichen E-Mails von 87,6 Mrd. als weitgehend stabil angesehen wird. Diesen Zahlen stehen heute die vergleichsweise kleinen Zahlen von täglich etwa 10 Mrd. Facebook-Posts von 1,4 Mrd. Nutzern oder grob 400 Mio. Twitter Tweets von 284 Mio. Nutzern entgegen. Für Mitarbeiter bedeutet das, dass sie täglich im Schnitt 121 E-Mails bekommen bzw. versenden – eine Zahl, die bis 2018 sogar auf 140 wachsen wird. Fast die Hälfte der heute 2,504 Mrd. E-Mail Nutzer nutzen dazu auch bereits mobile Geräte.

Das Besondere an E-Mail ist ihr persönlicher Charakter. Da sie in der Regel nicht öffentlich ist, eignet sie sich eben auch hervorragend zum Versenden personenbezogenen Informationen. Damit unterliegt sie in Deutschland normalerweise auch dem Bundesdatenschutzgesetz (BDSG). Das führt zu gewissen Einschränkungen. So muss ein Postkorb mit personenbezogenen Daten gelöscht werden, wenn der Mitarbeiter das Unternehmen verlässt. Und selbst eine nur intern genutzte Suchmaschine darf E-Mail als Quelle nicht nutzen, wenn dadurch nicht ausgeschlossen werden kann, dass andere so personenbezogene Inhalte sehen können. Soweit die Gesetzgebung in Deutschland und der EU. Das wird in den USA durchaus anders gesehen: So durchsuchen etwa „E-Mail aus der Cloud"-Anbieter aus den USA, wie Google und Microsoft, entsprechend ihrer Allgemeinen Geschäftsbedingungen alle Mails von Privatpersonen nach Inhalten, zu denen sie Werbung platzieren können. Darüber hinaus melden sie Straftaten, zu denen etwas in den Mails steht, an die Ermittlungsbehörden. So etwas von Schnüffelei bedarf in Deutschland eines begründeten Anfangsverdachts, aber eben nicht in den USA, deren Recht hier weltweit zum Einsatz kommt.

Einen Kommunikationskanal zu haben, in dem personenbezogene Daten behandelt werden können, ist wichtig. Schlecht war nur in der Vergangenheit, dass es zu Mail keine weitere Alternative gab. In diese Lücke sind aber zum Glück in den letzten Jahren soziale Medien, wie Blogs, Wikis, usw. gerückt. Wird ihn ihnen ausschließlich fachlich kommuniziert, unterliegen sie nicht dem BDSG und ihre Inhalte können sowohl von der Unternehmenssuchmaschine genutzt als auch nach dem Ausscheiden eines Mitarbeiters als Wissenskapital des Unternehmens weiter erhalten bleiben.

Hierzu gilt es die Trägheit des Menschen zu durchbrechen. Das bedarf einer besonderen Fokussierung und Luis Suarez, damals bei IBM, brachte es 2008 mit dem Thema auf die Titelseite der New York Times (Suarez 2008). Suarez unternahm einen Selbstversuch, um zu verstehen, wie weit er ohne E-Mail auskommen könnte. Zu Beginn bekam er etwa 30 bis 40 E-Mails täglich, was vielen heute als wenig erscheinen mag. Ihm war es zu viel und er suchte nach Alternativen. Für ihn bleibt E-Mail ein Kommunikationswerkzeug für ganz bestimmte, in der Regel sehr persönliche oder vertrauliche Informationen. Es sollte für ihn aber nicht mehr das „Arbeitspferd der Zusammenarbeit" („Collaboration") sein, oder mit anderen Worten „das eine Tool für alles". Als Entrepreneur im Bereich Sozialer Medien gab es für ihn schon damals klare Alternativen, die ihn zu höherer Produktivität führten. Ein Auszug seiner Erfahrungen (Suarez 2009):

1. Den größten Produktivitätsvorteil bringt die Nutzung von persönlichen File-Sharing-Möglichkeiten statt der Nutzung von E-Mail mit Anhängen. Es wird nur noch der Link kommuniziert und man kann selbst bei schlechter Netzanbindung (z. B. auf Dienstreisen) jederzeit weitere Personen auf das Dokument zulassen, ohne es nochmals runter- und raufladen zu müssen, um es zu versenden, oder es gleich intern öffentlich bereitstellen.
2. Ein Projektstatus sollte per Wiki kommuniziert werden und nicht mehr per E-Mail. Dann können alle Beteiligten des Status gemeinsam aktuell halten – womit sich auch die Arbeit besser verteilt – und es ist für die Leser auch immer eindeutig, dass man den aktuellen Stand vor sich hat.
3. Wenn immer wieder die gleichen Fragen kommen, sollte man die Antworten besser in einen Blog stellen. Damit werden sie – auch über die Suchmaschine – für alle besser sichtbar und es können sich weitere Experten per Kommentar beteiligen.
4. Newsletter gehören nicht mehr in eine E-Mail, sondern in einen Blog und können damit viel aktueller sein, da man nicht mehr erst sammeln und dann gebündelt publizieren muss. Die E-Mail benötigt man allenfalls noch, um Werbung für den Newsletter-Blog zu machen.
5. Man sollte „Danke!" E-Mails unterlassen und sich stattdessen etwas mehr sichtbar bedanken, etwa im firmeninternen Microblogging der entsprechenden Person, auf einer entsprechenden Pinnwand, usw. Das hilft der Reputation des anderen deutlich mehr als ein letztlich heimliches Dankeschön in einer E-Mail.
6. Vermeidung von Eskalations-E-Mails. Immer wenn es wirklich ganz wichtig ist, sollte man stattdessen zum Telefon greifen. Das ist verbindlicher und in solchen Situationen schneller.

Luis Suarezs Ziel war die Zahl seiner E-Mails auf im Mittel unter vier pro Tag zu reduzieren, aber so ganz hat er es wohl nur an wenigen Tagen geschafft. Es geht ja auch nicht darum ein ausgereiftes Tool abzuschaffen, sondern vielmehr darum es sinnvoll im Zusammenhang mit anderen Möglichkeiten einzusetzen. Und E-Mail ist absolut das Tool für personenbezogene Informationen, aber auch für die direkte Nachricht an andere Personen – genau das, nicht mehr und nicht weniger.

Wie sinnvoll das neue Arbeiten á la Luis Suarez ist, zeigt auch die Umsetzung bei der Contas KG in Leipzig, die die Nutzung von E-Mail im gesamten Unternehmen seit 2011 drastisch runtergefahren hat.

Die Contas KG ist eine kleine Unternehmensberatung in Leipzig. Zu den etwa 15 fest angestellten Mitarbeitern kommen immer noch etwa genauso viele Werkstudenten. Bei denen ist naturgemäß die Fluktuation sehr hoch. Früher hat man ausschließlich über E-Mail kommuniziert, was zu dauernden Wissensverlusten führte, weil nach dem Weggang eines Studenten dessen Postkorb grundsätzlich gelöscht werden musste und somit die Inhalte nicht automatisch an den Nachfolger weitergereicht werden konnten. So war auch der Arbeitsaufwand für die neuen Mitarbeiter jeweils erheblich, weil jegliche Information zu den Projekten, in denen der neue mitarbeiten sollte, aufwendig aus alten Mails und der Dateiablage zusammengesucht werden musste.

Um das zu ändern entschloss sich die Unternehmensleitung um Regina Köhler bereits 2011 weise zu einem großen Schritt, zu einer Transformation zu einem Social Business: Es wurde eine Social Plattform eingeführt und alle Mitarbeiter darin geschult ihre fachliche und projektbezogene Kommunikation ausschließlich über diese Plattform ablaufen zu lassen. Die Nutzung von E-Mail wurde auf personenbezogene Informationen und den Austausch mit Externen, also den Kunden und Partnern beschränkt.

Das war für die Mitarbeiter anfänglich befremdlich. Man traf sich wöchentlich im „2.0 Dialog" um Fragen zum Umgang mit der Technik, zur Wissensteilung und persönlichen Organisation der Informationskanäle zu besprechen, aber es ging nicht wirklich voran. „Den Durchbruch", so Lydia Heydel, die Referentin für Unternehmenskommunikation „brachte erst ein Deal, die ‚E-Mail-freie Woche', nach dem Motto – erst probieren, dann kritisieren." (Heydel 2013).

Heute kann man auf eine lange Zeit positiver, aber auch wechselhafter Erfahrungen zurückblicken. Durch die hohe Fluktuation auf der einen Seite des Teams schwappte die Kultur immer wieder etwas in die alte, mehr vertraute E-Mail-Welt zurück. Deshalb wurde die Aktionswoche mit weitgehender Vermeidung von E-Mails nach Bedarf mehrfach wiederholt, um auch bei den Neuzugängen das Gefühl zu verinnerlichen, dass es eben auch (weitgehend) ohne E-Mail funktioniert und dass das sogar massive Vorteile hat. Die liegen auf der Hand: Neue Mitarbeiter werden einfach zu den Projekt-Communitys hinzugefügt und haben so sofort Zugang zu allem bisher angesammelten Projektwissen – und zwar vollständig.

Der Contas KG darf man im positiven Sinne unterstellen, dass sie Sinn und Zweck der sozialen Medien als Kommunikationsmittel in herausragender Weise verstanden haben und zur Effizienzsteigerung ihrer Prozesse einsetzen. Aber auch bei dieser Firma wird E-Mail nicht verschwinden. E-Mail an sich ist ein wichtiges Kommunikationsmittel, wie auch Telefon und bei gegebenem Anlass immer noch der handgeschriebene Brief, und wird auch nicht verschwinden. Nur wird sie zukünftig mehr auf ihre eigentliche Rolle reduziert werden, denn als Mädchen für alles zu dienen.

Und es bleibt ganz einfach der Bedarf an im Idealfall einem einzigen Nachrichten-strom, in dem sich alle für mich als Nutzer wichtigen Nachrichten ansammeln lassen, wobei die einfache Möglichkeit zur Filterung nach verschiedensten Kriterien bestehen sollte. Das könnten technologisch gesehen Activity Streams auf Basis des gleichnamigen, offenen Standards sein, aber genauso gut auch neue E-Mail-Lösungen, die auch die offe-nen Standards nutzen und etwa Kommentare direkt in die ursprünglichen Backendsysteme zurückschreiben würde. Das kann aber noch nicht alles sein, denn die Zahlen der Radicati Group, die nur klassische E-Mail berücksichtigen, sind eigentlich schon erschreckend ge-nug: Jeder Wissensarbeiter bearbeitet pro Arbeitstag mehr als 125 E-Mails – Tendenz stei-gend. Das zeigt auf, welchen Kostenfaktor die Bearbeitung von E-Mails heute darstellt. Schon kleine Verbesserungen könnten einen wesentlichen Produktivitätsschub auslösen, der Unternehmen große Summen einsparen kann.

IBM hat 2015 den Ball als Erster aufgegriffen und betrachtet E-Mail nicht als eine aus-entwickelte „Commodity"-Lösung. Stattdessen hat man, auch angetrieben von der Wat-son-Entwicklung, eine Vision einer E-Mail der Zukunft erstellt, gegen die man nun ein konkretes Produkt (IBM Verse) entwickelt hat. Das läuft primär auf Tablets und in Brow-sern, womit es nicht mehr aufwendig installiert werden muss. Eine auf ein Touch-Interface zugeschnittene Oberfläche sorgt dabei für modernstes Design. Wichtigstes Entwicklungs-ziel war aber die Steigerung der Produktivität im Umgang mit diesem Nachrichtenstrom.

Um zu verstehen, was in der Vergangenheit die schlimmsten Produktivitätshürden wa-ren, organisierte man eine Vielzahl von Design Thinking Workshops mit verschiedensten Gruppen von Anwendern. Daraus ergaben sich zahlreiche „Design Hills" (zu Deutsch: Entwicklungshürden), die es bei der Umsetzung zu überwinden galt. Einige Beispiele:

Das vielleicht größte Produktivitätsproblem mit E-Mail steckt gar nicht in der E-Mail selbst, sondern wird nur über sie verwaltet. Es geht um die Effizienz von Besprechungen. Der Büroalltag in den meisten Unternehmen wird heute von Besprechungen dominiert. Es gibt dazu vielfältige Ansätze diese effizienter zu machen, etwa indem die Besprechung nur im Stehen und ohne Getränke oder Essen stattfindet, was sie wesentlich verkürzt. Mit etwas Leadership kann man auch, wie es Apples Steve Jobs nachgesagt wurde, Bespre-chungen abrupt beenden, wenn alles gesagt ist, und muss nicht warten, bis die vorgeplante Zeit aufgebraucht ist. Der wahre Produktivitatskiller ist aber etwas anderes: in fast jeder Besprechung wird eine Person auserwählt, die das Protokoll zu schreiben hat und dieses anschließend per Mail verteilt. Das Problem ist, dass es dort als eine Mail von im Schnitt über 125 aufläuft und schon am nächsten Tag in der Flut anderer Themen weitgehend ver-gessen ist. Eine wirkliche Nachverfolgung findet oft nicht statt. Erinnert man sich dann nach zwei Wochen daran, dass man ja die Besprechung hatte und irgendwelche Aufgaben vergeben wurden, führt das nicht selten dazu, dass man erneut eine Besprechung ansetzt, um das Thema nochmals wieder aufzunehmen. Damit beginnt der Kreislauf von Neuem. Hier müsste eine neue Funktion in der E-Mail der Zukunft etwas Neues bieten, sodass das Nachverfolgen wirklich auch geschieht.

Ein weiteres Beispiel sind lange Bandwurm-E-Mails (E-Mail Threads), von denen eventuell die erste noch wichtig war, etwa wenn ein Bereichsleiter eine Eskalation erhält.

Wenn er die richtigen Schritte angestoßen hat, sind für ihn weitere Details der Problemlösung oft nicht mehr wichtig – er bleibt aber trotzdem auf den Verteilern. Solche Threads müsste man dann einfach „Stumm"-Schalten können, wie Musik auf einem MP3-Player, sodass sie den Postkorb nicht mehr vermüllen, aber bei Bedarf weiterhin findbar bleiben.

Eine andere Hürde, die immer wieder viel Zeit kostet, ist das Herausfinden, wer die Personen in einem E-Mail-Verteiler sind. Es wäre von Vorteil, wenn man mit einem Klick sehen könnte, wer die Personen sind und welche Aufgabe sie in der Organisation erfüllen. Eine grafische Repräsentation davon nennt man auch einen „Social Graph". Wenn man dann noch mehr Detailinformationen zu den Einzelpersonen erhalten könnte, wie etwa auch deren Telefonnummer, und wenn man dann mit einem Klick ein Telefonat aufbauen könnte, wäre die Lösung perfekt.

Die Ausgangsvision zu dieser neuen E-Mail Lösung ging aber viel weiter und ging davon aus, dass man

- Informationen aus der sozialen Plattform, der Inbox und dem Kalender innovativ verwoben nutzt
- Dazu eine Priorisierung unter Ausnutzung der Berichtswege in der Linienorganisation macht, aber auch die aktuell laufenden Projekte berücksichtigt
- Zusätzlich öffentliche Blogs, Foren und Tweets checken würde
- Virtuelle Assistenten einfache Aufgaben übernehmen können, etwa einen Kalendereintrag mit präferiertem Besprechungsraum automatisch erstellen.

Aus einer intelligenten Mischung würde eine neuartige, priorisierte Inboxliste entstehen, die zum Beispiel die Informationen, die für die laut Kalender in Kürze anstehenden Besprechungen wichtigen Informationen ganz nach oben schiebt und dazu weiterführende Links anzeigt. So würde diese zukünftige Mail mir helfen meine Termine besser zu planen und einfacher vorzubereiten.

Die vielleicht wichtigste und heute bereits verfügbare Neuerung ist aber das Lenken der Aufmerksamkeit („Attention Management") auf das, was wichtig sein könnte. In klassischen E-Mail Clients wurde die Inbox meistens relativ stupide wie eine Datenbank von oben nach unten abgearbeitet – ohne ein Gefühl dafür zu haben, was eigentlich wirklich wichtig ist. Gerade in Anbetracht der weiter steigenden Zahl von E-Mails im Business Bereich hat IBM versucht das mit einem neuen Konzept zu adressieren. Dazu

- Ist der Kalender immer im Blick, um sehen zu können, welche Termine man hat und wann man nicht ausgebucht ist. Das könnte der Zeitpunkt sein, an dem man die wichtigsten E-Mails bearbeiten möchte.
- Können empfangene Nachrichten mit einem Marker mit Zeitfenster versehen werden, der besagt, dass hier noch etwas zu tun ist.
- Können versendete Nachrichten mit einem Marker mit Zeitfenster versehen werden, der besagt, dass man von dem Adressierten noch etwas erwartet.

- Werden die wichtigsten Kontakte (und zukünftig auch Personengruppen und Projekt) mit dem Konterfei als „Set" dargestellt. Ein Teil der Sets kann manuell festgelegt werden, während der andere Teil dynamisch immer wieder neu über Analytics ermittelt und vorgeschlagen wird. Ein Set entspricht einer dynamischen Suche, denn sofort, wenn in einem Set etwas Neues passiert, also z. B. eine neue E-Mail gekommen ist, wird dieses angezeigt. Man sieht also auf einen Blick, in welchen Sets Bewegung ist. Erste Tests haben ergeben, dass allerdings bei großer Schwankungsbreite im Mittel 96 % der Nachrichten über die maximal 20 Sets abgefangen werden.

Man kann also auf einen Blick sehen, welcher wichtige Kontakt, z. B. der Lebenspartner, der Chef/die Chefin, der Assistent/die Assistentin, der Projektleiter etwas Neues geschickt haben. Aber vielleicht ist es wichtiger die heute fälligen Erinnerungen, dass mir jemand noch etwas liefern wollte, zunächst nachzuverfolgen?

IBM plant das optional zu erweitern und Projektinformationen aus IBM Connections ebenfalls zu integrieren, sodass wirklich ein kompletter, strukturierter und klar aufbereiteter Überblick entsteht, was zu einem Zeitpunkt mehr Wichtigkeit haben sollte als anderes. Die Entscheidung bleibt aber immer beim Nutzer (Abb. 3.1).

Solche Visionen kann man nicht in einem Schlag umsetzen. Hier sind gerade im Bereich Analytics/Cognitive Computing auch noch Forschungs- und Entwicklungsaufwände nötig. Der Start von IBM Verse im März 2015 ist ein gelungener Auftakt und macht Appetit auf die weiteren Umsetzungsphasen. Deutlich wird aber eben auch, dass eine neue Generation von E-Mail-Lösungen nicht mehr nur E-Mail als Input benötigen wird, sondern

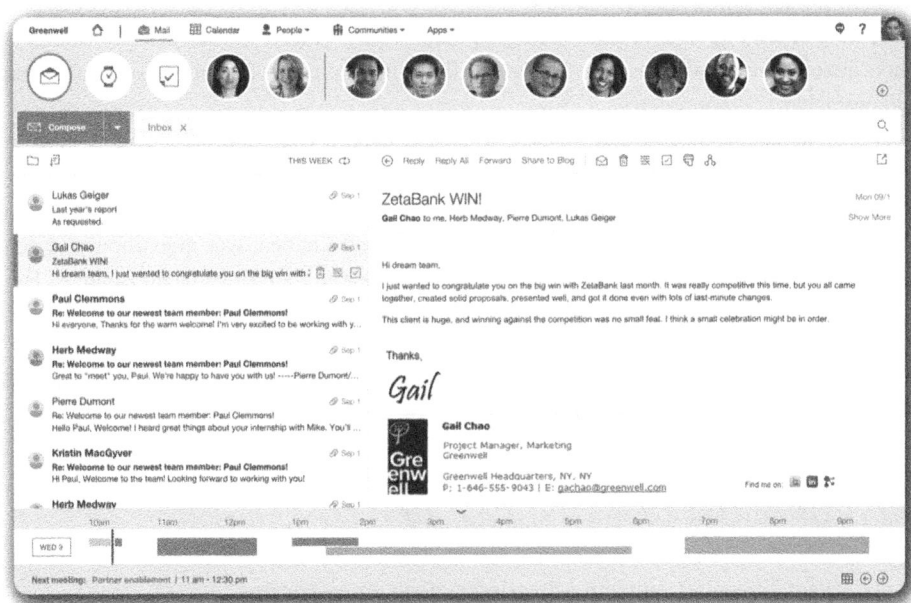

Abb. 3.1 E-Mail der nächsten Generation (IBM Verse)

Zusatzinformationen aus anderen Quellen einbinden wird, um daraus Mehrwerte zu erzeugen. Das sind Elemente aus Big Data und Cognitive Computing, die wiederum Daten benötigen, die bisher kaum erfasst wurden. Auch hier werden die zukünftigen Lösungen umso besser funktionieren, wenn die Organisation frühzeitig auf ein Social Business eingeschwenkt ist und entsprechendes Mikrowissen über längere Zeit elektronisch zugreifbar gesammelt hat.

3.4.2 Instant Messaging (Chat) – das ausgebremste Medium

Um 1998 erweiterte sich das Spektrum der Kommunikationswerkzeuge: Das Chatten kam hinzu – eine Kommunikationsform, mit der man Texte und Bilder in einem Ping-Pong-Verfahren, ähnlich einem sequenziellen Gespräch, austauschen kann. Die Besonderheit liegt darin, dass sich der Chat beim Empfänger auf dessen Bildschirm sofort in den Vordergrund schiebt, als Hinweis, dass etwas Neues da ist. Das bedeutet aber anders als beim Telefonat nicht, dass man ihn sofort beantworten muss, denn man kann einen Chat auch stehen lassen und später beantworten. Damit siedelt sich ein Chat funktional zwischen Telefonat und E-Mail an.

Zum Textübertragungsservice gesellt sich beim Chat aber noch eine weitere Funktion, die in vielen Unternehmen kritisch beäugt wird: die Statusanzeige. Nach dem Prinzip der Ampel zeigt sie an, ob man überhaupt online ist und wenn ja, ob man grundsätzlich bereit ist, mit anderen zu chatten. Diese Funktion wurde dem Service insbesondere in Deutschland lange zum Verhängnis, weil Bedenkenträger meinten, dass man damit Personen überwachen könne, z. B. ob sie eventuell Pausenzeiten nicht einhalten. Es gab allerdings in den über zehn Jahren Nutzung dieser Technologie nicht einen einzigen Arbeitsrechtprozess, in dem das zur Anwendung gekommen ist. Es ist aber nicht zu leugnen, dass diese Diskussion die Einführung von Chat in vielen deutschen Unternehmen stark verzögert hat. Erst in jüngerer Zeit setzt sich der Service immer mehr durch und Mitarbeiter entdecken die Vorteile kurze Fragen schnell beantwortet zu bekommen oder auch über die Statusanzeige im Vorfeld erkennen zu können, ob es sich zum aktuellen Zeitpunkt überhaupt lohnt, zu versuchen die gewünschte Person anzurufen.

3.4.3 Vom Intranet 1.0 zum Intranet 2.0

Nach der Erfindung des World-Wide-Webs durch Tim Berners-Lee im Jahr 1991 entstanden wenige Jahre später die ersten Intranets. Auch wenn Berners-Lee von Anfang an den Traum einer offenen Lösung in der sich jeder beteiligen könne, vor Augen hatte, dauerte es einige Jahre, denn zunächst wurden die professionellen Intranets über Web-Content-Management-Systeme organisiert und gefüllt. Dahinter standen erneut hierarchische Prozesse: Ein Autor oder Autorenteam erstellte Inhalte, die durch einen Freigabeprozess geschleust, letztlich veröffentlicht wurden und ab da für viele Leser zugänglich waren. Es wurde nicht erwartet und war technisch in der Regel auch nicht möglich, dass sich die Leser aktiv beteiligten. Immerhin war das die erste elektronische Form von Informationen, die grundsätzlich für ein breiteres Publikum vorgesehen und auf eine längere Verfügbarkeit ausgelegt war – am ehesten vielleicht mit einem Buch vergleichbar.

Trägt man die Charakteristika der Kommunikationsmedien in ein Schaubild ein, in dem die eine Achse die Dauer der Verfügbarkeit der Information aufzeigt – bei einer Besprechung oder einem Telefonat ist der Inhalt kurz nach dem Gespräch verflogen, während ein Brief noch nach Hunderten von Jahren gelesen werden kann – und die zweite Ache aufzeigt, wie viel Personen in einem Kommunikationsvorgang involviert werden können – bei einem klassischen Telefonat oder dem Brief sind es genau zwei, während eine Webseite von Millionen von Nutzern gelesen werden – so fällt auf, dass zwischen all diesen Medien eine sehr große Lücke klafft. Diese betrifft Informationen, die tendenziell lange erhalten bleiben und potenziell von wenigen bis zu sehr vielen eingesehen werden können. Genau diese Lücke schließen die Sozialen Medien. Für Unternehmen und Organisationen natürlich in der Ausprägung von internen Services und nicht den generell öffentlichen, die von ihnen im Wesentlichen nur zu Marketingzwecken genutzt werden (Abb. 3.2).

Diese, um das Jahr 2000 langsam entstandenen Services, die zunächst unter dem Begriff „Web 2.0" zusammengefasst wurden, zeichnen sich durch besondere Charakteristika aus:

- Sie bieten die Chance, Informationen ohne aufwendige Prozesse für andere bereitstellen zu können, ohne bereits im Vorfeld zu wissen, wer die anderen sind.
- Sie offerieren die Möglichkeit überall einen Rückkanal zu haben, also die Möglichkeit, Inhalte diskutieren zu können.
- Sie schaffen die Möglichkeit, andere anhand ihrer Beiträge an verschiedensten Stellen als potenziell Wissende zu identifizieren und kontaktieren zu können.

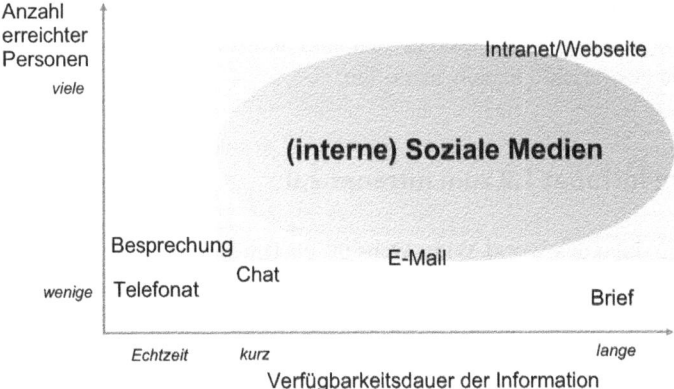

Abb. 3.2 Kommunikationsmedien im Wandel: Deutlich wird die Lücke, die vor der Einführung der Sozialen Medien bestand. (Schütt 2013)

- Sie bieten die Möglichkeit, Ausschnitte des Wissens zu Prozessen und Vorgängen unstrukturiert zu dokumentieren und bei Bedarf über lange Zeiträume erhalten zu können.
- Sie eröffnen die neue Möglichkeit Informationsschnipsel gegebenenfalls auch sukzessive und von verschiedenen Autoren verbessern zu können (das Wiki-Prinzip).

Diese Funktionalitäten stellen in ihrer Gesamtheit also ein neues Kommunikationsmedium dar, das einen Servicebereich abdeckt, für dessen Charakteristiken es bisher keine Lösung gab: Information wird mehr oder weniger offen abgelegt und bleibt zum Beispiel auch nach Abgang eines Mitarbeiters weiterhin verfügbar, mehrt also den Anteil des dokumentierten Unternehmenswissens. Aufgrund ihrer nicht hierarchischen, sondern eher partizipativen Nutzbarkeit spricht man bei der Anwendung innerhalb von Unternehmen auch von Social-Business-Funktionen.

Wenn man Soziale Medien einfach als neues Medium versteht, dann wird auch klar, dass sich die Einführung nicht wesentlich von den Einführungen bisheriger Medien unterscheiden muss. Es sind ähnliche Widerstände zu durchbrechen, wie zum Beispiel die Frage nach dem Business Case, also, ob sich eine Einführung überhaupt lohnt und in welchem Zeitraum. Es mag in der Organisation noch Mitarbeiter geben, die beim Einführungsprojekt von E-Mail beteiligt waren und sich an die damaligen Diskussionen erinnern. Deren Wissen, wie man damals mit der Frage nach dem Business Case umgegangen ist, kann hier von entscheidender Wichtigkeit sein und bietet in jedem Fall eine gute Diskussionsgrundlage. Darüber hinaus werden diese Personen Wissen darüber haben, was damals gut und was schlecht lief, etwa in Bezug auf Mitarbeiterschulungen zu dem neuen Medium. Auch hieraus können Dinge übernommen werden. So können Kosten gespart und das Projekt beschleunigt werden.

Die Einführung Sozialer Medien in Unternehmen ist oft immer noch umstritten, insbesondere weil die Ebene der Entscheider die Funktionalitäten nicht wie andere aus der privaten Nutzung kennen und es nicht als neues, zusätzliches Kommunikationsmedium, das bisherige Lücken füllt, begreifen. Stattdessen lassen sie sich von Aspekten der privaten Nutzung blenden, in denen es oft nur um reine Unterhaltung geht, und verstehen den Nutzen für die Prozesse in den Unternehmen nicht. Andere Entscheider, die eine klare Vision der Nutzung der neuen Services im Unternehmen haben, geht die Einführung dagegen viel zu langsam. Aus ihrer Sicht soll es nicht wieder so lange dauern, wie früher die Einführung des Telefons oder der Einführung von E-Mail, Chat und Internetauftritten.

3.4.4 Social Media Services für die Nutzung im Social Business

Social Media Services gibt es eine ganze Reihe und es entstehen im Internet fortlaufend weitere. Das Internet ist dafür eine ideale Umgebung, weil Browser-basierte Anwendungen keine lokalen Komponenten (außer Cookies) haben und man deshalb keine speziellen Installationsrechte benötigt. Selbst fortlaufende Programmänderungen sind einfach machbar. Damit müssen die Lösungen anfänglich gar nicht perfekt sein, sondern können sich über die Zeit bessern – man spricht dann auch von einer „Dauer-Beta"-Version. Mit entsprechendem Feedback durch die Nutzer besteht sogar die Möglichkeit auch die Funktionalität nach den Nutzerwünschen immer weiter – auch in kleinen Schritten – zu verbessern. Somit ist schon das Entstehen solcher Services oftmals ein sozialer Prozess.

Viele der heute bekannten Social Media Services wurden schon in den 1990ern erdacht, sind aber erst in den frühen 2000ern von einer breiteren Masse entdeckt worden. Auch wenn vielleicht vorher von anderen schon benutzt, so prägte letztlich Tim O'Reilly mit seinem am 30. September 2005 erschienenen, weltweit Aufmerksamkeit erzielenden Artikel „What is Web 2.0" (O'Reilly 2005) den ersten Oberbegriff für diese Services: „Web 2.0". Genau genommen beschreibt der Begriff zwei unterschiedliche Dinge:

1. Technische Aspekte und Programmiermöglichkeiten, die über das Erstellen von statischen Webseiten hinausgehen. Beispiele sind RSS/Atom Feeds, AJAX, Dojo, WebServices, html5, SAML, ActivityStream, OpenSocial, usw.
2. Vom Endbenutzer nutzbare Services, die eine aktive Beteiligung über das Lesen hinaus ermöglichten.

Die wichtigsten dieser Services waren anfangs Blogs und Wikis, sowie das Teilen von Bookmarks. Später kamen Communitys, wie MySpace (ursprünglich die größte, heute stark an Bedeutung verloren), LinkedIn und XING als Business Netzwerke, sowie Facebook und Goggle+ hinzu, dann Microblogging mit Twitter; sodann Slideshare.com zum Veröffentlichen und Austauschen von Präsentationen und die persönliche Fileablage Dropbox. Erwähnt werden sollte auch noch WhatsApp als neue, günstigere Form der SMS (wobei man sein Adressbuch freigeben muss) und Instagram zum Austausch von Fotos und Videos mit Kurznachrichten.

Sie haben alle eines gemeinsam: Ihr Siegeszug begann im privat genutzten Internet, während Unternehmen demgegenüber sehr skeptisch eingestellt waren, weil man einen Verlust von intellektuellem Kapital in die offenen Web 2.0-Strukturen befürchtete. Tatsächlich sind diese Bedenken nicht gänzlich von der Hand zu weisen. Nichtsdestotrotz kennen heutzutage grob die Hälfte der Mitarbeiter solche Services aus der privaten Nutzung und wünschen sich ähnliche Services auch im Unternehmenskontext.

Hier zeigt sich dann aber schnell, dass in einem Unternehmen andere Inhalte gefragt sind als im Internet. Während dort Unterhaltung im weitesten Sinne eine erhebliche Bedeutung hat, spielt das firmenintern überhaupt keine Rolle – und wird sogar als störend empfunden. Das merken zuerst Personen, die einen privaten Blog führen und dann im Unternehmen feststellen müssen, dass vergleichbare Inhalte hier nicht funktionieren. Man ist eben in einem Unternehmen, weil man Aufgaben zu erledigen hat. Da ist Unterhaltung meistens fehl am Platz.

Die Erfahrung lehrt, dass sich ein Querdenken zu diesen Services lohnt, nämlich zu dem Thema, wie man die einzelnen Social Media Services in Abwandlung von der Nutzung im Internet innerhalb von Unternehmen auch noch sinnvoll nutzen könnte. Nützlich ist dabei, sich zunächst einmal auf den eigentlichen Kern des Services zu konzentrieren, statt die Standardnutzung im Vordergrund zu sehen.

Es gibt im Internet mittlerweile eine nahezu unüberschaubare Vielfalt von Social Media Services. Hier eine Auswahl der Wichtigsten und wie sich eine interne Nutzung typisch von der externen unterscheidet.

3.4.5 Blog oder Weblog

Ein Blog ist eine mit einem Rich Text- oder html-Editor erstellte, nach Erstellungsdatum sortierte Liste von Einträgen. Sie können auch kommentiert oder bewertet werden. Somit steht der neuste Eintrag immer oben. Typisch werden Einträge auf Monats- oder Jahresbasis archiviert, bleiben aber grundsätzlich im Zugriff.

Ein persönlicher Blog im Internet dient meistens als Mitteilungsseite, auf der Erlebnisse, Meinungen und persönliche Einschätzungen kundgetan und (über Kommentare) diskutiert werden. Die führenden Plattformen sind Blogger, Wordpress und Tumblr.

> Dave Snowden ist einer der großen Vordenker im Bereich Wissensmanagement. Um hier up to date zu bleiben, muss er viel lesen. Das überlässt er seit einiger Zeit teilweise anderen: Viele Leser schreiben in ihren Blogs Rezensionen – auch von Fachbüchern. Nachdem er zunächst überprüft hat, ob eine Rezension mit seiner eigenen Einschätzung des gelesenen Buchs übereinstimmt, er also der Fachkompetenz und Meinung des Bloggers vertrauen kann, hat er nun aufgehört alle Bücher selbst zu lesen und liest stattdessen zunächst nur noch die Rezensionen. Sind diese extrem vielversprechend, kann es vorkommen, dass er das Buch dennoch liest. Das kommt aber selten vor. In Summe ist es also so, dass er andere für sich (unwissend und unbezahlt) arbeiten lässt und seinen persönlichen Aufwand damit begrenzt.

In Unternehmen ist man eher an Hinweisen und Tipps, die einem bei der Arbeit weiterhelfen, als an Meinungen interessiert – vielleicht von Blogs der Unternehmensführung einmal abgesehen. Durch die intrinsische Aufräumfunktion (man kann einen Blog wie eine Papierrolle lesen: Wenn man einen Eintrag wiedererkennt, hat man alles davor vermutlich bereits gelesen) eignet sich ein Blog hervorragend für die Übermittlung von Neuigkeiten und allen Arten von Informationen, die relativ schnell veralten oder an Bedeutung verlieren – ältere Einträge stehen eben einfach weit unten und stören nicht mehr.

Blogs können einzeln oder auch als Gruppe geschrieben werden. So ist ein Blog ideal für ein Projektteam, um Aktuelles bis hin zum Protokoll der letzten Besprechung zu sammeln. Langfristig gültige Ergebnisse – die auf ihrem Weg vielleicht noch durch mehrere Teammitglieder veredelt werden müssen – gehören demgegenüber allerdings eher in ein kleines Wiki.

3.4.6 Wiki

Wikis sind Webseiten, die von mehreren Personen bearbeitet werden können, wobei Änderungen festgehalten werden. Damit ist es jederzeit sehr einfach möglich, zu älteren Ständen zurückzukehren. Wikis eignen sich, da sie keine automatische Funktion zum Aufräumen, bzw. Löschen von veralteten Inhalten haben, vorzugsweise für Inhalte mit langer Lebensdauer, wie zum Beispiel für Glossare. Grundsätzlich besteht in Wikis nämlich latent die Gefahr, dass sie „vermüllen" – wenn Nutzer nicht mehr erkennen können, was aktuell und was veraltet ist. Das führt in der Regel dann dazu, dass die Nutzer beginnen das Wiki zu meiden. Der klassische Ansatz, einfach mit den aktuellen Inhalten ein neues Wiki zu beginnen, ist problematisch, da sich Wiki-Seiten nur schwer kopieren lassen, weil dabei u. a. auch die für Wikis typische, hochgradige Verlinkung der Inhalte kaputt geht. Deshalb empfiehlt sich für kurzlebige Inhalte eher einen (Gruppen-)Blog zu wählen, bzw. beides im Rahmen einer Community zu verbinden.

Das wohl bekannteste Wiki ist das Glossar Wikipedia. Manchmal werden Wikis auch einfach als gemeinsame Arbeitsseiten benutzt, etwa auf Wikispaces.com, wobei diese Nutzungsvariante durch Browser-basierte Parallel-Editiermöglichkeiten in Dokumenten, die ebenfalls im Internet abgelegt werden können, wie Google Docs oder IBM Docs in Zukunft etwas in den Hintergrund gedrängt werden wird. Der Vorteil dieser Editoren liegt darin, dass man wirklich auf Buchstabenniveau gemeinsam und parallel arbeiten kann, während in Wikis noch seitenweise für einen Schreiber gesperrt wird.

In Firmen wird oft diskutiert, ob man in Anlehnung an das Vorbild Wikipedia auch *ein* Wiki benötigen würde? Die Antwort ist: nein – viele. Tatsächlich kann es auch den Bedarf für ein Unternehmensglossar geben, etwa um unternehmenstypische Abkürzungen und Fachbegriffe zu erläutern. Parallel dazu ist es aber wahrscheinlich, dass es an verschiedensten, nicht zusammenhängenden Stellen ein Bedarf für einen solchen Service gibt. Beispiele sind Handbücher, Best Practices aus Projekten, Beschreibungen von Abteilungsaufgaben, usw.

Zu warnen ist allerdings davor, Wikis als Tool für alles Mögliche einsetzen zu wollen. Ein Beispiel: Es gibt zwar die Möglichkeit Dokumente in Wikis einzubinden. Trotzdem ist ein Wiki keinesfalls ein Ersatz für ein echtes Dokumentenmanagementsystem. Dazu kommt, dass sich die in einem Wiki im Hintergrund befindliche Dokumentendatenbank nur schwer oder gar nicht aufräumen lässt, was eine solche Nutzung wirklich ad absurdum führt.

> Über lange Jahre bin ich Alpha und Beta-Tester einer Software aus unserem Hause. Dazu hatte ich mir vor Jahren ein Dokument angelegt, quasi eine Checkliste für eine Neuinstallation. Darin war nicht nur eine grobe Beschreibung der wichtigsten Schritte bei der Installation, sondern auch ein paar Links zu Zusatzlösungen, die sich aber manchmal änderten.

Eines Tages fiel mir auf, dass ich ja nicht der einzige Tester bin und wir alle die neuen Links selbst herausfinden müssen. Das brachte mich auf die Idee das Dokument zu einem kleinen Wiki zu machen und allen zur Verfügung zu stellen. Der Vorteil ist, dass wir die Links heute als Nutzerkreis des Wikis gemeinsam aktuell halten und somit den Aufwand für alle reduzieren.

3.4.7   Bookmark Sharing (oder Leseempfehlungen)

Der Sinn des Teilens von Web-Adressen (URLs), dem sogenannten Social Bookmarking, liegt darin, anderen Leseempfehlungen mitzugeben und für sich selbst wichtige Web-Adressen in kommentierter Form zu sammeln. Deshalb besteht in der Regel die Möglichkeit zu einem erläuternden Kommentar und zum Tagging („mit Schlagworten versehen"). Aus Letzterem ergibt sich dann auch eine Tag-Wolke, über die man weitere Links zum gleichen Thema findet. Der bekannteste Bookmark Sharing Services im Internet ist Delicious.com.

Eigentlich wird Bookmark Sharing im Unternehmen genauso benutzt – man hat lediglich zwei Vorteile: Im Internet müssen keine Links zu internen Webseiten und Anwendungen auftauchen und von den Leseempfehlungen, die ja von fachlichen Mehr-oder-weniger-Experten erstellt wurden, kann die Suchmaschine oder auch eine Empfehlungsmaschine erheblich profitieren. Schon allein zu sehen, wer einen Artikel auch noch als Leseempfehlung weitergegeben hat, kann bereits ein Mehrwert sein, weil man so einen Ansprechpartner finden kann.

Eine spezielle Variante ist die Ausweitung der Leseempfehlungen auf alle Seiten im Unternehmensportal bzw. Intranet, um damit eine semantische Vernetzung von Information bisher unbekannten Grades herzustellen. Kommt man auf eine Portalseite, so bietet sich die Möglichkeit diese mit Tags (Schlagworten) zu beschreiben. Man sieht die selbst vergebenen Tags und die von anderen für die Seite vergebenen. Viel wichtiger ist allerdings die im Hintergrund ablaufende Suche, die passend zu diesen Tags andere Seiten im Intranet identifiziert und als Link anzeigt, die sehr wahrscheinlich dazu weiterführende Information bieten. Da sich über die persönlichen Profile auch Personen taggen lassen, werden obendrein auch Personen mit passenden Tags, also potenzielle Wissensträger zu den Inhalten der Seite, angezeigt. Diese Verlinkung von Informationen und Wissensträgern geschieht allein auf Basis des Social Taggings, ist also nicht hart verdrahtet und erzeugt damit praktisch keinen manuellen Pflegeaufwand, wie es bei anderen Lösungen semantischer Vernetzung oftmals notwendig ist. Da letztlich menschliche Intelligenz bei der Bewertung der Texte und der Vergabe der Tags dahinter steht, sind die Ergebnisse typisch sehr hochwertig, wenn auch nicht immer vollständig – weil es dem Zufall überlassen bleibt, welche Seiten getaggt wurden. Trotzdem bietet dieser Social Business-Ansatz, in dem die Leser von Seiten über Tags die Vernetzung aufbereiten, einen wesentlichen Mehrwert in der Verknüpfung von Informationsquellen – und das bei minimalem Aufwand.

3.4.8 (Diskussions-) Foren

Diskussionsforen sind IT-historisch schon sehr alt und haben oft einen Frage-Antwort-Charakter, können aber auch die Basis von großen Diskussionen sein. Im Internet bieten Unternehmen gern Diskussionsforen zu ihren Produkten an, um Kunden untereinander die Chance zu geben sich selbst weiterzuhelfen. Oftmals sind diese Foren von Mitarbeitern moderiert. Das unterscheidet sich eigentlich nicht von der Nutzung innerhalb der Unternehmen. Grundsätzlich hat die Bedeutung von Foren mit dem Aufkommen der anderen Web 2.0 Services aber um einiges abgenommen.

3.4.9 Social File Sharing/Dokumentenmanagement

Social File Sharing dient dem Austausch von Dateien. Das gilt nicht nur für Office-Formate, sondern beliebige Dateien, insbesondere auch Bilder und Videos. Der Zugriff erfolgt typisch über Browser und mobile Apps, wobei manche Anbieter auch Konnektoren für den Explorer anbieten.

Im Internet und insbesondere für den privaten Gebrauch ist Dropbox.com zum führenden Anbieter und gleichsam Synonym für den Service geworden. Zu erwähnen ist, dass es auch andere Services zum Austauschen von Dateien gibt, die dann etwas fokussierter sind, wie zum Beispiel Slideshare.com, die sich auf Präsentationen spezialisiert haben und dafür eine besonders gute Vorschaufunktion bieten. Letztlich muss man hier auch Services wie Flickr und Youtube aufführen, die sich speziell dem Austausch von Bildern bzw. Videos widmen.

Aus der Unternehmenssicht sind diese Internetservices dann mit Vorsicht zu betrachten, wenn es nicht gerade um Marketingdinge geht. Bei schützenswerten Daten sind sie definitiv keine Alternative, auch wenn ihre Funktionen für den Geschäftsalltag schon von Interesse sind – was man am hohen Grad der nicht zugelassenen Nutzung ablesen kann.

Es gibt natürlich auch sichere Services, die sich im Unternehmenskontext nutzen lassen, wie etwa IBM Connections, die sich selbst betreiben oder in sicherer Form aus der Cloud als Service beziehen lassen. Das charmante an diesen Services ist, dass man seine Dateien im Netz verfügbar hat und dort per einfacher Zugriffsteuerung mit anderen im eigenen Unternehmen und – falls erlaubt – auch mit Externen, wie Partnern und Kunden in sicherer und kontrollierter Weise austauschen kann. Ein Anhängen an E-Mail und aufwendiges Hochladen bei jedem Verschicken entfällt damit. Man muss nur noch den Link versenden, was das System aber auf Wunsch bereits automatisch erledigt.

Es gibt für eine Datei auch im Netz nur einen definierten physischen Speicherort, auch wenn die Datei virtuell an beliebigen Stellen auftauchen kann. Das hat unter anderem den Vorteil, dass es auch die Metadaten zu einer Datei nur einmal und damit konsistent gibt. Es ermöglicht so auch Personen, die das Dokument nur lesen, aber nicht bearbeiten dürfen, Kommentare zu hinterlassen, die alle Nutzer sofort sehen. Das ist wichtig, wenn es zum Beispiel ein Dokument ist, dass die Marketingabteilung erstellt hat und das eigentlich nicht mehr verändert werden soll, in dem aber ein gravierender Fehler ist. Dann kann die Schwarmintelligenz trotzdem zuschlagen und der Erste, der den Fehler bemerkt, alle anderen unmittelbar drauf hinweisen und warnen. Per E-Mail würde das nicht gehen, weil man ja nicht weiß, wer das Dokument benutzen wird.

Ein weiterer Vorteil ist, dass das Dokument tatsächlich nur einmal abgespeichert werden muss und nicht wie bei Versand per E-Mail in jedem Postkorb pro Mitarbeiter einmal abgelegt wird. Hatte man kurz nach dem Versenden per E-Mail noch einen Fehler entdeckt, wurde früher die E-Mail ein zweites Mal versendet – mit dem Effekt, dass auch wirklich jeder bemerkte, dass man einen Fehler gemacht hatte und ganz zu schweigen von dem unnützen Netzwerkverkehr. Heute überschreibt man einfach die Datei im Netz mit einer neuen Version, und wenn man schnell genug war, hat niemand den Fehler bemerkt.

Immer mehr Mitarbeiter nutzen heute auch mehr als ein Endgerät, auf dem sie mit Dateien arbeiten: ein iPad, ein Laptop und zum Lesen auch ein Smartphone. Damit steigt schon der Bedarf von Einzelpersonen Dateien im Netz verfügbar zu haben, statt wie bisher lokal auf den Geräten oder noch schlimmer noch auf einem klassischen Gruppenlaufwerk, dessen geräteabhängige Local Area Network (LAN)-Zugriffsrechte nur von Administratoren geschaltete werden können. Dafür bieten die Plattformen heute automatische Synchronisierungsfunktionen an. So können ausgewählte Dateien auf allen Geräten immer aktuell gehalten werden – unabhängig davon auf welchem Gerät und von wem sie zuletzt verändert wurden.

Und auch bezüglich des Bearbeitens hat sich vieles getan. Online Editoren wie IBM Docs, Google Drive oder Mircosoft Office Web Apps, bieten die Möglichkeit Dateien vom Browser oder mobilen Apps aus direkt auf dem Server zu bearbeiten, sodass ein zeitaufwendiger und lästiger Down- und Upload von nicht auf das Gerät synchronisierten Dateien entfällt. Ein weiterer, wirklich herausragender Vorteil ist die Möglichkeit der synchronen Bearbeitung in Echtzeit. Man sieht durch temporäre, farbliche Hintergrundmarkierung, wer in einem Dokument gerade wo arbeitet. Das funktioniert runtergebrochen bis auf Buchstaben. So kann zum Beispiel ein eben gemachter Tippfehler sofort von einem Kollegen verbessert werden.

Das zeitgleiche, gemeinsame Arbeiten ermöglicht neue, innovative und besonders kreative Formen der Zusammenarbeit, wie es sie selbst mit Wikis bisher nicht gab. Und auch beim Application Sharing in einem Online-Meeting konnte bisher immer nur eine Person den Stift führen, während die anderen inaktiv bleiben mussten. So lassen sich zum Beispiel Brainstorming-Runden, eventuell von einer Telefonkonferenz umrahmt, auch mit weit entfernt sitzenden Personen sehr effektiv gestalten. Und wer seine Quartalszahlen eingeben möchte, muss nicht mehr warten bis der Kollege das Excel-Sheet wieder eingecheckt hat, sondern sieht stattdessen live, was der Kollege eingibt.

3.4.10 Microblogging („twittern")

Unter Microblogging versteht man eine Pinnwandfunktion im Web mittels der man Kurznachrichten von begrenzter Zeichenzahl hinterlassen kann. Andere können diesen Kurznachrichten einer Person, auch Tweets genannt, folgen und werden bei neuen Nachrichten benachrichtigt.

Erfinder des ursprünglich von SMS Kurznachrichten abgeleiteten Microblogging-Services ist twitter.com, die die Textlänge wie bei SMS auf 140 Zeichen begrenzen, aber über Zusatzservices auch ermöglichen Bilder und Videos mit einzubeziehen. Fast üblich ist es den Tweet als eine Art Überschrift zu verstehen und mit einem integrierten (oft verkürzten) Link auf eine längere Quelle hinzuweisen. Twitter führte auch die Markierung wichtiger Worte mittels Hashtag (#) ein. Ursprünglich konnte man alle Tweets nur nach so markierten Worten durchsuchen, woraus sich dann zu einem Hashtag ein Nachrichtenstrom ergab. Mittlerweile arbeitet auch Twitter mit einer Volltextsuche und damit sind die Hashtags an sich überflüssig geworden, werden aber aus Gewohnheit weiter eingesetzt.

In Unternehmen gibt es ja, anders als im Internet, den durch die Mitarbeiterschaft eingegrenzten, klar umrissenen Benutzerkreis, dem neben Microblogging auch andere, gemeinsame Services, wie zum Beispiel E-Mail, Instant Messaging/Chat und eine übergreifende Unternehmenssuchmaschine zur Verfügung steht. Um hier keine Doppelfunktionen aufblühen zu lassen, nutzt man das Microblogging deshalb in einer auf seinen Kern reduzierten Weise.

Anwendungsfälle sind u. a. auf Neuigkeiten hinzuweisen; in Problemfällen um Unterstützung zu bitten, ohne dass man weiß, wen man konkret ansprechen könnte; sagen, wo man in den nächsten Tagen sein wird oder mit welchen Kunden man zu tun haben wird – Hintergrund ist, dass andere, die man ansonsten nicht gefragt hätte, spontan zusätzliche Hinweise geben können. Dazu kann man auch auf die Microblogging-Wand von anderen schreiben – etwa von speziellen Fachleuten. Dann müssen sie die Antwort gar nicht mehr zwingend selbst geben: Oft kommt ihnen schon jemand aus dem Kreis der Personen, die ihnen „folgen" (Follower) zuvor. Zusätzlich haben auch alle anderen Follower den Vorteil an der Antwort teilhaben zu können.

Da Unternehmen typischerweise eine Suchmaschine über viele Systeme einsetzen („Enterprise Search") machen Hashtags im internen Microblogging eigentlich wenig Sinn. In leichter Abwandlung werden sie manchmal doch eingesetzt und erlauben durch einen Doppelklick eine unmittelbare Suche nach dem Hashtag-Begriff.

Es gibt Anbieter, die Team- oder Projektblogs in verwirrender Weise unter dem Oberbegriff „Internes Microblogging" anbieten. Das sind dann eigentlich aber normale Blogs, die eben aus einer Gruppe heraus bedient werden können und in ihrer Funktion durchaus

Sinn machen – nur ist Microblogging mit seiner offenen Pinnwandfunktion verbunden etwas anderes.

3.4.11 Communitys, Teams und Netzwerke

Soziologisch betrachtet ist eine Community eine Gruppe von Personen mit einer Gemeinsamkeit. Technisch gesehen ist es eine Zugriffsbeschränkung auf eine Gruppe von Personen für die Nutzung bestimmter, verbundener Services. Typisch steht im Zentrum ein Nachrichtenstrom (Timeline, Activity Stream), der von weiteren Apps (Anwendungen) umgeben ist und gespeist wird.

Im Internet sind Communitys in der Regel offen, wobei die Nutzer die Verteilung ihrer Nachrichten auf Gruppen oder Kreise von ausgewählten Personen einschränken können. Die mit Abstand größte Community ist heute Facebook mit mehr als 1,4 Mrd. aktiven Mitgliedern. Für zahlreiche Nutzer stellt Facebook heute bereits die Hauptnutzung des Internets dar, sodass teilweise die hypothetische Frage aufkommt, wann Facebook das Internet komplett ersetzen wird? Ganz absurd ist die Frage nicht, da immer mehr Firmen dazu übergehen ihre Angebote direkt in Facebook zu platzieren. Andere, wichtige Netzwerke sind Google+ (ähnlich wie Facebook), MySpace (Fokus auf Musik-Schaffende und -Interessierte), LinkedIn und XING (fungieren überwiegend als Jobbörsen) und viele weitere.

Die Nutzung von Communitys innerhalb von Unternehmen ist ähnlich, nur sind die Inhalte deutlich andere. Insofern hinkt die Metapher „Facebook für das Unternehmen" ziemlich – und wird manchmal sogar als abwertend empfunden.

Typisch sucht sich der Ersteller und Besitzer (können auch mehrere Personen sein) einer Community die notwendigen Services/Apps aus einer Auswahl aus, legt dann fest, ob der Zugriff firmenintern offen, halb-offen (Inhalte sind zwar lesbar, aber mitwirken geht nur nach akzeptierter Freigabe durch die Besitzer) oder ganz geschlossen sein soll. Im letzteren Fall sehen die Community und ihre Inhalte nur die eingeladenen Mitglieder. Bei der Robert Bosch AG greift man hier steuernd ein: Jeder darf Communtys eröffnen, nur wenn man eine geschlossene Community erstellen möchte, benötigt man eine Freigabe. Die Idee dahinter ist, dass man eine offenere Firmenkultur fördern und deshalb die Zahl der geschlossenen Communitys auf das Notwendigste beschränken möchte.

Dann beginnt die Nutzung. In der Praxis erweist es sich innerhalb von Unternehmen als sehr vorteilhaft einen Moderator, manchmal könnte man auch „Kümmerer" sagen, für eine Community zu haben, der für die Agilität und Aufgeräumtheit sorgt. Das bezieht sich nicht nur auf die technische Seite, sondern durchaus auch auf die soziokulturelle, also die Teaming-Seite.

3.4.12 Technologie ist nicht alles

Natürlich kann man seinen Mitarbeitern solche Services einfach zur Verfügung stellen – IT Abteilungen, alleine in der Projektverantwortung, neigen dazu es so zu machen. Leider sind das auch die Projekte, die eine viel zu hohe Wahrscheinlichkeit des Misserfolgs haben. Im hinteren Teil des Buchs wird es deshalb darum gehen, wie man mit smarten Ansätzen einen nahezu garantierten Erfolg hat.

Unter dem technischen Gesichtspunkt stellt sich auch die Frage, ob man nicht vielleicht nur einzelne, ausgesuchte Services benötigt. Dazu der in der IBM über Jahre gesammelten Erfahrungen als Beispiel:

> Bei IBM hatte man schon sehr früh mit sozialen Services, wie Wikis, Blogs, Bookmark-Sharing, usw. experimentiert. Wie in vielen Unternehmen hatte man zum Ausprobieren zunächst auf lizenzkostenfreie Open Source Lösungen und innovative Eigenentwicklungen, wie z. B. das Management von Aktivitäten, gesetzt. Mit zunehmender, praktischer Erfahrung zeigte sich aber, dass ein voller Nutzen nur entstehen kann, wenn:
> - Die Services alle miteinander integriert sind, sodass u. a. eine durchgängige Oberfläche vorhanden ist, überall derselbe Editor eingesetzt wird, eine durchgängige Suche möglich ist, die Tags (Schlüsselworte) übergreifend sind und übergreifende Tag-Wolken erlauben, sowie dass durch Analytics-Funktionen Empfehlungen auf Basis des vollen Datenbestands übergreifend generiert werden können.
> - Die Services in Gruppen („Communitys") zusammengebunden werden können, also z. B. für eine Projektgruppe die Neuigkeiten im Blog und die Best Practices im zugehörigen Wiki erfasst werden können.
> - Aktualisierungen in einen gemeinsamen „Strom der Aktivitäten" (engl.: River of News, Activity Stream) einmünden können.
>
> Da es 2007 eine solche Social Business Lösungssuite am Markt nicht gab, entschloss man sich zu einer Eigenentwicklung unter dem Namen IBM Connections, die laut den Analysten der IDC sofort weltweit zum Marktführer wurde und den Platz bis heute erfolgreich verteidigt hat.

3.5 Datensicherheit

Datensicherheit, also der Zugriffsschutz auf Daten, die nur für bestimmte Personen zugreifbar sein sollen, ist für Unternehmen und Organisationen zur Erhaltung des intellektuellen Kapitals von herausragender Wichtigkeit. Leider wächst auch die Komplexität eine solche sicherzustellen. In vielen Organisationen stellt man sich dem Thema mit nur geringem Wissen relativ naiv. Man geht davon aus, dass eine Firewall und ein Virenschutzprogramm – dazu noch losgelöst voneinander – einen ausreichenden Schutz gewährleisten.

Die Angriffsszenarien sind heute aber wesentlich ausgefeilter, sodass ein solcher Basisschutz allenfalls für Privatpersonen noch als leidlich hinreichend angesehen werden kann. Ein Angriffsszenario geht über öffentliche, soziale Medien, um von dort aus Personen mit entsprechenden Zugriffsrechten zu verfolgen. Ihr Vertrauen wird bewusst erschlichen und missbraucht. Sie bekommen infizierte E-Mails oder werden auf gefälschte Web-Seiten gelockt und öffnen so unbewusst Türen. Dagegen helfen die Security-Investitionen aus der Vergangenheit leider fast überhaupt nicht.

Dazu kommt, dass Daten heute auch immer häufiger auf verschiedensten Endgeräten vorgehalten werden, u. a. mobilen Endgeräten, die auch leichter entwendet werden können, und teilweise in irgendwelchen öffentlichen Cloud-Lösungen abgespeichert werden, was zumindest die Komplexität erhöht.

Schlimmer noch: Bei sensiblen Unternehmensdaten muss man heute davon ausgehen, dass bewusste Angriffe von einem solchen Basisschutz aus Firewall und Anti-Virus-Programm nicht einmal nach Monaten aufgedeckt werden. Will man eine höhere Sicherheitsstufe muss heute deutlich mehr gemacht werden. Experten raten deshalb dazu immer aktuellste Technologien einzusetzen, um mobile Endgeräte noch besser abzusichern als Laptops, Daten in der Cloud mehr als Daten im Rechenzentrum, soziale Daten mehr als E-Mail und Big Data mehr als Datenbanken. Bei mobilen Geräten, insbesondere auch bei angewandten „Bring-your-own-Device" (BYOD) Konzepten, bei denen Mitarbeiter ihre eigenen Geräte einsetzen können, auf denen auch private Apps laufen, lassen sich heute mit aktuellen Mobile Device Management (MDM) Systemen weitgehend sichern, insbesondere wenn die Apps in separierten Containern laufen und ihren eigenen Virtual-Private-Network (VPN) Tunnel aufmachen.

Letztlich hilft es als Strategie, zumindest bei wichtigen Daten, immer vom Schlimmsten auszugehen und sich darauf einzustellen. Das bedeutet, dass alle Sicherheitsverstoß-relevanten Daten aus dem gesamten Unternehmen einzusammeln und zu analysieren sind. Diese gilt es mit aus dem Big Data-Bereich stammenden forensischen Methoden in Echtzeit zu analysieren und dabei modernste Betrugsbekämpfungsmethoden anzuwenden und zu versuchen Anomalien aufzudecken. Bei besonders schützenswerten Daten kommt aktives Monitoring hinzu, das überprüft, wer oder welche Anwendung wann und von wo zugegriffen hat.

Genauso sollte man sich aber auch auf einen Ernstfall vorbereiten, denn was passiert, wenn doch ein erfolgreicher Angriff diagnostiziert wird? Hierfür bedarf es ausgebildeter Spezialisten oder zumindest entsprechender Kontakte, um solche Spezialisten schnell hinzuziehen zu können.

Darüber hinaus sollte man verstehen, dass es seit Jahren eine Katze-und-Maus Spiel zwischen Angreifern und Verteidigern gibt. Angreifer sind dabei nicht nur irgendwelche Technikfreaks, die sich einen Spaß machen, sondern sehr gut organisierte Organisationen, von Verbrecherbanden bis hin zu andere Staaten, die alle eines gemeinsam haben: genügend Geld und Know-how für einen aufwendigen Angriff.

Und es muss nicht immer Cyberkriminalität sein. Dazu ein Beispiel aus China. China ist für Deutschland Importnation Nummer eins und Exportnation Nummer sieben. China wird von der deutschen Industrie immer mehr als Wachstumsmotor erkannt und genutzt. Die Chancen sind weiterhin groß, aber es gibt auch Herausforderungen: Zu den Spielregeln im Fernen Osten gehören leider auch Produktpiraterie und Patentmissachtungen – Wissensdiebstahl – im größeren Stil, bei denen die hiesige Politik eher machtlos zusieht. China hat einen 25-prozentigen Importzoll auf Automobilteile eingeführt, die zu zahlen sind, wenn das Fahrzeug nicht mindestens zu 60 % in China gebaut wird. Die Folge ist, dass mehr Autos komplett in China gebaut werden. Das klingt zunächst harmlos, bedeutet aber, dass damit auch das gesamte Wissen zum Bau des Fahrzeugs in China liegen wird. Wie lange dann noch deutsche Zulieferer und letztlich auch die großen Hersteller beteiligt sein werden, ist unter solchen Bedingungen nur eine Frage der Zeit. Das deutsche Herstellerkonsortium des in Schanghai verkehrenden Transrapids konnte schnell ein Lied davon singen. Die Steuerungstechnik wurde nachts über einen Einbruch ausspioniert, der für die Einbrecher unsichtbar gefilmt wurde. Die chinesischen Behörden reagierten sehr entspannt auf den Film. Der Einbruch „sei für die Sicherheit des Betriebs wichtig gewesen …".

Für Unternehmen, die eine Transformation zu einem Social Business mit deutlich offeneren Kommunikations- und Kollaborationsstrukturen im Inneren anstreben, aber auch zum Beispiel auf dem chinesischen Markt vertreten sind, sind hier mit Fragezeichen verbunden. In wieweit kann man die ausländischen Partner und Töchter mit einbeziehen? Die Strategie der meisten Unternehmen ist heute deshalb neueste Technologien oder Fertigungstechniken nur in Europa einzusetzen, aber im Bereich von Standardlösungen breit mit zum Beispiel den Chinesen zu kooperieren. Das klingt auch für den sozialen Wissensaustausch nach einem sinnvollen Ansatz.

Literatur

Hackmann, J. (2012). Ärger um den Patriot Act. http://www.computerwoche.de/management/cloud-computing/2503872/. Zugegriffen: 27. Jan. 2012.

Heydel, L. (2013). Die Wende zur Offenheit. https://ibmexperts.computerwoche.de/sites/default/files/ibmexpertsbestpracticebooklet-socialsoftwareundkultur.pdf.

IBM. (Mai/Juli 2012). This is Watson. *IBM Journal of Research and Development, 56*(3/4). http://ieeexplore.ieee.org/xpl/tocresult.jsp?reload=true&isnumber=6177717. Zugegriffen: 2. Feb. 2014.

O'Reilly. (2005). http://www.oreilly.de/artikel/web20.html. Zugegriffen: 15. März 2010.

Radicati, S. (2014). Email statistics report, 2014–2018. http://www.radicati.com/?p=10644. Zugegriffen: 18. Aug. 2014.

Schütt, P. (2013). Soziale Medien als Element der Kommunikation in Unternehmen. *wissensmanagement, 2,* 31.

Senger-Wiechers, E. (2011). Konsumerisierung der IT – IT-Verantwortliche unterschätzen Nutzung privater Endgeräte. http://www.cio.de/subnet/oracle-cio-der-zukunft/2287028/. Zugegriffen: 30. Aug. 2011.

Suarez, L. (2008). I freed myself from e-mails grip. http://www.nytimes.com/2008/06/29/jobs/29pre.html. Zugegriffen: 22. Jan. 2010.

Suarez, L. (2009). http://www.cio.com/article/497218/How_to_Stop_E_Mail_From_Ruining_Your_Summer Vacation. Zugegriffen: 14. Juli 2009.

3D-KM: Die drei Dimensionen der Transformation

4

Wenn es um mehr als die Einführung eines IT-Tools geht, sondern um eine Transformation, bzw. Weiterentwicklung der Organisation, dann sind immer drei Dimensionen zu betrachten. Die Grundidee geht zurück auf mein Modell der „drei Dimensionen des Wissensmanagements" („3D-KM") aus dem Jahr 2003 (Schütt 2003). Auch damals ging es schon nicht um die Implementierung eines IT-Werkzeugs, wie die sogenannten Wissensdatenbanken, sondern um die Einführung eines Wissensmanagements nach Peter Drucker, bei dem es immer um die ganzheitliche Produktivitätssteigerung von Wissensarbeitern ging. Damit behält das Modell auch bei einer internen Transformation zu einem Social Business seine volle Bedeutung (Abb. 4.1).

Die Kernaussage des 3D-KM Modells ist einfach, aber trotzdem viel zu selten wirklich beachtet: Umsetzungsprojekte werden nur erfolgreich sein, wenn in ihnen grundsätzlich alle drei Dimensionen betrachtet werden:

- Organisation und Kultur
- Prozesse
- Informationstechnologie

Eine Kernaussage des Modells ist, dass es erst einmal keine Rolle spielt, womit man beginnt. Wichtig ist nur, dass man letztlich in allen drei Dimensionen aktiv war. Speziell bei der Transformation zu einem Social Business ist allerdings zu beachten, dass die Nutzung sozialer Medien und damit neuer Informationstechnologie eine zwingende Voraussetzung darstellt, womit die Umsetzung dieser Dimension schon ziemlich in den Anfängen beginnen sollte. Das bedeutet trotzdem nicht, dass die IT-Abteilung damit automatisch in die Führungsrolle bei der gesamten Transformation rutscht.

Die Praxis der letzten Jahre belegt eigentlich eher das Gegenteil: Transformationsprojekte, die in der Führung oder gar allein in der Hand der IT-Abteilung lagen, waren tenden-

© Springer-Verlag Berlin Heidelberg 2015
P. Schütt, *Der Weg zum Digitalen Unternehmen,* DOI 10.1007/978-3-662-44707-9_4

Abb. 4.1 Schütts 3-D KM
Modell

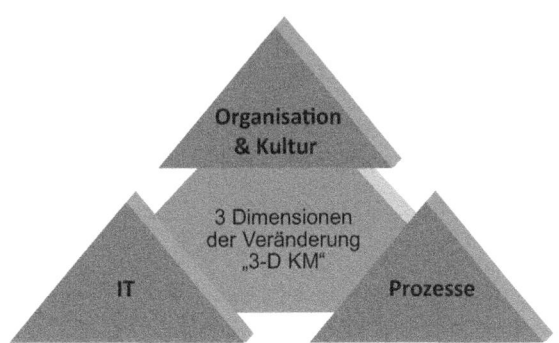

ziell weniger oft erfolgreich. Viel besser sah es aus, wenn die Projekte von der Unternehmenskommunikation, dem Strategie- und oder oder Personalbereich – oder idealerweise
allen zusammen – gesteuert wurden. Das scheint daran zu liegen, dass die Experten aus
dem IT-Bereich oft zu viel technisch und zu wenig ganzheitlich an solche Projekte her-
angehen. Das war in der Vergangenheit richtig, weil es damals eben wirklich technische
Projekte waren. Um die Ecke denken ist doch einfacher, wenn es jemand macht, der in den
eingefahrenen Bahnen nicht zu sehr verankert ist. Grundsätzlich wirkt der IT-Bereich aber
schon immer in sehr wichtiger Funktion mit.

Die Details zu den Dimensionen folgen nun – wegen der besonderen Bedeutung der Informationstechnologie bei der Transformation zu einem Social Business damit beginnend.

4.1   Die dritte Dimension: Informationstechnologie

In der dritten Dimension geht es um die Neuausrichtung der eingesetzten Informationstechnologie – nicht um den Austausch einzelner Anwendungen, sondern um einen Para-
digmawechsel. Bisher musste der Mensch den Ressourcenmangel auf der IT-Seite kompensieren und akzeptieren, dass die Informationstechnologie aufgrund der vorhandenen
Einschränkungen Arbeitsweisen diktiert. Der Vorteil der IT-Nutzung war dennoch so
hoch, dass man diese Rahmenbedingungen stillschweigend akzeptierte. IT war bisher an-
wendungsbezogen, was bedeutete, dass man eine bestimmte Anwendung starten musste,
wenn man auf bestimmte Informationen zugreifen oder mit ihnen arbeiten wollte. Interessanterweise wiederholt sich das Model mit den etwas leistungsschwächeren mobilen
Geräten nochmals. Auch hier gibt es wie früher auf den Desktop sogenannte „Apps", was
zumindest aus der Bedisicht nichts anderes ist als eine Anwendung, wie man es auch
vom Desktop kannte. Neue Trends gehen aber in die Richtung mittels Browsertechnologie
– also der Browser als einzige Anwendung – Inhalte aus verschiedensten Hintergrund-
systemen inhaltlich sinnvoll zu mischen – ein Paradigmenwechsel. Das musste bisher der
erfahrene Nutzer selbst erledigen. Zukünftig sollte das Wissen, in welcher Anwendung,
bzw. App, eine Information zu finden ist, nicht mehr so relevant sein. Im Idealfall weiß

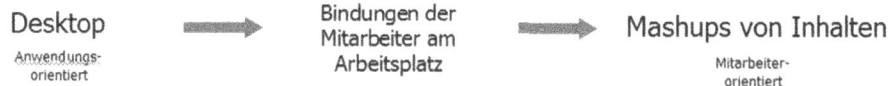

Abb. 4.2 Die dritte Dimension des 3D-KM Modells: Informationstechnologie

ein Mitarbeiter dann gar nicht mehr, welche Anwendung hinter einer Information steht, solange sie in einem Kontext Sinn macht.

Zukünftig wird Information also Nutzer-, bzw. Mitarbeiter-orientiert angeboten, also im Vorfeld bereits so integriert, dass der immer noch vorhandene Anwendungscharakter mehr und mehr transparent im Hintergrund verschwindet und sich für den Nutzer ein auf ihn zugeschnittenes Informationsumfeld ergibt (Abb. 4.2).

Es sollte für die Social Business Transformationsverantwortlichen ein Schlüsselthema sein herauszuarbeiten, was Wissensarbeiter wirklich an Leistungen aus dem Informationssystem benötigen. Dabei geht es um den direkten Zugriff auf Informationen, aber auch die Möglichkeit zur aktiven Zusammenarbeit („Collaboration") – zeitversetzt oder in Echtzeit.

Eine Möglichkeit ist im neu interpretierten Ansatz von Frederick Taylor, Arbeitsabläufe intelligent zu optimieren. Dazu ist es erforderlich, die neuen technischen Möglichkeiten zu verstehen, um sie auf die Beziehungen und Interaktionen am Arbeitsplatz anzuwenden und zu sehen, was tatsächlich an Optimierungschancen vorhanden ist, was man also anders machen kann und sollte als bisher gewohnt. Ein guter Hilfsansatz ist dabei die folgenden Beziehungen der Mitarbeiterin/des Mitarbeiters zu betrachten:

- zu seinen Aufgaben
- zu den Kolleginnen und Kollegen
- zu Stabsfunktionen
- zu Externen, wie Kunden und Lieferanten
- zu sich selbst

Hier gilt es zunächst unnötigen Ballast, der die heute übliche Komplexität erzeugt, abzuwerfen. In der Regel benötigt ein Mitarbeiter nur einen Bruchteil der Informationen aus den ihm zur Verfügung gestellten Anwendungen, bzw. Informationsquellen. Was in den meisten Fällen besonders wichtig ist, sind aktuelle Veränderungen:

- Hat sich in Bezug auf meine Aufgaben in den zahlreichen Backend-Systemen etwas geändert? Hat jemand etwas erledigt? Habe ich eine neue Aufgabe bekommen? Um hierbei jederzeit den Überblick zu haben, ist eine Konsolidierung der den Mitarbeiter betreffenden Änderungen („Events") anwendungsübergreifend in einem zentralen Fluss der Aktualisierungen, auch „Activity Stream" genannt, von Vorteil.
- Gibt es von meinen wichtigen Kollegen etwas Neues? Hat jemand aus meinem Arbeitsumfeld etwas Bemerkenswertes gefunden? Oder geht jemand für 3 Wochen in Urlaub – und ich brauche vorher noch dringend etwas von dieser Person? Per E-Mail jeden

eventuell infrage kommenden Kollegen zu informieren ist ein Unding und nicht mehr zeitgemäß. Eine Pinnwand für Freunde ist die Alternative. Technisch spricht man von Microblogging, besser bekannt unter dem Markennamen des größten Anbieters im Internet: Twittern.

- Oft weiß man, dass ein Kollege etwas Wichtiges wissen könnte, aber der Kollege ist nicht erreichbar. In solchen Fällen ist es hilfreich, wenn alles, was der Kollege intern veröffentlicht hat – und unter Wahrung der Sicherheitsanforderungen auch von mir gelesen werden darf – von einer zentralen Stelle aus eingesehen werden kann. Die logische Stelle dafür wäre in seinem persönlichen Profil, manchmal auch Gelbe Seiten genannt.
- Stabsfunktionen haben ihre Neuigkeiten über viele Jahre in Intranetportalen veröffentlicht. Als IT-Werkzeug diente ein Web-Content-Management (WCM) System mit integriertem Freigabeprozess-Workflow. Das hat an manchen Stellen weiterhin seine Berechtigung, während an anderen Stellen infrage zu stellen ist, ob man es nicht zumindest teilweise durch Web 2.0 Lösungen ersetzen kann. Hier bieten sich unter anderem Wikis an, die von vielen editiert werden können, aber durch ihre hochgradige Versionierung auch jederzeit wieder zurückgefahren werden können. Denn mit einem solchen Tool und damit verbundenem Crowdsourcing-Ansatz (jeder darf, bzw. sollte sich beteiligen, wenn er etwas Konkretes beizutragen hat) ist mehr an Details und eine höhere Aktualität zu erreichen. Selbstverständlich muss sein, dass rechtlich relevante Informationen natürlich nicht von jedem überschrieben werden dürfen – das obliegt dann doch der Stabsabteilung. Nichtsdestotrotz haben auch Stabsfunktionen heute noch vieles beizutragen, das Nachrichtencharakter hat, wie etwa Pressemitteilungen, Ankündigungen von internen Events oder Vorschläge für Veränderungen im Regelwerk, die oftmals aber auch von anderen Mitarbeitern kommen könnten. Vielleicht ist deshalb die zukünftige Aufgabe auch vermehrt solchen Input zu orchestrieren, statt selbst zu schreiben oder als Auftragswerk von Agenturen zu übernehmen. Wichtig ist aber auch, dass die Informationen der Stabsabteilungen überhaupt ankommen und nicht in Intranet-Nischen schlummern, wo sie nie abgerufen werden. Gerade deshalb ist die Integration solcher Informationen in das Social Intranet auch besonders wichtig.
- Externe vermelden auf ihren Firmenseiten im Internet zwar auch Ankündigungen, nur sind die meistens sehr oberflächlich. Oft macht es mehr Sinn, deren persönliche Seiten in öffentlichen Sozialen Medien à la Facebook, XING, LinkedIn oder Twitter zu verfolgen. Insbesondere für Vertriebsmitarbeiter ist es unumgänglich die persönlichen Informationen aus solchen Netzwerken von ihren Ansprechpartnern mit aufzunehmen und dort entsprechend aktiv zu sein – oder wie es die Amerikaner sagen: „Be social!" Persönliches Wissen schafft eben mehr Vertrautheit, was im Zweifelsfall eher zu einem Geschäftsabschluss führt.
- Nicht zuletzt hat man auch seine persönlichen Interessen, zu denen man auch an Updates interessiert ist. Genauso wie die Trennung von Arbeitszeit und Freizeit immer mehr verwischt, verwischt auch die Trennung von Unternehmens-IT und persönlich genutzten Geräten und Services. Hier muss entschieden werden, was zulässig ist und

wo die Grenzen sind, insbesondere auch, wenn der Mitarbeiter seine eigene Hardware unter dem Label „Bring-your-own-Device" (BYOD) auch teilweise für Arbeitsbelange nutzt.

Das sind nur Beispiele. Aber solche Analysen der Beziehungen der Mitarbeiter definieren letztlich die Zielvisionen, die dann natürlich mit technischer Machbarkeit und insbesondere Kostenstrukturen relativiert werden müssen. Nicht zu vergessen ist, dass natürlich auch bestehende Systeme integriert oder abgelöst werden müssen, was sowohl ein weiterer Kosten-, aber auch ein Zeitfaktor ist.

Was aus dieser Dimension bleibt, ist, dass sich Informationstechnologie zwar immer ändert, aber im Moment gerade in einem Zustand des Paradigmenwechsels befindet, was deutlich stärkere Änderungen hervorbringt als üblich. Für Unternehmen bedeutet es, dass man möglicherweise über Jahre vernachlässigte IT-Systeme auf einen neuen Stand bringen muss und dazu gilt: ohne klare Vision kein klarer Weg. Die Vision leitet sich idealerweise aus den unmittelbaren Anforderungen an die Arbeitsplätze ab, die einen Resonanzzustand verschiedener Aspekte (Anforderungen, Machbarkeit, Kosten, usw.) zu bringen sind. Und sowohl die Vision als auch der Umsetzungsweg sind natürlich über die Zeit immer wieder zu hinterfragen und weiter zu entwickeln.

4.2   Die zweite Dimension: Prozesse (Abb. 4.3)

Neue Informationstechnologie im Zusammenhang mit der Transformation zu einem Digitalen Unternehmen einzusetzen ist eine Grundvoraussetzung, aber nicht hinreichend. Wenn man alle Prozesse so belässt, wie sie vor der Einführung der neuen Software waren, hat man letztendlich nur wunderbar Geld versenkt, aber in der Regel nichts gewonnen. Software ist kein Selbstzweck, sondern ein Werkzeug. Und wer sich ein in seiner Art neues Werkzeug beschafft und dann nicht anders arbeitet als zuvor, macht etwas falsch. Im einfachsten Fall nutzt er dann nach kurzer Zeit das neue Werkzeug nicht mehr.

Unter diesem Hintergrund ist die zweite Dimension des 3-D-KM Modells zu verstehen. Wenn man neue Software einsetzen will, sollte man sich immer überlegen, welche Auswirkungen das auf den bestehenden Prozess haben könnte und sollte – insbesondere natür-

a   Dokumentation und Wiederverwendung von Erfahrungswissen
  * Von zentralen Ansätzen zu Web 2.0 Lösungen

b   Daten-bezogen
  * Daten + Wissen ➡ Information ➡ Entscheidungen ➡ Handlungen

c   Personen-bezogen
  * Rationalisierungscheckliste für den eigenen Wissensarbeitsplatz

d   Community-bezogen
  * Das Wissen im Schwarm nutzen

Abb. 4.3 Die zweite Dimension des 3D-KM Modells: Prozesse

lich auf die Informations- und Wissensnutzung rings um den jeweiligen Prozess. Genauso valide ist es natürlich mit angestrebten Prozessveränderungen zu beginnen, um sich dann im zweiten Schritt zu fragen, welche Softwarelösungen dabei helfen können.

Steigt man etwas tiefer in das Thema Prozess ein, zeigen sich verschiedene Facetten, die mit dem Wissen in und um die Prozesse zu tun haben und die es nach Resonanzgesichtspunkten abzuklopfen gilt:

- Da ist einerseits das Erfahrungswissen, das es einzubringen gilt, das aber auch für andere nutzbar in irgendeiner Form und in sinnvollen Teilen zu dokumentieren ist.
- Da sind Prozessdaten, die es mit Wissen zu bewerten gilt, woraus dann für den Wissenden Informationen werden, die zu Entscheidungen und Handlungen führen, wie es in Prozessen üblich ist.
- Da sind die persönlichen Arbeitsweisen, die – ganz im Sinne des Wissensmanagements von Peter Drucker – einer fortlaufenden Suche nach Verbesserungsoptionen unterzogen werden sollten.
- Und die Wege und Formen der Zusammenarbeit in Netzwerken (Communitys), die erst jetzt so langsam in den Fokus einer optimierenden Betrachtungsweise rücken.

In allen vier Varianten gilt es den Resonanzzustand aller Rahmenfaktoren herauszufinden: Wie funktioniert es jeweils am besten? Dabei sind einige Spezifika zu beachten:

a. Erfahrungswissen
(Erfahrungs-)Wissen teilt sich nach Dave Snowdens ASHEN-Modell in fünf Komponenten (Snowden 2000) auf:

- Artefakte – dokumentierte Sachverhalte (z. B. in Textform).
- Skills – antrainierte Lösungsansätze.
- Heuristiken – in der Organisation vorhandene formale oder informelle Regeln, um im komplexen Umfeld zu agieren.
- Erfahrungen – Rückbesinnung auf Ähnliches – mit der Gefahr es im falschen Kontext zu tun.
- Natürliche Begabungen – Intuition.

Analysten meinen, dass nur 4% des Wissens einer Organisation strukturiert und weitere 16% unstrukturiert in Computersystemen abgelegt sind, während 80% und mehr rein personengebunden sind - was in Anbetracht der ASHEN-Komponenten durchaus plausibel erscheint. Dabei zeigt sich nochmals, wie unsinnig der Wissensdatenbank-Ansatz des Pseudo-Wissensmanagements der 1990er war.

Für die Social Business Transformation stellt sich die Frage, wie man zukünftig mit Erfahrungswissen umgehen möchte. Neben strukturierter Dokumentation schaffen Social Business Praktiken neue Möglichkeiten, deutlich mehr dokumentarisch zu erfassen, wenn auch unstrukturiert. Hier muss von den Prozessverantwortlichen deutlich gemacht werden, was konkret gewünscht ist und was sich gegenüber der alten Zeit ohne Social

Software ändern sollte. Dabei ist auch zu klären, wie nahe das im Kontext des Prozesses passieren kann und soll – beispielsweise im Vertriebsprozess direkt in der CRM-Lösung (Customer Relationship Management), die um Social Software zu erweitern ist.

Vergessen werden sollte trotzdem nicht, dass ein Großteil des Wissens personengebunden ist und bleibt („Der Schatz in den Köpfen"). Das betrifft die natürlichen Begabungen, aber auch einen Teil der Erfahrungen und Skills, bis hin zu einigen selten genutzten Heuristiken. Die entsprechenden Experten („Leuchttürme") gilt es so gut wie möglich zu identifizieren und (intern) bekannt zu machen. Für sie benötigt man aber auch Strategien für die Zeit nach deren Ausscheiden aus dem Unternehmen. Ansatzpunkt kann ein Alumni-Netzwerk sein.

b. Informationen in Daten

Was sollte sich für Mitarbeiter verändern, die im weitesten Sinne Daten auswerten müssen, um daraus Handlungen abzuleiten? Ein Beispiel wäre eine Maschine, die einen Fehlercode (= Daten) ausgibt. Klassisch weiß man, was zu tun ist (= Skill, Erfahrung) oder schaut ins Handbuch (= Artefakt) oder fragt seinen Chef. Letzteres entspricht einer Eskalation der Fragestellung an einen Zuständigen. Das ist als Ausgangsbasis weiterhin vernünftig. Trotzdem bleibt die Fragestellung, ob man es in einem Social Business noch besser machen kann – oder überhaupt auch darf? Private Erfahrung hat den Mitarbeitern längst gezeigt, dass man zu vielen Problemstellungen sehr schnell Antworten bekommt, wenn man sie im Internet publiziert. Warum nicht auch ähnliche Mechanismen im oder für das Unternehmen?

Bei einem Problem innerhalb eines Unternehmens ist natürlich sehr klar abzuwägen, wer mit hinzugezogen werden darf. Das betrifft nicht nur die reine Datensicherheitsfrage, sondern im Zweifelsfall sogar dadurch aufkommenden Imageschaden, usw. Man sollte nicht unbewusst Lawinen lostreten. Deshalb muss klar sein, welche Gruppe von Personen, bzw. Community im Zweifelsfall befragt werden darf. Sehr wahrscheinlich ist, dass eine Firmen- oder bereichsinterne Community, aber eben ein deutlich größerer Kreis als nur der Chef oder andere direkt Verantwortliche, infrage kommen. „Deutlich größer", damit das auf Wahrscheinlichkeiten aufsetzende „Social"-Prinzip auch funktionieren kann. Aber selbst wenn die Echtzeitunterstützung wegen einer aktuell zu kleinen Community, z. B. in einer Nachtschicht, nicht zustande kommt, können soziale Daten aus der Community, die in ähnlichem Zusammenhang schon einmal dokumentiert wurden, auch weiterhelfen.

Wichtig ist also, dass die Prozessveränderung eine klare Struktur bekommt, die klar kommuniziert wird und dazu explizit auch Regeln der Nutzung aufzeigt.

c. Die persönlichen Arbeitsprozesse

Das persönliche Wissensarbeitsmanagement geschieht weiterhin ganz im Sinne Peter Druckers und eine persönliche Checkliste ist weiterhin ein probates Verfahren zur Optimierung. Der Wissensarbeiter sollte sich nur darauf einstellen, dass sich seine Arbeitsabläufe mit einer Transformation zu einem Social Business wahrscheinlich erheblich ändern müssen, schon alleine, weil sich Erfolgs- und Karrierebedingungen verschieben. Insofern

sollte das zyklische Hinterfragen der eigenen Abläufe in einer solchen Transformations-
phase etwas häufiger passieren. Hierzu werden wir gleich noch weitere Details sehen.

d. Community-gestützte Verfahren

Prozesse durch Communitys unterstützen zu lassen begann erst um 2007. Es geht dabei – wie bereits unter b) beschrieben – um die Öffnung der Verantwortlichkeit in einer
Form, dass nicht nur eine zuständige Person die Verantwortung trägt, sondern dass eine
sich möglicherweise dynamisch verändernde Gruppe von Informationsträgern und Inter-
essierten zu dem Prozess als mitverantwortlich bekennt und involviert werden darf. Der
ehemals Alleinverantwortliche kann dabei immer noch die herausgehobene Rolle eines
Moderators tragen.

Die Vorteile solcher Lösungen können vielfältig sein:

- Prozesse können gegebenenfalls stark beschleunigt werden.
- Die Entscheidungsfindung innerhalb von Prozessen kann sich auf eine deutlich bessere
  Informationsbasis stützen.
- Innovative Weiterentwicklungen werden deutlich wahrscheinlicher.
- Durch Crowdsourcing-Facetten können sich Kosten senken lassen.

Die Social Business Transformationsinitiative sollte klar definieren, welche Aufgaben
verschiedenste Arten von Communitys im Unternehmen der Zukunft spielen sollen. Das
ist letztlich auf die einzelne Prozesse herunterzubrechen – zumindest für einige Beispiele.
Dabei ist insbesondere klar festzulegen in wieweit und in welcher Art Externe (Zulieferer,
Kunden, Akademia) mit einbezogen werden dürfen oder sogar sollten?

Wie weit man da gehen kann, zeigte schon am Anfang des Buchs das Beispiel der
Firma CEMEX, die Communitys zunächst als neues Element der hierarchischen Organisation einführten und Mitarbeiter delegierten und erst später auf vermehrte Selbstorganisation setzten. Dass sie dann der Selbstorganisation auch noch Controlling-Funktionen
bei großen Investitionsentscheidungen zubilligten, zeigt letztlich die Spannweite der Veränderungen.

Communitys sind nicht komplett neu, da es so etwas wie „Arbeitskreise" schon immer gab. Nur sind die technischen Möglichkeiten zum Austausch durch soziale Medien
wesentlich vielfältiger und radikal einfacher zu nutzen geworden. Durch ihre Nutzung
hat sich die Austauschgeschwindigkeit der Informationen auch dramatisch gesteigert, was
Vorteile, aber auch Risiken bringt, mit denen man einfach umzugehen wissen muss. Das
gilt es deshalb zu managen, was im Wesentlichen bedeutet Rahmenbedingungen zu definieren, bzw. anzupassen oder zu aktualisieren.

4.3   Die erste Dimension: Organisation und Kultur

Die aktive Transformation einer Organisation von den Werten und Mechanismen der In-formationsgesellschaft hin zu denen der langsam aufblühenden Digitalgesellschaft geht über die innere Transformation zu einem Social Business. Hierbei sind Leitlinien und Werte der Organisation untrennbar mit der Unternehmenskultur verwoben. Insofern span-nen beide zusammen die erste Dimension im 3-D-KM-Modell auf. Man kann die Kultur nicht verändern, wenn man die Strukturen und Werte nicht verändert. Ein Unternehmen hat eine Kultur nicht zufällig, sondern als Spiegelbild ihrer Strukturen und Werte und man muss diese anfassen, wenn man Kulturveränderungen wünscht.

Während der Transformation wird sich noch viel mehr ändern, wenn die Agilität, Dy-namik, Innovationskraft – in Summe Wettbewerbskraft - sind. Es geht dann darum, durch ein Überdenken der Interaktionsprozesse zwischen den Mitarbeitern zu einer effektiveren Nutzung des Wissens in der Organisation zu kommen. Solche Bestrebungen führen ein Stück weg von der klassisch-hierarchischen Organisation mit tayloristischer Arbeitstei-lung hin zu einer moderneren Organisationsform, die sich als Mischform aus verbliebenen hierarchischen Strukturen und zusätzlichen, neuen Netzwerk- oder Community-artigen Formen zusammensetzt. Damit werden auch reine Befehls- und Kontrollstrukturen auf die Bereiche reduziert, in denen sie nachweislich weiterhin am sinnvollsten sind. Ansons-ten rückt in der Resonanzökonomie das Prinzip der Mustererkennung dessen, was Sinn macht, in den Vordergrund.

Zu Beginn muss klar sein, ob ein echter Bedarf für eine Organisationsweiterentwick-lung besteht und in wieweit die Verantwortungsträger zu Veränderungen bereit sind. Dazu sind insbesondere drei Punkte zu klären:

1. Ist Wissen ein kritischer Erfolgsfaktor des Unternehmens? Das ist nicht zwingend bei allen Unternehmen so. Firmen, in denen im Wesentlichen wiederkehrende Prozesse ausgeführt werden und nichts anderes sonst, lassen sich weiterhin sehr gut mit klassi-schen, hierarchischen Strukturen führen.

2. Ist ein Veränderungsdruck vorhanden? Unternehmen, denen es in einer Phase gerade sehr gut geht, ignorieren sehr oft Veränderungen außen herum und reagieren dann zu spät. Weitsichtige Unternehmensführer sorgen deshalb immer für einen leichten Ver-änderungsdruck. Ist er allerdings gar nicht vorhanden, rennt man nur gegen Mauern. Dann lohnt sich der geringste Aufwand nicht.

3. Ist die Geschäftsführung bereit die Führung des Wandels zu übernehmen? Das ist inso-fern eine kritische Frage, als Veränderungsdruck in vielen Unternehmen nicht an der Spitze beginnt, sondern in einzelnen Bereichen oder sogar nur Abteilungen. Die müs-sen dann in einem zähen Prozess gegen die Normalität im Unternehmen ankämpfen. Dabei ist die Gefahr groß, dass ihr Ansatz, so gut und wichtig er auch immer ist, einfach nicht skaliert und von der Normalität wieder erdrückt wird. Das kann man aber auch als Regulativ verstehen, dass der Ansatz eben doch nicht sinnvoll genug war – oder dass die Zeit noch nicht reif war. Leider trifft die üblicherweise vorhandene Hoffnung

der visionären Abteilungs- oder Bereichsleiter, dass sich die Unternehmensleitung von Anfangserfolgen überreden lässt, nicht immer zu. Insofern ist dieser Weg oft sehr dornig. Ist er allerdings erfolgreich – und das kommt schon vor – dann ist er meistens auch mit einem Karrieresprung der Visionäre verbunden. Einfacher ist es aber in jedem Fall, wenn zumindest wesentliche Teile der Geschäftsführung von Beginn an die Transformation unterstützen oder sogar anführen.

Werden alle drei Punkte bejaht, dann ist es sinnvoll eine Bestandsaufnahme zu machen, indem eine Organisationsanalyse durchgeführt wird. Dazu eignet sich unter anderen das später noch erläuterte Cynefin Sense Making Modell. Es hilft zu verstehen, wo die wirklichen Schwachpunkte sind und an welchen Schrauben man am meisten drehen sollte. Daraus ergibt sich eine Vision, die den Handlungsrahmen absteckt und an der später die Umsetzung zu messen ist (Abb. 4.4).

Als Teil dieses Handlungsrahmens sind Veränderungen in mindestens drei wichtigen Themenbereichen zu definieren:

- Leitlinien
- Personalmanagement
- Zielvorgaben

Leitlinien gegeben einer Organisation einen strukturellen Rahmen und müssen regelmäßig angepasst werden. Über sie wird entschieden,

- Wer eingestellt wird.
- Wer qualifiziert ist, befördert zu werden.
- Nach welchem Modell geführt wird, also klassisch über Anwesenheitssteuerung oder nach Peter Druckers zielorientierter Führung (Drucker 1954). Dazu ist zu klären, wie

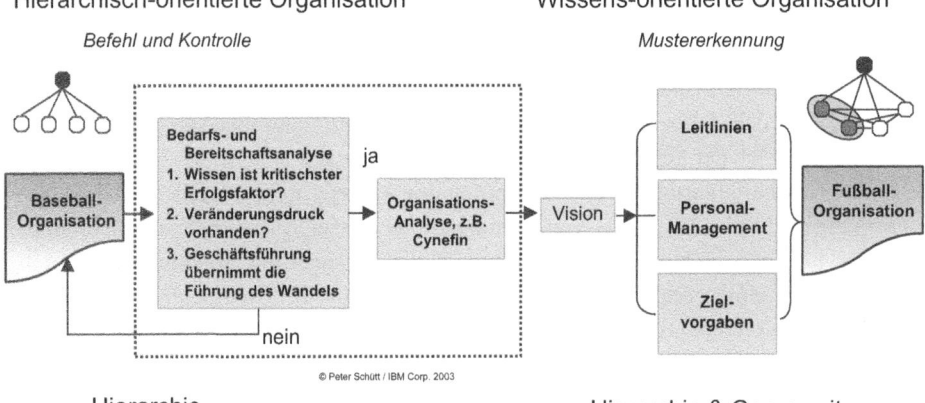

Abb. 4.4 Die erste Dimension des 3D-KM Modells: Transformation von Organisation und Kultur

die Zieldefinitionen zustande kommen: nach Vorgabe durch den Manager oder nach Vorgabe durch den Mitarbeiter mit Freigabe durch den Manager.

- Was Mitarbeiter selbst entscheiden dürfen und wozu Freigaben erforderlich sind.
- Welche Arbeitszeitmodelle gelten, also z. B. Anwesenheitspflicht oder flexible Arbeit mit der Möglichkeit zeitweilig oder ganz vom Heimarbeitsplatz zu arbeiten und ob die Arbeitszeit völlig verplant wird oder ob Freiarbeitszeit auch möglich ist – also Zeiten, in denen der Mitarbeiter entscheidet, was er macht.
- Was Abteilungen/Projekte von ihrem Budget zu bezahlen haben (u. a. welche IT-Leistungen) und was pauschal finanziert wird.
- Welche Motivationsmechanismen eingesetzt werden.
- Wie viel Schulung Mitarbeiter pro Jahr absolvieren sollten.

Das sind Beispiele und die Liste ist nicht vollständig. Sie zeigt aber das Veränderungspotenzial auf, und da in einem Social Business zumindest teilweise andere Führungsqualitäten gefragt sind, wird deutlich, dass eine Überarbeitung bei der Transformation zu einem Social Business als innere Struktur eines Digitalen Unternehmens unumgänglich ist.

Das gilt für das gesamte Thema Personalmanagement ebenso, weil es sehr stark in die Führungsprinzipien eingreift: Wird nach Befehl und Kontrolle geführt oder nach Mustererkennungsprinzipien? In der Praxis werden es in der Regel Mischformen sein, die Frage ist nur: Wo liegt der Schwerpunkt? In der Folge stellt sich die Frage, welche Manager die Fähigkeiten zu moderner Führung in einem Social Business haben. Das Ganze betrifft aber nicht nur das Management, sondern auch die Mitarbeiter, an welche andere Anforderungen an die Kommunikationsfähigkeiten und das Selbstmanagement gestellt werden müssen. Hier sind durch die Personalabteilung neue Rahmenbedingungen zu schaffen, Coaching- und Schulungsprogramme aufzusetzen und neue Prozesse, wie beispielsweise „Social Hiring" einzuführen.

Die Wissensarbeiter, die sich selbstorganisierend im täglichen Arbeitsleben immer wieder anbieten müssen, um nachgefragt zu bleiben und Karriere zu machen, stehen heute auch in höherer Konkurrenz zueinander, als in der klassisch-hierarchischen Organisation, in der die Kommunikation überwiegend nur über den Leiter verlief. Diese Konkurrenz hat positive Auswirkungen auf den Wissensaustausch und die Produktivität, kann aber ins Negative kippen, wenn sie zu dominant wird. Insofern muss man an einigen Stellen gegensteuern, wozu sich insbesondere ein größerer Anteil von Teamzielen eignet. Auch dieses bedeutet in der Regel eine Prozessveränderung, die aufzusetzen ist.

Das 3-D KM Modell gibt den allgemeinen Rahmen einer internen Transformation einer Organisation zu einem Social Business vor. Dazu gibt es zahlreiche Einzelaspekte, wie die veränderte Führung, aber auch die veränderte Ausgestaltung der Prozesse, die Zusammenarbeit in Teams und nicht zuletzt die Veränderung einer jeden Mitarbeiterin und jeden Mitarbeiters als Einzelperson im Gefüge des Ganzen.

Diese Aspekte werden in umgekehrter Reihenfolge im Folgenden besprochen.

Literatur

Drucker, P. F. (1954). *The practice of management*. New York.

Schütt, P. (2003). *The post-Nonaka knowledge management. Journal of Universal Computer Science, 9*(6), (Graz).

Snowden, D. (2000). The ASHEN model – An enabler of action. In *Knowledge Management* (Bd. 3, 7. Aufl., S. 14–17). London: Ark Publications.

„The social me" – ich als Person im Digitalen Unternehmen

5

Was uns bei allem Wissen immer noch zu wissen übrig bleibt.
Emanuel Kant

Die Transformation zu einem Social Business trifft nicht alle Mitarbeiter in gleichem Maße. Mitarbeiter in regelmäßig wiederkehrenden Abläufen, etwa in der Produktion am Band, sind weniger betroffen als die Wissensarbeiter, die sich andauernd flexibel neuen Herausforderungen stellen müssen. Die zeichnen sich dadurch aus, dass ihre Performance zu einem erheblichen Teil eine Frage von erfolgreichem Selbstmanagement ist und dass die Organisation – von der Arbeitsumfeldgestaltung und damit den Rahmenbedingungen abgesehen – darauf überhaupt nur geringen Einfluss hat. Deshalb ist das Thema der perfekten Selbstorganisation von Wissensarbeitern, deren Anteil an der Wertschöpfung der Unternehmen immer größer wird, von herausragender Bedeutung.

Dass die Performance von Wissensarbeitern weitgehend nur von deren Selbstorganisation abhängt, war eine der wesentlichen Kernthesen von Peter Drucker, die er in seinem 1957 erschienenen Standardwerk „Landmarks of Tommorow" („Das Fundament für morgen") (Drucker 1957) veröffentlichte. Das Buch gilt als Geburtsstunde des Wissensmanagements, denn im Originaltext auf Seite 122 spricht er als Erster von „Knowledge Work", was auf Deutsch dann heißt „… deren Arbeit Wissen voraussetzt." Auch wenn ansonsten in der deutschen Übersetzung von Walther Schwerdtfeger nur die Begriffe „Geistesarbeiter" und „Bildungsgesellschaft" auftauchen, so geht es um das Wissensmanagement, das die nächsten 60 Jahre bestimmen sollte. Drucker beschrieb damals, dass insbesondere die während und nach dem Krieg entstandenen, größeren Unternehmen einen hohen Bedarf an hoch qualifizierten Mitarbeitern gehabt hätten, die bis dahin ihre Karrieren in der Regel allein in selbstständiger Arbeit, etwa als Rechtsanwalt, Apotheker usw. gesucht hätten, dann aber die geregelte Arbeit in einem großen Unternehmen vorzo-

© Springer-Verlag Berlin Heidelberg 2015
P. Schütt, *Der Weg zum Digitalen Unternehmen*, DOI 10.1007/978-3-662-44707-9_5

gen. Und er beschrieb, wie die Arbeit solcher Geistesarbeiter – heute spricht man weniger präzise von Wissensarbeitern – zu steuern sei.

Dinge, die breitflächig erst in den späten 1980ern wieder aufgegriffen wurden, wie ein Empowerment der Wissensarbeiter, wurden hier bereits vorweggenommen: „Jeder Geistesarbeiter, der Wissen, Können und Urteilskraft auf seine Arbeit verwendet, trifft Entscheidungen, die das Ganze angehen." Dazu machte Drucker auch klar, wer die Verantwortung hat: „Gewiss muss sich der Manager in erster Linie vergewissern, dass die ihm Unterstellten ihr Bestes tun, und zwar auf die beste Art und Weise. Aber er trägt eine echte Eigenverantwortung, die echte Autorität erfordert." Letzteres sah er nicht nur im Management, sondern auch bei den Wissensarbeitern selbst.

Insofern ist die Frage, wie man als Wissensarbeiter seine eigene Arbeit optimiert und sieht, was mit dem Rest der Organisation in Resonanz steht, eine durchaus zentrale. Organisationen sollten ihren Mitarbeitern eben nicht nur das Arbeitsumfeld optimieren, etwa indem die notwendige Hardware in Form von Smartphone und PC gestellt wird, sondern auch Unterstützung bei der Optimierung der persönlichen Arbeitsweisen anbieten.

Anzusprechen sind hier demzufolge Faktoren, wie:

• Wie wird man erfolgreich?
• Was motiviert wirklich?
• Was will ich bezogen auf meinen Arbeitsplatz erreichen?
• Wie organisiere ich mich diesbezüglich am besten?
• Wie lerne ich und erhalte ich meine Employability?
• Wie vermarkte ich mich richtig?
• Welche Informationstechnologien helfen mir?

5.1 Die Erfolgsfaktoren der eigenen Arbeit

Der hohe Grad an Eigenverantwortung bei der Optimierung ihrer Arbeitsweisen und Tätigkeiten ist für Wissensarbeiter gleichsam Pflicht als auch Freiraum, womit man sich regelmäßig die Frage stellen muss: „Wie arbeite ich optimal?" Für jeden Wissensarbeiter sollte es wichtig sein, eine Strategie zur Optimierung der eigenen Tätigkeit zu haben. Ein besonders guter Zeitpunkt sich entsprechende Gedanken zu machen oder die bestehende Strategie zu hinterfragen, ist insbesondere nach dem Abschluss größerer Projekte gekommen. Dann sollte man sich im Sinne eines Debriefings sowieso immer überlegen, was gut gelaufen ist oder nicht, um Verbesserungspotenziale zu erkennen.

Die Optionen beim Entwickeln einer Strategie sind:

• Schwächen erkennen und daran arbeiten, diese zu beseitigen, oder
• Stärken erkennen und weiter ausbauen.

Peter Drucker war hier immer für die zweite Option. Erstere kam für ihn dem Versuch nahe, einen Ozean aufzuheizen – ein chancenloses Unterfangen. Tatsächlich zeigen auch konkrete Zahlen, wie Recht er mit dem Ansatz hat, dass man nur bedingt aus Fehlern lernt: Eine Studie der Harvard Universität (Berlin 2009) belegt, dass erfolgreiche Unternehmensgründer eine 34-%-Chance haben auch mit einer zweiten Gründung erfolgreich zu sein. Bei den beim ersten Mal nicht erfolgreichen liegt die Chance auch beim zweiten Versuch nur bei 23 % – genauso hoch wie bei Anfängern ohne irgendwelche Erfahrung.

Zum Ausbau der Stärken hatte Drucker ein Rezept, das er auf „einen völlig obskuren deutschen Theologen" aus dem 14. Jahrhundert zurückführte und das 150 Jahre danach von Johannes Calvin und Ignatius von Loyola aufgegriffen wurde. Es ist die sogenannte *Feedback-Analyse* (Drucker 1999). Das Verfahren ist simpel: Bei jeder Schlüsselentscheidung sollte man sich notieren, mit welchen Auswirkungen man rechnet. Neun bis zwölf Monate später gilt es dann zu vergleichen, was man wirklich erreicht hat. Aus diesen Erkenntnissen wird nach zwei bis drei Jahren deutlich, wo die persönlichen Stärken liegen. Und die gilt es anschließend auszubauen.

Kontrovers diskutiert wird dazu, inwieweit Schulungen dabei unterstützen können, Schwächen zu glätten oder Stärken auszubauen? Einer der größten Ford-Autohändler weltweit, die Stuttgarter Schwabengarage, hat hierzu eine Studie mit 127 Autoverkäufern durchgeführt (Gestmann 2000). Das Ergebnis war ernüchternd: Weder Verkaufstraining noch Produktschulungen hatten einen nennenswerten Einfluss auf zukünftige Verkaufserfolge. Im Gegensatz dazu blieben die individuellen Prognosen auf Basis der Verkaufserfolge im Halbjahr zuvor sehr treffsicher. Ein weiterer Beleg dafür, welche entscheidende Rolle das Können spielt – und wie wichtig es ist zu erkennen, was man wirklich kann.

Ein besonders wichtiger Faktor für erfolgreiche Arbeit ist die Motivation. Ohne motiviert zu sein, erledigt ein Mensch kaum etwas – insbesondere Wissensarbeiter nicht, die sich weitgehend selbst organisieren müssen. Damit kommt der Motivation in Bezug auf Arbeitsergebnisse eine entscheidende Funktion zu. Aber wie funktioniert Motivation? Ende der 1950er Jahre hat Frederick Herzberg mit ein paar Kollegen umfangreiche Studienreihen zum Thema durchgeführt (Herzberg 1959). Ihr teilweise überraschendes Ergebnis war, dass viele der vermeintlichen Motivationsfaktoren zwar grundsätzlich vorhanden sein müssen, aber bei zunehmendem Maß gar keinen weiteren Effekt auf die reale Motivation haben. Herzberg nannte solche Faktoren daraufhin Hygienefaktoren – sie erzeugen Unzufriedenheit, wenn sie nicht im normalen Maß vorhanden sind, steigern jedoch die Motivation nicht, wenn man sie darüber hinaus erhöht. Dazu zählen Unternehmensleitlinien und -Administration, aktive Führung, Arbeitsbedingungen und Beziehungen zwischen den Mitarbeitern, aber interessanterweise auch Bezahlung, Status und Arbeitsplatzsicherheit. Wirklich motivierend sind nach Herzberg nur die Zielerreichung und deren Anerkennung, Interesse an der Aufgabe, Verantwortung für eine erweiterte Tätigkeit sowie Entwicklung und Beförderung zu höherwertigen Aufgaben.

Die Forsa-Studie 2011 (Forsa Studie 2011) unterstützt Herzbergs Modell erneut und listet u. a. folgende Punkte als besonders motivierend auf:

- 84 % angenehme Arbeitskollegen
- 81 % Work-Life-Balance
- 78 % abwechslungsreiche Tätigkeit
- 77 % Anerkennung & Respekt durch Vorgesetzte
- 61 % Weiterbildung
- 59 % flexible Arbeitszeiten

Wenn man Herzberg etwas verinnerlicht hat, merkt man schnell, dass die sogenannten Anreizsysteme vieler Projekte in den letzten 25 Jahren nicht nachhaltig funktionieren konnten. Mit kleinen Belohnungen setzten diese Systeme in der Regel auf Hygienefaktoren, zum Beispiel Bonuszahlungen oder Statussymbole, wie ein neues Smartphone. Solche Belohnungen funktionieren nur als Werbemaßnahme, um die Aufmerksamkeit auf die Initiative zu lenken. Eine nachhaltige Motivation entsteht dadurch aber nicht. Hier wird dann auch klar, warum die Ideen von Social Business deutlich besser funktionieren: Der Mitarbeiter kann sich nach seinen Interessen beteiligen und bekommt darüber mehr Reputation und Aufmerksamkeit.

Auch von außen aufgebauter Druck kann über einen begrenzten Zeitraum sehr motivierend sein. Wenn man als Wissensarbeiter sehr selbstständig arbeitet und kein situationsnaher, externer Druck besteht, kann man sich selbst Druckszenarien aufbauen. Manchen Menschen helfen hier feste, sich selbst vorgegebene Arbeitszyklen.

Herzbergs Ergebnisse sind über 50 Jahre alt, aber in weiten Teilen immer noch gültig. Lediglich die Gewichtung der Einzelfaktoren und auch der Kreis der Einzubeziehenden hat sich etwas verschoben. Damals beherrschte die hierarchische Organisationsform das Handeln und Denken, während man im Social Business eher oder zumindest zusätzlich mit Netzwerkstrukturen agiert. In sehr modern organisierten Unternehmen hat der Abteilungsleiter zwar weiterhin die Personalverantwortung, die fachliche Verantwortung liegt aber zumindest teilweise bei einem Projektleiter oder gar einem Netzwerk von Experten. Damit kommt insbesondere der Kombination von Hygiene- und Motivationsfaktoren eine besondere Bedeutung zu: der Beziehung zwischen den Mitarbeitern und der Anerkennung für die Zielerreichung. Kam das Feedback früher immer vom Chef, so sind es heute die Kollegen, deren Rückmeldung zunehmend zählt. Deren Zustimmung zu bekommen, ist aber wesentlich schwieriger und aufwendiger: Teilweise stehen sie in Konkurrenz zur eigenen Person und zudem gilt es eben auch, weit mehr Menschen zu überzeugen. Reichte es früher, ein gutes Verhältnis zum Chef zu haben – was immer noch nicht schadet – so muss man heute eine gute Vernetzung haben, um seine Reputation aufzubauen. Aber noch wichtiger ist es sich im Klaren zu sein, was man kann und was man will.

5.2 Was bin ich?

Jeder Mensch hat bestimmte Fähigkeiten. Das gilt natürlich auch für Führungspersönlichkeiten. Es wäre naiv davon auszugehen, dass man immer alle Fähigkeiten in sich vereinigt, die eine Aufgabe erfordert. Vielmehr hat man einerseits besondere Fähigkeiten und andererseits auch Schwächen. Dazu stellt Drucker die These auf, dass sich bestimmte Fähigkeiten gegenseitig ausschließen (Drucker 1999). Ein solches Paar ist die Fähigkeit entweder ein guter Zuhörer oder ein Typ „Leser" zu sein. Ein Leser lässt sich Inhalte aufbereiten, liest diese Dinge, verinnerlicht sie und ist dann in der Lage zur Not stundenlang darüber zu referieren. Organisationen richten sich normalerweise nach ihren Führungskräften aus. Ist der Chef ein Leser, so wird man ihm entsprechende Reports aufbereiten. Kommt es dann zu einem Wechsel in der Führungsposition, führt die Trägheit der Strukturen meist dazu, dass auch dem Neuen zunächst Reports erstellt werden. Sollte er allerdings ein Zuhörer sein, wird er wenig damit anfangen können. Er benötigt die Diskussion, um sich in die Dinge tief eindenken zu können. Ein klassisches Beispiel waren John F. Kennedy und Lynden B. Johnson. Kennedy war Leser und sein Stab war es gewohnt Reports zu schreiben. Das wurde auch unter Johnson fortgesetzt, obwohl der als gewohnter Zuhörer laut Drucker keinen einzigen dieser Texte verstand.

Ähnlich ist es mit dem Paar Entscheider versus Berater. Manchen Menschen fällt es sehr leicht Entscheidungen zu fällen. Sie haben ein gutes Wissen und ein ausgeprägtes Bauchgefühl und entscheiden deshalb gern und oftmals auch gut. Andere hadern viel mit sich selbst, wägen lange ab und drücken sich auch gern vor der tatsächlichen Entscheidung. Sie sind eher dabei Fakten zu sammeln, Dinge abzuwägen und unter verschiedensten Winkeln zu betrachten. Sie sind ideale Berater in Entscheidungssituationen, aber eben keine Entscheider. Das Dumme ist, dass man in einer Führungsposition in einer Organisation eigentlich immer beide Seiten dieser Paare von Fähigkeiten benötigt, die Struktur von modernen Organisationen solche Doppelspitzen aber oft nicht hergeben. Angeblich aus Kostengründen ist die klassische Stelle der „zweiten Führungsperson" – früher sprach man oft vom „zweiten Mann", wobei das in beiden Führungspositionen natürlich Männer und Frauen sein können – zu oft wegrationalisiert worden. Wenn es heute noch Assistenten gibt, dann sind es eher Nachwuchsführungskräfte, die sich bewähren sollen, die aber mangels Erfahrung nicht wirklich eine „zweite Führungsperson" sind (Abb. 5.1).

Das berührt die Frage, wie die Position der zweiten Person sinnvoll besetzt werden kann. Nachwuchsführungskräfte sind nämlich trotzdem als Assistenten beliebt, aber warum? Sie stellen keine Konkurrenz und damit keine Bedrohung für die leitende Person dar und sind im Gegenteil durch die Sozialisierung im direkten Umfeld sogar Potenzial mittelfristig die Hausmacht zu erweitern. Als Erfolgsrezept für eine Ehe gilt, dass sich Gegensätze anziehen – was Statistiker allerdings anzweifeln. Ähnliches vermutet man im

Abb. 5.1 Die Matrix sich ausschließender Fähigkeiten. Als Person hat man immer genau zwei aneinandergrenzende Fähigkeiten

Leser	Entscheider
Berater	Zuhörer

Betrieb: desto mehr ähnliche Fähigkeiten die beiden an der Spitze haben, desto mehr emp-
finden sie sich gegenseitig als Konkurrenz und es kommt zu kontraproduktiven Macht-
spielen und Scheingefechten.

Im Sinne eines konstruktiven Resonanzmanagements ist es in jeder Position wichtig
das eigene Profil auszuloten, also insbesondere zu erkunden, welche beiden aneinander-
grenzenden Quadranten des Profilquadrats man selbst abdeckt. Die zweite Person – und
das ist eine Rolle und muss nicht zwingend eine Einzelperson sein – sollte dann im Wesentlichen die Komplementärquadranten abdecken, aber auch nur die, damit destruktive
Konkurrenz unterbleibt.

Neben diesen Hauptfaktoren gibt es eine ganze Reihe weiterer Einflussfaktoren, die die
Auswahl der zweiten Führungsperson einer Organisationseinheit mit bestimmen. Von den
Wichtigsten ist das:

- Der Bereich der Wertvorstellungen, zu dem auch die Ethikvorstellungen und der Glau-
be gehören. In diesem Bereich ist eine hohe Ähnlichkeit, wenn auch nicht unbedingt in
der Tiefe, so denn aber in der Richtung, hilfreich, wenn nicht sogar notwendig. Das gilt
für die Beziehung in der Führungsebene, als auch bezogen auf die Organisation insgesamt. Jemand, der andere Wertvorstellungen hat als das Unternehmen, wird dort nicht
sehr erfolgreich werden, es sei denn, er krempelt das Unternehmen um. Unterschiedliche Wertvorstellungen sind deshalb so kritisch, weil sie enormes und auch andauerndes
Konfliktpotenzial in sich bergen. Ein Beispiel: Eine der wichtigsten Wertvorstellungen
auf der obersten Führungsebene ist die Festlegung bezüglich des Zielkonflikts, ob man
strategische Ziele oder kurzfristige Ziele priorisieren soll. Da es eine Frage der Taktik
ist und es kein Patentrezept als Antwort gibt, ist es als Dauerthema vorgegeben. Ähnliche Wertvorstellungen verbrauchen weniger „Reibungsenergie" und machen Einigun-
gen leichter.
- Das fachliche Können, das man eher von Beratern erwartet als von Entscheidern, was
insbesondere in modernen Unternehmen mit einer Trennung von Fach- und Managementlaufbahn gilt.
- Die emotionale Intelligenz, die besagt, wie erfolgreich man in Gruppen arbeiten kann
und wie erfolgreich man Veränderungen vorantreibt, in dem man Gruppen von Personen beeinflusst. Sie untergliedern sich nach Daniel Goleman in fünf Komponenten: die
Fähigkeiten zur Selbstreflexion, zur Selbstkontrolle und zur Empathie (sich in die Ge-
fühlswelt anderer hineindenken können), sowie die Motivation und die soziale Kompetenz (Goleman 1999).
- Die Menge und Qualität der persönlichen Beziehungen, die man hat und pflegt. Hierbei
sind interne als auch externe Beziehungen angesprochen. Eine gewisse Überlappung ist
als positiv anzusehen, weil sie Ähnlichkeiten ausweist. Eine vollständige Überlappung
wäre aber negativ, weil sie kein Potenzial zur Erweiterung der Beziehungssphäre mit
sich bringen würde, dieses aber grundsätzlich gewünscht ist.
- Die Fähigkeit zum analytischen Denken (kognitive Fähigkeiten)

- Die Erduldung und Akzeptanz von Unsicherheit. Nach Dave Snowdens Cynefin Modell (Snowden 2007), das später noch detailliert betrachtet wird, oszillieren Unternehmen zwischen stabilen Zuständen, in denen Strukturen verkrusten und chaotischeren Zuständen, in denen diese Strukturen wieder aufbrechen und sich neue Spielregeln einstellen. Sowohl der Zusammenbruch als auch die Zeit der Neustrukturierung bedürfen spezieller, gegenläufiger Führungsskills, bei denen die Akzeptanz von Unsicherheit ein sehr wichtiger Faktor ist.

Die Liste ist nicht vollständig, genügt aber um aufzuzeigen, welche vielseitigen Anforderungen an das Profil von Führungskräften bestehen. Klar dürfte dabei auch werden, dass kaum eine Einzelperson in der Lage sein wird, das alles gleichzeitig abzudecken. Insofern stellt sich immer – und nicht nur auf der höchsten Ebene – die Frage nach der Besetzung der Führung. Ist das heutige Modell der Einzelführung richtig oder ist die bessere Antwort nicht das Gespann?

Jemand, der Karriere machen will, muss sich überlegen, was er für ein Typ ist. Und worin sein Beitrag zum Erfolg des Unternehmens bestehen sollte? Normalerweise wird immer die Spitzenposition, die Goldmedaille, angestrebt. Wenn man mit sich in Klausur geht und eine Feedbackanalyse durchführt, könnte man zu dem vielleicht überraschenden Schluss kommen, dass man ideale zweite Person wäre, aber nicht für die absolute Führungsposition (auf welcher Ebene auch immer) geeignet ist. Mit diesem Bewusstsein sollte man es dann auch auf eine solche Position, auf eine Silbermedaille, abzielen. Die dann folgende Schwierigkeit dürfte sein eine solche Position zu finden, weil sie zum einen heute in den Organisationsstrukturen nur noch selten vorgesehen ist – was ich für einen Fehler halte – und zum anderen, weil die Skills komplementär zur Person auf dem Chefsessel sein müssen und damit personenabhängig sind. Und dann gibt es da auch noch so etwas wie die Chemie, die zwischen zwei Personen stimmen muss.

Die Herausforderung für die Person auf den Chefsessel ist sogar noch größer, weil sie seine Instinkte berührt. Sie ist mit einem ausgeprägten Jagdinstinkt ausgestattet, der sie überhaupt in die Position gebracht hat. Dieser Jagdinstinkt wird die Führungskraft in einer anderen Person auch immer den Nebenbuhler, den Konkurrenten sehen lassen. Hier muss sich Vertrauen aufbauen, nur kann das viele Jahre dauern. Erst dann wird die Führungsperson bereit sein ihr Wissen offen zu teilen, was die wichtigste Grundlage für ein erfolgreiches Gespann ist. Eine schlechte Ausgangssituation ist immer dann gegeben, wenn die Zweite heimlich doch nach dem ersten Platz schielt, insgeheim wohl wissend, dass sie für den Chefsessel gar nicht geeignet wäre. Und Beispiele gibt es dafür genug, dass eine exzellente zweite Person keine gute erste sein kann, während die positiven Gegenbeispiele rar sind. Auch wenn der Silbermedaille der Makel anhängt „nur" der zweite Platz zu sein, so ist in Wahrheit der zweite Platz in einem Gespann genauso wichtig wie der erste. Man steht nur etwas weniger im Rampenlicht, was aber der Natur von solchen Personen auch eher entgegen kommen mag. Es hängt letztlich von beiden Personen ab, ob man als Gespann erfolgreicher ist, als jeder allein. Garanten dafür sind eine klare Arbeitsteilung –

eine Sache der Vereinbarung und des Vertrauens – und eine sehr offene Kommunikation untereinander.

Das Modell des Führungsgespanns ist vielversprechend und kann sehr einfach Wettbewerbsvorteile erzeugen. Deshalb sollten Personalabteilungen wieder Fähigkeiten ausbilden solche Gespannpositionen zu besetzten, um die Wettbewerbsvorteile auszuschöpfen, bevor es die anderen tun oder es gar wieder zum breiten Trend wird.

5.3   Die Checkliste zum persönlichen Wissensarbeitsmanagement

Fügt man die einzelnen Betrachtungsweisen zusammen, erkennt man schnell, dass man seine eigene Wissensarbeit regelmäßig anhand von Fragen überprüfen und optimieren könnte. Meine aktuelle Checkliste folgt Peter Drucker und in Teilen der Systematik von Frederick Taylor, geht aber deutlich darüber hinaus (in Anlehnung an: Schütt 2003):

1. Definition der jeweiligen Aufgabe: Was ist mein Teil der Aufgabe, wie löse ich sie am besten und bin ich noch auf dem richtigen Weg?
2. Aufteilung der Aufgaben: Macht es eventuell Sinn, die Aufgabe weiter aufzuteilen und bestimmte Teile von anderen Spezialisten durchführen zu lassen?
3. Arbeitsfluss: Ist die Zusammenarbeit mit den anderen Beteiligten optimal organisiert?
4. Standardisierung des Vorgehens: Sind wiederholt vorkommende Abläufe, die ein Potenzial zur Standardisierung haben, entsprechend standardisiert und werden sie so von mir um- und eingesetzt?
5. Erfolgsmessung: Werden die Fortschritte in sinnvollen Zeiträumen gemessen, bzw. bewertet und erhalte ich von den Vorgesetzten (Abteilungsleiter, Teamleiter, Projektleiter usw.) ein Feedback?
6. Natürliche Begabung und Wissen: Bin ich tatsächlich die zurzeit am besten geeignete Person für die Aufgabe? Ansonsten könnte es sinnvoll sein, die Aufgabe anderen zu übertragen.
7. Netzwerkeinbindung: Kann mein persönliches Netzwerk helfen, die Aufgabe zu lösen? Habe ich Zugang zu vertraulichen Informationen, die bei der Lösung der Aufgabe helfen könnten? Sollte ich mein Netzwerk strategisch gesehen erweitern?
8. Arbeitsumgebung: Unterstützt meine unmittelbare Arbeitsumgebung eine ausgezeichnete Performance im Rahmen der Möglichkeiten (vorgegebenes Budget, Fläche, Geräuschpegel, Raumklima, Licht, Essen, Komfort, usw.)?
9. Unterstützung und Training: Bekomme ich bei Bedarf den entsprechenden Support und die notwendige Ausbildung, um meine Aufgaben effektiv erledigen zu können?
10. Motivationsfaktoren: Passen die Anreizfaktoren noch grundsätzlich oder sind sie degeneriert? Deren regelmäßige Überprüfung ist besonders wichtig.
11. Motivationsniveau: Ist das aktuelle Motivationsniveau hoch genug? Welche Faktoren beeinträchtigen die Motivation momentan?

12. Werkzeuge: Sind die verfügbaren Hilfsmittel die richtigen und nutze ich sie rich-tig? Für Wissensarbeiter hat das sehr oft mit dem Zugriff auf Informationen und ent-sprechende Kommunikationswerkzeuge zu tun. Deshalb kommt dem Nutzwert der IT-Systeme, angefangen bei der persönlich genutzten PC-Hardware/Smartphone bis hin zu den Unternehmensanwendungen, ein besonderes Augenmerk zu. Für den Mit-arbeiter stellt sich die Zusatzfrage, ob er diese Systeme gut genug kennt und wirklich effizient nutzt.

Diese zwölf Optimierungsfaktoren für das persönliche Wissensarbeitsmanagement kön-nen passend zum bereits erläuterten 3D-KM Modell in die drei Kategorien Arbeitsprozess (1 bis 5), Organisation und Kultur (6 bis 11) und Informationstechnologie (12) eingeord-net werden. Anhand der Checkliste kann jeder Wissensarbeiter eine persönliche Mängel-liste erstellen, die es zu bewerten und zu priorisieren gilt. Erst dann kann man konkrete Schritte einleiten, um Verbesserungen herbeizuführen. Das werden in vielen Fällen aber auch Dinge sein, die mit dem Arbeitgeber zu besprechen sind. In Einzelfällen müssen die Beteiligten dabei immer die Kosten der Veränderung und den zu erwartenden Nutzwert gegenüberstellen, um zu einer Entscheidung zu gelangen.

   Werden solche Listen auf Team-, Abteilungs- oder gar Unternehmensniveau konsoli-diert, lassen sich strukturelle Verbesserungspotenziale identifizieren, bei denen wegen des Breiteneffekts ein besserer Kosten-Nutzen-Faktor zu erwarten ist. Darüber hinaus ergeben sich konkrete Verbesserungspotenziale, die schnell einen nachhaltigen Effekt auf die Effi-zienz und Produktivität der gesamten Organisation haben können. Diese Konsolidierung ist typisch eine Aufgabe der Personalabteilung, der zwei Aufgaben zukommen:

1. Die Befähigung der Wissensarbeiter, ihre eigene Produktivität aktiv zu steuern.
2. Die Konsolidierung der Mängellisten der Mitarbeiter zur Steigerung der Produktivität bzw. Arbeitseffizienz im Bereich der Wissensarbeit sowie die Umsetzung der abgelei-teten Aktionen.

Da sich dieses Vorgehen bisher nur in wenigen Organisationen systematisch etabliert hat, dürfte das Potenzial solcher Maßnahmen immens sein. Auch die Argumentation, dass es bereits ein betriebliches Vorschlagwesen gäbe und dass dieses die Themenstellungen be-reits abdecken würde, greift zu kurz. Das Vorschlagwesen reagiert auf singuläre Ideen, aber nicht auf einen strukturierten Prozess, an dem jeder einzelne Wissensarbeiter beteiligt ist. Hier gibt es noch viel zu tun.

   Was der Fragebogen nicht thematisiert ist die Steuerung des Niveaus des eigenen Ein-satzes. Mehr ist dabei nicht unbedingt immer besser. Jason Fried und David Heinemeier-Hansson weisen darauf hin, dass Workaholics oft nur so viel arbeiten, weil sie so viel arbeiten wollen (Fried und Heinemeier-Hansson 2010). Was sie damit sagen wollen ist, dass diese Personen oft ein Problem damit haben wichtig von unwichtig unterscheiden zu können oder sogar zu wollen, letztlich also ein Problem mit ihrer Selbststeuerung haben. Wer neben dem wirklich wichtigen Projekt auch noch Diskussionen in Facebook betreibt, muss sich berechtigterweise der Frage stellen, ob er konzentriert genug bei der Sache ist. Natürlich kann man keine x-Stunden konzentriert durcharbeiten und braucht immer auch mal wieder etwas Ablenkung. Die Kunst des Erfolgreichen ist hier eine persönliche Strategie zu entwickeln. Der einfachste Ansatz heißt ganz simpel: Facebook, Google +, usw. erst nach der Arbeit, es sei denn, es ist genau in dem Moment wirklich wichtig für die Arbeit oder die eigene Reputation, was auch als Teil der Arbeit zu verstehen ist. Auch hier geht es wieder um das Finden des Resonanzzustands.

5.4 Aufbau und Pflege von persönlichen Netzwerken

Mit dem Wandel von Organisationsstrukturen zu einem Social Business in einer Digitalgesellschaft kommt der persönlichen Einbindung in Netzwerke eine immer größer werdende Bedeutung zu. Dabei gilt es mehrere Arten zu unterscheiden:

1. Die „Inner Circle"-Netzwerke: das sind Personen meistens gleichen Rangs, die allein aufgrund ihres Rangs Informationen austauschen – oder weil sie persönlich in Konkurrenz zueinander stehen – gerade deshalb nicht. Sehr oft fallen unternehmenskritische Entscheidungen in solchen Netzwerken, bevor sie in offiziellen Gremien abgesegnet werden. Solche Netzwerke arbeiten im Verborgenen und nutzen keine Web 2.0 Tools.
2. „Good ole Boys Networks" – wie es die Amerikaner nennen – sind Verbindungen von Personen, die sich in der Regel lange kennen, hochgradig vertrauen und Hierarchieübergreifend über sehr viele Jahre funktionieren. Man trifft sich in Vereinen und Verbänden, auf den Golfplatz, bei entsprechenden Gelegenheiten. Man kennt sich von früheren Arbeitsplätzen, aus der Schule, vom Studium, vom Sport, usw. Manche dieser Netzwerke nutzen heute Social Media Tools zur Unterstützung ihres typisch unternehmensunabhängigen Netzwerks, etwa Facebook, LinkedIn, XING, usw.
3. Interessensgruppen (Communitys of Interest): meist offene Gruppen von Personen, die sich gemeinsam für ein Thema interessieren und dazu unterschiedliche Beiträge leisten. Fast alle solcher Interessensgruppen nutzen das Internet oder das Intranet und entsprechende Social Software.
4. Vereine, Verbände und Verbindungen: Als Gesamtheit ist ein Verein in diesem Zusammenhang eher unbedeutend. Er stellt aber oft den Rahmen und bietet Anlässe für engere Teilgruppen im Sinne von „Good ole Boys Networks" um sich auszutauschen. Insofern kommt den Vereinen und Verbänden die Rolle von Mediatoren oder manchmal auch Moderatoren zu.

Diese Beispiele beziehen sich zunächst auf echte, persönliche Netzwerke, deren Wert nicht hoch genug eingeschätzt werden kann. Beim aktiven Einstieg in solche Netzwerke lohnt es sich auf jeden Fall sehr konsequent und zielgerichtet vorzugehen.

Daneben gibt es die zunehmend auch wichtiger werdenden virtuellen Netzwerke, die einen Einstieg in echte Netzwerke vorbereiten können, aber zunächst nur einem dienen: dem Managen der eigenen Reputation.

5.5   Die Reputation steigern

Reputation ist das Ansehen, das jeder Einzelne in seiner (Arbeits-)Umgebung genießt. Darauf kann und sollte man aktiv Einfluss nehmen: Man selbst, indem man versucht seine Reputation kontinuierlich zu verbessern und als Unternehmen, indem man den Mitarbeitern Möglichkeiten schafft ihre Reputation auszubauen. Dazu gehört einerseits das Auftreten in der allgemeinen Zusammenarbeit mit anderen und speziell in Projekten, aber andererseits auch das Selbstdarstellen im Intranet einer Social Business Organisation und selbst auch im Internet. Dazu gehört natürlich auch die geschickte Auswahl der Medien. Sucht man in Deutschland eine neue Aufgabe, so ist XING ein gutes Umfeld, mehr so eine Art Jobbörse als ein soziales Netzwerk. Sucht man eine Aufgabe in den USA, dann ist es besser in LinkedIn aktiv zu sein. Das größte soziale Netz im Internet, Facebook, hat dagegen eher privateren Charakter, ist aber gut um etwas über seine Gesprächspartner und Kunden zu lernen. Hierzu gehört entsprechende Medienkompetenz.

Grundsätzlich reicht es nicht ein Facebook-Profil auszufüllen und zu hoffen, dass der Rest schon automatisch geschehen würde. Ganz im Gegenteil meint Jaron Lanier (Lanier 2010), der klarmacht, dass man sich nicht einfach in die festen Formen der sozialen Netzwerkanbieter pressen lassen darf und auch beim Auftritt im Netz individuell – also man selbst – bleiben sollte. Seine Empfehlungen:

- Nichts anonym im Internet veröffentlichen – es sei denn man käme sonst in Gefahr.
- Wenn man schon Energie in Wikipedia-Artikel steckt, dann sollte man mehr Energie außerhalb des Wikis einsetzen, um mit persönlicher Stimme und Meinung Personen auf die Themen aufmerksam zu machen, zu denen man Beiträge liefert.
- Eine eigene Website nutzen und sich nicht in enge Formate von öffentlichen Social Websites pressen lassen.
- Ab und zu mal ein Video veröffentlichen, dessen Erstellung 100-mal so lange gedauert hat, wie es dauert es anzusehen.
- Einen Blogeintrag veröffentlichen, über den man wochenlang reflektiert hat, bevor einem ein innerer Zwang dazu brachte, ihn zu veröffentlichen.
- Falls man twittert, sollte man sich einen innovativen Weg überlegen, den inneren Zustand zu beschreiben, statt trivial externe Ereignisse aufzuzählen. Hintergrund ist, dass man vermeiden sollte, sich durch die Auflistung solcher Ereignisse, so wie es eine Maschine machen würde, als beschriebene Person darzustellen.

Letztlich geht es darum sich als Persönlichkeit – und nicht nur als Person – im Internet, aber natürlich auch firmenintern im Intranet zu positionieren, um seine Reputation auszubauen. Dort sind es die Social Business Werkzeuge, die der Nutzer aktiv und ohne Kontrolle eigenständig befüllen kann. Dazu gehören persönliche Profile in Gelben Seiten, sozusagen als eigener Stand am internen Marktplatz der Arbeit, aber auch z. B. ein persönlicher Blog als Forum des eigenen Wissens, usw.

Beim Thema Reputationsmanagement gibt es auch eine Sicht der Unternehmen, denn für sie bietet Reputationsmanagement eine echte Chance, die Mitarbeiter weiter anzuspornen und parallel den Informationsaustausch zu verbessern. Dieser Hebel funktioniert bei extrovertierten Mitarbeitern besser als bei introvertierteren. Er kann, falsch verstanden, allerdings auch negative Auswirkungen haben: Im Extremfall führt die Jagd nach Reputation nämlich auch zu Auswüchsen. Wenn aus der konstruktiven Darstellung dessen, was man für die oder in der Organisation macht, ausschließlich die Inszenierung einer Selbstdarstellung wird, bei der der wirkliche Wert für die Organisation auf der Strecke bleibt, dann ist das Maß überschritten. Das Ziel muss die höchste Effektivität der Organisation bleiben. Wenn eigener Selbstdarstellungsdrang andere demotiviert oder Arbeitszeit kostet, die das Unternehmen seiner Vision nicht näher bringt, ist etwas schief gelaufen.

Unternehmen brauchen deshalb eine klare Strategie dafür, wie sie ihren Mitarbeitern ermöglichen wollen, ihre Reputation aufzubauen und wo die Grenzen liegen. Dabei ist die Mitarbeiterschaft nicht homogen: Meinungsführern und anderen Personen mit hoher Reputation kommt eine höhere Bedeutung zu. Sie sind die bewunderten „Leithengste" der jeweiligen Gruppe und werden gern in ihren Arbeitsweisen und auch in ihren Arbeitsergebnissen kopiert, was man aus Sicht des Unternehmens gezielt ausnutzen sollte.

Ganz klar warnen muss man jedoch auch davor Tools zum Messen der Reputation zu überschätzen und etwa als Maßstab für Beförderungen zu nehmen. Der Wert eines Mitarbeiters für die Organisation ist nur selten proportional zur technisch ermittelbaren Reputation. Letztere misst eher Masse als Klasse und erzeugt so leicht ein ziemlich falsches Bild. So können einzelne Präsentationen, die von wenigen Kollegen an entscheidenden Stellen benutzt wurden, wesentlich mehr Einfluss auf den Erfolg des Unternehmens gehabt haben, als eine breit verteilte und von vielen gelobte Präsentation.

Damit ist zum Beispiel auch das technisch ermittelbare Netzwerk eines Top-Spezialisten eventuell viel kleiner als das einer anderen Person, die trotzdem deutlich weniger Einfluss auf den Erfolg hat. Es war schon im Wissensmanagement der 1990er am schwierigsten die besonders guten Mitarbeiter zu breiter Dokumentation zu bewegen und so ist ihre Mitarbeit in (internen) sozialen Netzen auch weiterhin nicht durch Masse geprägt. Es zeigt sich auch in den öffentlichen sozialen Netzen, dass echte Spitzenkräfte hier nur selten unter den häufigsten Autoren vertreten sind. Dazu kommt die persönliche Erfahrung, dass man seine wichtigsten Trümpfe, die besten Beziehungen, nur selten zieht und man dann auch oft nicht die Kommunikationsmittel des Massenverkehrs nutzt – also ein persönliches Gespräch statt einer E-Mail. Damit werden solche Beziehungen in Netzwerkanalysen gar nicht erkannt, womit deutlich wird, dass die Netzwerkanalyse als echtes Reputationsmaß nicht wirklich infrage kommt. Demzufolge sollte man sich auch bei Neueinstellungen davor hüten, auf solche Reputationsmessungen allzu viel zu geben.

5.6   Soziale Medien richtig nutzen

Soziale Medien haben in der modernen Gesellschaft einen wachsenden Stellenwert. Nicht nur, dass Privates und Firmenmäßiges immer mehr verwischen. Sie sorgen auch ganz extrem für einen effektiven Wissensaustausch von Mikrowissen und auch dafür, dass sehr viel mehr davon dokumentiert wird. Das ist allein schon deshalb wichtig, weil es in dieser Form die Grundlage der sich abzeichnenden nächsten Woge der IT sein wird, nämlich dem Cognitive Computing. Und anders als in der Vergangenheit gibt auch es nicht mehr den Chef, der in einem Rundum-mach-glücklich-Modus das gesamte Wissen seiner Abteilung hatte. Und wenn nicht alles, so hatte er es zumindest bezogen auf die wichtigsten Prozess-schritte – oder konnte es jeweils kurzfristig besorgen. Und wie eine Glucke über den Eiern informierte er seine Mitarbeiter fortlaufend per E-Mail über seiner Meinung nach wichtige Neuigkeiten. Aus beliefert werden (und oft mit zu vielen oder auch den falschen Inhalten) wird in einem Social Business heute ein „abholen müssen" (von „Push" zu „Pull") und damit ein Vorgang, der sehr viel mehr Eigeninitiative erfordert – und dazu neue Skills.

> Das Grundprinzip sozialer Medien erinnert an Eichhörnchen. Die sind bis weit in den Herbst hinein damit beschäftigt sich Wintervorräte anzulegen. Es ist aber kei-nesfalls so, dass sie einen genauen Plan haben, wo sie etwas ablegt haben, um im Winter systematisch ein Versteck nach dem anderen räumen zu können. Eichhörn-chen machen das anders. Sie können sich die genauen Positionen nicht merken, aber sie benutzen Muster, nach denen sie die Stellen aussuchen. Im Winter müssen sie dann nur nach solchen Mustern suchen und finden dort mit hoher Wahrschein-lichkeit ein Versteck – vielleicht von einem anderen Eichhörnchen angelegt. Somit haben sie auch in einem harten Winter nie das Problem, dass die eigenen Vorräte aufgebraucht sind.

Genau so funktioniert effektives Arbeiten im Social Business: Man braucht seine Muster, um in den komplexen Datenmengen schnell das zu finden, was man zur Erledigung des nächsten Arbeitsschritts benötigt. Die hat man dadurch aufgebaut, dass man sich über die Zeit selbst aktiv beteiligt hat. Was man dann im Bedarfsfall sucht und findet, kann dabei durchaus von anderen und nicht von einem selbst abgelegt sein. „Give & take" heißt das Prinzip. Was man benötigt – und was ein neuer Skill ist – ist den richtigen Blick für die richtigen Muster zu haben, aber auch Muster für optimiertes Zeit- und Aufmerksamkeits-management.

Dazu gehört unter anderem:

- Die Social Media Tools im Sinne von best Practices zu benutzen.
- Selbst ausgewählten Themen, Tags, Dokumenten, Communitys und Personen zu „fol-gen", damit man entsprechende Änderungen automatisch mitgeteilt bekommt und in seinem Fachthema immer à jour bleibt.

- Empfehlungen auszuwerten, neuen, bisher unbekannten Personen, Themen, usw. zu folgen – um nicht im eigenen Saft zu schmoren.
- Den Microblogs von für einen selbst wichtigen Personen zu folgen. Dortige Links auf weitergehende Inhalte aktiv berücksichtigen. Hashtags (#) nutzen.
- Regelmäßige Besprechungen infrage zu stellen oder zumindest zu kürzen. Prüfen, ob sie als Präsenzbesprechung sein müssen oder ob alternativ Web-/Telefon-Konferenzen nicht ausreichen.
- Auszeiten für bestimmte Medien definieren: Ansätze sind u. a. zu bestimmten Zeiten das (Mobil-)Telefon ausschalten, Chat abstellen, E-Mail und Activity Stream nur zweimal am Tag bearbeiten.
- Darauf bestehen, dass Communitys, in denen man sich aktiv beteiligen soll (also nicht nur mitlesen), gemanagt werden, also zumindest einen „Kümmerer" haben. Gleiches gilt für Wikis und selbst für klassische Teamräume.

5.7 „Wer auf der Sonnenseite bleiben will, muss mit der Sonne wandern."

Ein nicht selten viel zu vernachlässigter Aspekt beim Managen der persönlichen Arbeit ist die fortlaufende Weiterentwicklung der persönlichen Fähigkeiten – der beruflichen Fitness, was der Volksmund viel blumiger damit formuliert, dass man mit der Sonne wandern solle. Das sollte ein wahres „Muss" sein, um die eigene Beschäftigungsfähigkeit zu erhalten. Dabei ist von „Karriere", die typisch spätestens mit 40 Lebensjahren – vielleicht bis auf eine Stufe – ihren Zenit erreicht hat, noch nicht einmal die Rede. Hier geht es um die Erhaltung der „Employability", wie man es in den USA nennt. Das ist mehr als „lebenslanges Lernen", das heute auch oft kaum mehr als eine Floskel ist, die sich auf offizielle Schulungsprogramme reduziert. Beim Thema Employability geht es individuell für jeden Mitarbeiter um die permanente, persönliche Weiterentwicklung. Denn wie man sich um seine körperliche Fitness bemüht, so sollte man auch auf seine berufliche achten. Der Wert der Beschäftigungsfähigkeit ist kein Einmalfaktor zum Zeitpunkt der ursprünglichen Einstellung, sondern eine Variable über die Zeit. So sollte man jederzeit beantworten können, wie man sich weiterentwickelt, um auch in Zukunft attraktiv für den Arbeitgeber zu bleiben.

Es wäre aber falsch die Beschäftigungsfähigkeit allein der Verantwortung des Individuums zuzuweisen. Vielmehr ist es auch eine Kulturfrage, sowohl auf Unternehmensebene, aber auch gesellschaftlich, denn die Gestaltung der Rahmenbedingungen beginnt in den Schulen und bezieht auch Politik und Unternehmen ein. Laut Heinz Fischer, der Diskussionsergebnisse des Personaler-Netzwerks „Wege zur Selbst GmbH" zusammenfasst, sind bei der ganzheitlichen Betrachtung des Themas Beschäftigungsfähigkeit folgende Handlungsfelder einzubeziehen (Fischer 2006):

- Für das Individuum sind es die Standortbestimmung, die berufliche Zieldefinition, die regelmäßige Selbstreflektion und das Networking.
- Für die Unternehmen sind es die Personalentwicklungsmaßnahmen, Lern- und Weiterbildungsangebote, die Unternehmenskultur, Führungsleitlinien, Bezahlungsmodelle, die Organisation der Arbeit, die Gesundheitsförderung und die Professionalisierung des Personalmanagements.
- Aus gesellschaftlicher Sicht sind es das Bildungssystem, die Rahmenbedingungen der Altersvorsorgesysteme, die Gestaltungsnormen für Arbeitsverträge, Tarifbeträge und die Mitbestimmung.

Für den Mitarbeiter heißt es umso mehr auf der Hut zu bleiben und sich schon in jungen Jahren konkret um die fortlaufende Employability zu kümmern und dabei das ganze Arbeitsleben über nicht nachzulassen – manchmal auch gegen widrige Rahmenbedingungen. Durch die verbesserten Vernetzungsmöglichkeiten könnte es in einem Social Business aber durchaus auch einfacher sein als in der Vergangenheit.

Auch Unternehmen müssen mit der Sonne wandern, auch für sie gibt es eine Art Employability, nämlich die sich ändernde Attraktivität am Markt, die es fortlaufend zu erhalten gibt. Genau dafür müssen sich Firmen permanent anpassen, manchmal sogar neu erfinden – und ihre Mitarbeiter mit ihnen. Zudem sind im Moment keine einfachen Zeiten: Auf den Unternehmen lastet ein besonderer Druck, die Geschäftsmodelle und Prozesse in Richtung Digital Enterprise zu überdenken bevor Quereinsteiger, die die fortschreitende Globalisierung und die neuen CAMSS-Technologien schlauer nutzen, zur ernsthaften Gefahr werden.

Das bestätigte auch eine weltweite Studie der IBM unter 700 Personalvorständen (IBM 2010) – davon 60 aus Deutschland. Aus der Umfrage wurde deutlich, dass die bis dahin dominierende Zielsetzung von sinkenden Arbeitskosten in der Diskussion immer mehr in den Hintergrund rutschte. Stattdessen geht es den Unternehmen heute immer mehr darum, Marktchancen früh zu erkennen, um sie mithilfe einer flexiblen und gut ausgebildeten Mitarbeiterschaft für sich nutzen zu können. Nach Meinung der Personalvorstände ist der wesentliche Erfolgsfaktor dafür kreative Führungskräfte zu erkennen und entsprechend weiter zu entwickeln. Dazu sahen sich aber nur 30 % der Unternehmen in der Lage.

Ein zusätzlicher Aspekt sind effektivere Formen der Zusammenarbeit unter Einbeziehung neuer technischer Möglichkeiten als Social Business. Hier sahen 80 % noch Nachholbedarf. Das steht im Widerspruch zur Erkenntnis der Studie, dass die finanziell erfolgreichsten Unternehmen Collaboration- und Social-Networking-Tools bis zu 57 % häufiger nutzen als ihre weniger erfolgreichen Mitbewerber.

Es sind also zwei Dinge: Kreativität als Führungsfähigkeit und das Anwenden neuer Formen und Mittel der Kommunikation und Zusammenarbeit. Problem erkannt, aber bisher nur zum kleinen Teil darauf reagiert. Warum? Das Einführen neuer Wertesysteme im Managementsystem hat lange Latenzzeiten und birgt auch Risiken, die es zu umschiffen gilt. Deshalb erfordert es ein Maß an Geduld. Anders liegt es bei Prozessveränderungen und neuen Formen der Zusammenarbeit. Hier ist der wesentliche Entschleunigungsfaktor die Trägheit der Menschen, konkret der Mitarbeiterschaft, der man aber entgegenwirken kann. Viele Menschen erachten es als einfach, Dinge so zu erledigen, wie sie es schon immer gemacht haben, und verschließen die Augen davor, dass es eventuell neue Möglichkeiten gibt, sie schneller und besser umzusetzen. Das kann sich für ein Unternehmen zu einem ernsthaften Problem abnehmender Wettbewerbsfähigkeit aufschaukeln.

Nicole Simon hatte in einem bemerkenswerten Vortrag (Simon 2010) mit Bezug auf überwiegend junge Mitarbeiter, die Web-2.0-Möglichkeiten sehr intensiv nutzen, die Frage aufgeworfen, ob wir uns als Individuum eigentlich jederzeit bewusst sind, wofür uns unsere Arbeitgeber bezahlen? Das ist in Verbindung mit Personen, die in ihrem bisherigen, oftmals kurzen Werdegang neue Modelle der Kommunikation und Zusammenarbeit kennengelernt haben und sie von zukünftigen Arbeitgebern nun auch fordern, eine wichtige Frage. Deren Anforderungen sind typisch folgende (Dürhager und Heuer 2009):

- Die Befreiung der Arbeit – womit projektartige Arbeitsstrukturen ohne feste Rahmenbedingungen à la Anwesenheitspflicht von 9 bis 18 Uhr gemeint sind.
- Netzwerke als die besseren Problemlöser – womit Social Networking als neue Lösungskompetenz angesprochen wird.
- Neue Transparenz, die zum partizipativ-demokratischen Kosmopolismus führt – was wiederum projektartige Aufgabenvergaben anspricht, bei der man sich selbst aussuchen kann, was man machen möchte. Das ist letztlich nichts anderes als so genanntes „Crowdsourcing" (einem Arbeitsvergabeprinzip auf Basis von Ausschreibungen, ähnlich wie es Architekten schon sehr lange gewohnt sind: Auf eine offene Anfrage bewerben sich Kandidaten, nur die besten werden ausgewählt und bekommen eine Entlohnung, alle anderen gehen leer aus. Der Begriff entstammt dem im Juni 2006 im Wired Magazin erschienen Artikel von Jeff Howe „The Rise of Crowdsourcing" (Howe 2006)), ohne dass das Für und Wider wirklich voll reflektiert ist.

Da steckt viel vom Lustprinzip drin, von Motivation durch Spaß bei der Arbeit und wenigen Zwängen, aber eben auch viel an Naivität aufgrund bisher mangelnder (Berufs-)Erfahrung. Das soll nicht bedeuten, dass sie aus der Sicht der Unternehmen nichts zu bieten hätten – ganz im Gegenteil, denn die Vorstellungen dieser jungen Digital Residents zeigen doch einen hohen Grad an Überlappung mit den neuen Wünschen der Personalchefs – und das bezieht sich nicht allein auf ihren Drang, aktiv mitzugestalten.

Nicole Simon versuchte in ihrem Vortrag, den jungen Digital Residents einen Spiegel vorzuhalten, der sie etwas mehr auf den Boden des Realismus ziehen soll: „Es gibt eben auch Tätigkeiten, die gemacht werden müssen, unabhängig davon, ob sie Spaß machen." Genauso betonte sie, dass „wer in einem Unternehmen mitreden und -bestimmen will, kann a) Karriere machen oder b) sich genug Aktien kaufen." Was sie noch mit weiteren Beispielen ansprach, ist letztlich das Thema der Beschäftigungsfähigkeit der Digital Residents, also die Frage, ob man seinem Unternehmen etwas bietet, das Wert für das Unternehmen erzeugt, sodass sich eine Beschäftigung für beide Seiten rechnet. Für junge Digital Residents mag es bedeuten, sich von allzu kühnen Träumen zu verabschieden, ohne jedoch den Drive zu verlieren, der neue Ideen und Innovationen in die Unternehmen bringt. Letztlich bedeutet es für die jungen Berufsanfänger, das Pendel der Vorstellungen etwas mehr zur Mitte zu bewegen – wie es schon immer auch war.

Einige haben es immerhin frei nach dem 2006 erschienenen Buch von Holm Friebe und Sascha Lobo „Sie nennen es Arbeit" geschafft sich als „Digitale Nomaden" den Traum von ortsunabhängiger Arbeit zu verwirklichen. So schreibt etwa Patrick Hundt als Reiseblogger auf seiner Website 101places und erreicht damit monatlich über 50.000 Leser, von denen einige die von ihm auf seiner Seite angebotenen Reiseführer-E-Books für ein paar Euro kaufen oder auch andere Artikel, von denen er dann Provisionen erhält. So kommt er auf ungefähr 4000 € Einnahmen im Monat. Wie alle Selbstständigen muss er aber noch selbst für Krankenversicherung und Rente vorsorgen. Zudem ist die Frage, wie lange ihm das Rumreisen noch Spaß macht (Wadewitz 2014).

Es gibt natürlich auch andere Beispiele für Digitale Nomaden, wie den Architekten Tim Chimoy, der Bauzeichnungen und 3D-Modelle entwickelt und seine Erfahrungen im „Handbuch für ortsunabhängiges Arbeiten" niedergelegt hat. Letztlich ist und wird es ein Randphänomen bleiben, da es sich nur bedingt auf andere Branchen übertragen lässt.

Dennoch wird das Grundprinzip auch auf gestandene Mitarbeiter Auswirkungen haben – wenn auch von der anderen Seite. Wie oft hört man den Satz: „Das haben wir schon immer so gemacht", ohne dass dann und wann infrage gestellt wird, ob es noch zeitgemäß ist, den Vorgang so zu erledigen. Sollte sich für den Fortschritt zu engagieren, nicht sogar Pflicht des Mitarbeiters sein? Das wäre real umgesetzte Employability. Denn auch bei lang gedienten Mitarbeitern muss es erlaubt sein die Frage zu stellen, wofür man vom Unternehmen bezahlt wird.

Literatur

Berlin, L. (2009). *Try, try again, or maybe not*. New York: New York Times.

Drucker, P. F. (1957). *Landmarks of tomorrow*. New York: Transaction Publishers (neue Ausgabe 1996).

Drucker, P. F. (1999). *Management im 21. Jahrhundert*. München: Econ.

Dürhager, R., & Heuer, T. (2009). Manifest der Digital Natives. In DNAdigital – wenn Anzugträger auf Kapuzenpullis treffen, Neckarhausen.

Fischer, H. (2006). Wenn nicht ich, wer dann? Employability ist unerlässlich in veränderten Arbeitswelten. In J. Rump, T. Sattelberger, & H., Fischer (Hrsg.), *Employability management: Grundlagen, Konzepte, Perspektiven*. Wiesbaden: Gabler-Verlag.

Forsa Studie. (2011). Das Ende der Sparsamkeit – Unternehmen machen mobil in Sachen Weiterbildung. http://www.ils-professional.de/. Zugegriffen: 28. Juli 2011.

Fried, J., & Heinemeier-Hansson, D. (2010). *Rework*. New York: Crown Publishing Group.

Gestmann, M. (7. Okt. 2000). Fürs Kundengeschäft braucht man Instinkt. *Stuttgarter Zeitung,* (*232*).

Goleman, D. (1999). *Emotionale Intelligenz – zum Führen unerlässlich. Harvard Business Manager,* (3).

Herzberg, F. (1959). *The motivation to work*. New York: Wiley.

Howe, J. (Juni 2006). The rise of crowdsourcing. Wired Magazin. http://www.wired.com/wired/archive/14.06/crowds.html.

IBM. (2010). Working beyond Borders – Insights from the global chief human resource officer study. http://public.dhe.ibm.com/common/ssi/ecm/en/gbe03353usen/GBE03353USEN.PDF. Zugegriffen: 21. Dez. 2010.

Lanier, J. (2010). *You are not a gadget. A manifesto*. New York: Knopf.

Schütt, P. (2003). The post-Nonaka Knowledge Management. *Journal of Universal Computer Science, 9*(6), (Graz).

Simon, N. (2010). Unternehmen sind anders oder warum „Wie im Netz" nicht funktioniert. http://www.slideshare.net/NicoleSimon/unternehmen-ticken-anders-oder-warum-wie-im-netz-nicht-funktioniert-3882621. Zugegriffen: 5. Aug. 2012.

Snowden, D. (2007). A leaders framework for decision making. *Harvard Business Review*, (11).

Wadewitz, F. (2014). Ich bin so frei. *Impulse*, (10), 29 ff.

„The social us" – Arbeiten als Team

Ein Freund, ein guter Freund, das ist das Beste, was es gibt auf der Welt.
Commedian Harmonists, 1930

Wenn es um das Optimieren der Arbeit im Team geht, stehen typisch zwei Fragen im Vordergrund: wie man sich sinnvoll organisiert und wie man am besten miteinander kommuniziert.

6.1 Die Rolle der Kommunikationsmöglichkeiten

Die klassisch-hierarchische Organisationsform einer Abteilung oder eines Projekts – ein Chef und manchmal bis zu 40 oder sogar mehr Mitarbeiter, die an ihn oder sie berichten – war über viele Jahrzehnte das Normale. Warum war es so erfolgreich und warum hat es sich so lange gehalten? Der Hauptgrund liegt im Wesentlichen in den Beschränkungen der damaligen Kommunikationsmöglichkeiten – es ging gar nicht anders. Vor der Einführung von E-Mail und insbesondere auch Instant Messaging/Chat waren Kommunikationsabläufe eher behäbig. Ein Hauspostbrief zur Nachbarabteilung auf demselben Campus konnte gut drei Tage benötigen. Deshalb wurde früher Information beim Chef gebündelt und von ihm auf seiner Ebene weitergereicht, bzw. auch von der Ebene darüber abgehandelt.

Der Chef war der Kommunikator. Er konnte alle fachlichen Themen seiner Abteilung auf einem inhaltlich durchaus tiefen Niveau überall vertreten, entsprechendes Feedback einsammeln und dann an die Abteilung zurückspielen – ein wahrer Kommunikationsflaschenhals. Der Vorteil lang ganz einfach darin, dass nur eine Person – der Chef – Reisekosten erzeugte, aber eben auch relativ gut für alle Fachthemen als zentraler Ansprechpartner diente. Das implizierte, dass der Chef natürlich Tiefenwissen zu allen Einzelheiten

© Springer-Verlag Berlin Heidelberg 2015
P. Schütt, *Der Weg zum Digitalen Unternehmen*, DOI 10.1007/978-3-662-44707-9_6

haben musste. Das wiederum limitierte das Potenzial an Nachfolgern: Nur wer sich in der Abteilung nahezu perfekt auskannte, konnte sinnvollerweise Chef werden. Eine Konsequenz daraus war, dass „Wissen ist Macht"-Verhalten („Ich gebe nichts weiter. Das macht mich unentbehrlich."), tendenziell zu einer Abschottung gegeneinander, statt zu optimierter Zusammenarbeit führte.

Nach der Einführung von E-Mail wäre eine intensivere, direkte Kommunikation auf Fachebene auch bereits möglich gewesen. Doch hatte die lange eingeübte, hierarchische Struktur eine bemerkenswerte Latenz. Erst ein weiteres Kommunikationsmedium, das dementsprechend lange verteufelt wurde, brach letztlich die Silomauern auf, die bis dato nur ein Chef überwinden durfte: Instant Messaging oder auch Chat genannt. Beim spontanen Chatten wusste man oft nicht, in welcher Hierarchieebene das Gegenüber einzuordnen war und man kommunizierte einfach drauflos – mit der Folge, dass die Silostrukturen plötzlich auch für die anderen bestehenden Medien, wie Telefon und E-Mail, durchlässiger wurden.

Bis dahin waren alle Medien – und das bezieht ausdrücklich auch Besprechungen mit ein – immer Medien der direkten Kommunikation gewesen und liefen auch weitgehend in Echtzeit. Das wurde erst mit den Sozialen Medien anders, weil damit erstmals auch Detailinformationen, wie sie sonst nur in Konversationen ausgetauscht wurden, asynchron abgelegt und für beliebige Zeit später zugänglich gemacht werden konnten. Zudem wurde aus dem „Push" ein „Pull" System: Der Nutzer hatte plötzlich zu bestimmen, wann er eine Information abrufen würde.

Diese nahezu auf den Kopf gestellten Kommunikationsmöglichkeiten ermöglichten neue Strukturen und veränderten die Rollen in der Zusammenarbeit. So kann heute die Rolle eines zentralen Kommunikators, also die bisherige Hauptaufgabe des Chefs, entfallen. Stattdessen können die Chefs jetzt tatsächlich Manager sein, aber dazu später unter dem Aspekt der Führung in einem Social Business mehr.

6.2   Neue Organisationsstrukturen der Zusammenarbeit

Der belgische Unternehmensberater Frederic Laloux hat sich jüngst – und viel beachtet – intensiv Gedanken über optimierte Formen von Organisation gemacht (Laloux 2014). Seinen Ansatz die Tiefe der jeweiligen Werterzeugung („Value Chain") als Schlüsselkriterium beim Übergang von hierarchischen Formen zu sich selbstorganisierenden Formen zu nehmen, möchte ich hier aufgreifen. Er unterscheidet etwa den Beruf einer Krankenpflegerin, die alles alleine erledigen kann, von der Mitarbeit in einem komplexen Forschungsprozess in der pharmazeutischen Industrie. Im ersten Fall ist die Tiefe sehr gering, während im zweiten Fall nicht nur von großer Tiefe, sondern auch zeitlicher Länge ausgegangen werden muss.

Seine Kernaussage ist, dass sich Arbeit in kleinen Gruppen von bis zu etwa 20 Personen ideal als sich selbststeuerndes Team organisieren lässt. Wird die Gruppe größer, gerät das an Grenzen. Jetzt kommt es darauf an, die Tiefe der Werterzeugung mit zu berücksichtigen. So ist das Team eines Flugzeugs relativ autark in der Werterzeugung, ähnlich den Betreibern einer Filiale eines Lebensmitteldiscounters, einer Abteilung in einem Krankenhaus oder, in der Fertigung, den Mitarbeitern an einem Abschnitt des Fließbands. Das sind alles Beispiele für eine überschaubare Tiefe, die sich Lalouxs Meinung nach idealerweise als Gruppen von parallelen Teams organisieren lassen.

Kommt zu der Tiefe auch noch eine zeitliche Länge hinzu, unterscheidet er in fortlaufende, stabile Prozesse und Abläufe in großen Unternehmen, die besonders tief in ihrer Werterzeugung verlaufen. Solche Strukturen kann man nicht in parallele Teams zerlegen. Im Fall stabiler Prozesse ist Laloux der Meinung, dass individuelle Vereinbarungen zwischen den jeweils betroffenen in einem Ablauf völlig hinreichend sind. Als Beispiele dienen ihm die Chemieindustrie oder auch lange Fertigungsstraßen in anderen Industrien, die er am liebsten nach dem Netzwerkprinzip organisieren möchte. Paart sich Tiefe mit Komplexität, wie in großen Banken und Versicherungen, Fluggesellschaften und ähnlichem, dann empfiehlt er die Vernetzung von Teams mit eindeutigem Aufgabenfokus.

Laloux glaubt ziemlich bedingungslos an die Selbststeuerungsmechanismen von Gruppen und geht davon aus, dass hierarchische Elemente nicht mehr nötig sind. Aus meiner Sicht sind die Ansätze bedenkenswert, ignorieren aber zu viele Erfahrungen aus den letzten 50 Jahren, wie das Cost-Center Modell der 1980er. Damals hat man Unternehmen in kleinere, autarke Einheiten zerlegt, die Gewinn und Verlust selbstständig managen mussten – was sehr an Lalouxs unabhängige Teams erinnert. Das Problem war damals, dass diese Cost-Center auch Verwaltungsstrukturen benötigten, die dann in größeren Firmen zu Hunderten parallel aufgebaut wurden. Dazu kam, dass wenn jedes Center für sich allein am Markt einkauft, keine attraktiven Mengenrabatte möglich sind. Der Einkauf wird damit viel zu teuer. Das Modell hat zum Beispiel das Unternehmen IBM wegen der damit verbundenen, enormen Überhangkosten 1994 einmal fast in die Pleite geführt.

Zudem glaubt Leloux bedingungslos an das Gute im Menschen. Konkurrenz als Antrieb sieht er nicht mehr, sondern eher das gemeinsame Streben nach der Umsetzung dessen, was Sinn macht, wobei auch das vom Team entschieden wird. Das klingt wieder nach den frühen Ideen eines real existierenden Sozialismus, der aber ja geschichtlich als gescheitert anzusehen ist. So etwas wie Karrierestreben Einzelner oder auch nur Animositäten zwischen Personen – Beispiel „Zickenkrieg" – blendet er komplett aus, was definitiv einer der Kardinalfehler seines Ansatzes ist, weil es damit bloße, beschränkte Theorie bleibt.

Was bleibt trotzdem von Leloux? Aus meiner Sicht und in meiner Interpretation sind es u. a.:

- Die grundsätzliche Kritik an rein hierarchischen Organisationsstrukturen.
- Der Aufruf, es mit mehr Selbstorganisation zu probieren, um mehr Flexibilität und Agilität zu erreichen, wo immer es Sinn machen könnte. Dafür sind Rahmenbedingungen zu schaffen, wobei ein verändertes Management nach Zielen (Aufgaben) und Werten (Grenzen) helfen könnte. In diesem Zusammenhang gilt es auch immer und überall starre, rein zentralistische Prozesse zu hinterfragen.

- Der Ruf danach, mehr Entscheidungskompetenz auf Teams (und Einzelpersonen) zu übertragen. Parallele Teams sollten sich dann aber auch einem Benchmarking stellen, um die Effizienz langfristig zu gewährleisten und auch sicherzustellen, dass sie sich nach einiger Zeit nicht verselbstständigen und unproduktive Nischen ohne realen Nutzen für das Ganze besetzen, wie einstmals der Heizer auf E-Loks, die ebenfalls keinen Sinn mehr machten.
- Die Idee sich mehr an Nutzen und Sinnhaftigkeit zu orientieren, etwa bei der Organisation und Durchführung von Besprechungen.
- Die Schlüsselidee Organisationseinheiten nach der Tiefe und Länge des Werterschaffungszyklus unterschiedlich zu organisieren.

Was Leloux leider auch weitgehend ignoriert ist die Organisation des Informationsflusses und wie sich Organisationen darüber optimieren können, also zum Beispiel auch im Team zu so etwas wie „best Practices" reifen zu können.

6.3   Social Business heißt auch effektiver zu kommunizieren

Es hat sich in den Möglichkeiten der Kommunikation in den letzten Jahren dramatisch viel getan. Das sollte man auch aus Unternehmensperspektive nicht verdrängen. Somit stellt sich die Frage, welches Potenzial u. a. in den neuen Medien mit besonderem Bezug auf die Optimierung der Zusammenarbeit in Teams und bei Projektarbeit liegen kann. Was ändert sich denn dabei eigentlich, wenn ein Unternehmen die Transformation zu einem Social Business umsetzt?

- Werden Besprechungen erträglicher, effektiver?
- Verändert sich das Arbeitsklima?
- Funktioniert der Wissensaustausch dann auch standortübergreifend?
- Welche Informationsmanagementwerkzeuge helfen dabei in welcher Weise?
- Welche neuen Organisationsformen werden möglich?

Nähern wir uns dem Thema zunächst über etwas, das bei Wissensarbeit oft den Gordischen Knoten löst: die Kaffee-Ecke.

6.3.1   Das Erfolgsprinzip der Kaffee-Ecke

Denkt man über Effizienzsteigerung in der Teamarbeit nach, so stellt sich zunächst die Frage, was unter kommunikativen Aspekten einen typisch wesentlich voranbringt. Dazu wird sehr oft und berechtigt die Kaffee-Ecke genannt. Was ist das Besondere an ihr? Hier kommt es zu Zufallstreffen und -Gesprächen, die auffällig oft ausreichen, den Wissensbedarf zumindest zu einem erheblichen Anteil zu befriedigen – und sei es manchmal nur der

Moment der Selbstreflektion in einem Gespräch. Ist die andere Person als Wissensquelle häufiger gut, dann kommt es vielleicht im nächsten Bedarfsfall sogar zu einer aktiven Kontaktierung, etwa per Instant Messaging, Telefon oder E-Mail. So entstehen sehr dynamisch kleine Netzwerke im Unternehmen, die aber bisher nur extrem selten auch eine aktive Unterstützung durch Informationstechnologie erfahren haben – im Facebook-Jargon würde man schon von „Freunden" sprechen.

Diese persönlichen Netzwerke gehorchen Marktmechanismen: Die Angebote des Gegenübers müssen stimmen. Genutzt werden sie sowieso nur bei Bedarf. Eine proaktive Nutzung zu Themen, die (noch) gar nicht relevant sind, ist eher selten und eine Art Lagerhaltung der besprochenen Informationen gibt es im Grunde auch nicht. Das unterscheidet die Wissensbeschaffung über Netzwerke wesentlich von Content Management Systemen, in denen Abertausende von Dokumenten schlummern und nur selten jemals wieder aufgerufen werden. Das Problem der realen Kaffee-Ecke ist ihre physische Lokalität in Verbindung mit dem Zufallsprinzip. Es stellt sich immer die Frage, ob man im richtigen Moment die richtige Person an diesem Ort trifft? Die Wahrscheinlichkeit dazu ist eher gering. Im Social Business kommt den Mechanismen der Kaffee-Ecke allerdings eine ganz hohe Bedeutung zu. Welche sind das?

- Die Aktualität der Information ist oft sehr hoch.
- Man hört auch Personen zu, die nicht zwingend auch für das Thema verantwortlich sind.
- Die Informationen, die man bekommt, sind von Meinungen durchsetzt.
- Je nach Bekanntschaftsgrad hat man ein bestimmtes Niveau an Vertrauen zu den Auskünften.
- Informationsbereitsteller sind eher extrovertierte Personen. Auf introvertierte Personen muss man häufig jenseits der Kaffee-Ecke selbst aktiv zugehen.
- Manchmal wird man einfach an andere Personen (Experten) verwiesen, was auch sehr hilfreich sein kann.

Aber das Wichtigste ist, dass man nicht unter Kontrolle steht, dass nicht irgendjemand (im Zweifelsfall sogar ein Algorithmus) kontrolliert, was man austauscht. Und dass man jederzeit selbst bestimmen kann, wann man genug hat – insbesondere auch der Informationsgeber. Letztlich ist es so, dass man selbst die volle Kontrolle über seine Kommunikation und Kollaboration besitzt. Das ist ein sehr bedeutendes Gut, insbesondere bezogen auf die Motivation, sich im Social Business Unternehmen zu engagieren.

Es muss also darum gehen viele virtuelle Kaffee-Ecken zu schaffen, angefangen bei der verbesserten Möglichkeit zur Selbstreflektion, bis hin zur vereinfachten Möglichkeit der fachlich orientierten Netzwerkbildung über bisherige Silogrenzen in der Organisation (Abteilung, Bereich, Gebäude, Standort, Land, usw.) hinweg.

6.3.2   Effizienz-steigernde Veränderungen in der Teamkommunikation

Grundsätzlich steht bei der Diskussion die weitere Vereinfachung der Zusammenarbeit und damit eine Effizienzsteigerung im Zentrum. Konkret ist das Ziel einer Kommunikation im Team eigentlich immer, herauszufinden, was für die jeweilige Fragestellung der beste Lösungsansatz ist. Dabei ist es nicht sehr effizient, den immer wieder neu zu erfinden. Stattdessen kann es sehr viel sinnvoller sein zu sehen, ob es vergleichbare Fragestellungen schon einmal gab und ob deren Lösungsansätze erneut passen würden. Übernimmt man einen schon einmal benutzten Ansatz und modifiziert und verbessert ihn gegebenenfalls, dann spricht man von einem Best Practices Prozess, in dem Lösungsansätze fortlaufend verbessert und für die Zukunft in irgendeiner Form wiederverwendbar dokumentiert werden.

Im Sinne von „Give & Take" (geben und nehmen) muss die Initiative in einem Social Business nicht mehr zwingend nur vom Suchenden ausgehen, sondern kann auch mit dem etwas Habenden starten, der zunächst etwas dokumentiert ohne zu wissen, wer es konkret brauchen wird. Idealerweise geschieht das automatisch als Teil seines Projekts oder Arbeitsablaufs und nicht als Extraaufwand, der sich speziell dann nicht lohnt, wenn das Wissen doch nicht wieder benötigt werden sollte. Hier ist also auf eine sinnvolle Balance zu achten.

Zusammenarbeit kann so auf mehreren Ebenen stattfinden. Es gibt:

1. Den einfachen Austausch von Dokumenten im Team, wobei das Team auch Externe (Partner, Händler, Kunden, usw.) einbeziehen kann.
2. Die „kleine" Zusammenarbeit im Arbeitsalltag – viele Dinge, typisch kleine Gruppen, relativ kurze Lebensdauer (ein paar Tage oder wenige Wochen).
3. Das Projekt – etwas Größeres mit festem Endtermin.
4. Die Abteilung als Bereich fortlaufender Zusammenarbeit.

6.3.3   Zusammenarbeit über Dokumente

Dokumente per E-Mail zu verteilen ist eines, sie gemeinsam aus einer zentralen Ablage heraus zu benutzen etwas anderes. Man spricht dann davon eine Datei zu teilen oder auf Englisch von File Sharing. Historisch gesehen waren die Gruppenlaufwerke im lokalen Netzwerk – also nicht von überall zugreifbar – die erste Generation der File-Sharing-Optionen. Dann kamen um das Jahr 2000 Teamräume hinzu und damit die zweite Generation. Die bekanntesten Lösungen hierzu sind Microsoft SharePoint und Lotus Quickr. In ihnen kann jeder Mitarbeiter – also nicht nur ein Administrator – einen Teamraum anlegen und dazu festlegen, wer Zugriff haben soll, der dann aus dem gesamten Netz möglich ist und nicht nur im LAN. Die so festgelegten Mitglieder können dann Dateien in den Teamraum laden und natürlich auch aus dem Teamraum herunterladen. Parallel gibt es die Möglichkeit im selben Teamraum weitere Services zu nutzen, etwa ein Diskussionsforum, um über die Dateien zu diskutieren. Um Dateien mit anderen auszutauschen, ist ihnen ebenfalls das Zugriffsrecht auf den Teamraum einzurichten. Alternativ kann die Datei heruntergeladen und als Anhang in einer E-Mail verschickt werden. Damit geht allerdings der Zusammenhang zu einem etwaigen Diskussionsforum verloren und die Wahrscheinlichkeit ist nicht ganz klein, dass die Empfänger neue Räume anlegen und die Datei damit physisch nochmals speichern.

In den letzten zwei Jahren haben neue Architekturen zum File Sharing den Markt betreten und damit die dritte Generation eingeleitet. Das Besondere ist eine Art persönliche Wolke (Cloud), in die Dateien hochgeladen werden und von wo aus nur noch Zugriffsrechte verteilt werden müssen. Der Vorteil liegt darin, dass die Datei physisch nur einmal gespeichert wird, während sie logisch (in diesem Zusammenhang dann also virtuell) an vielen Stellen abgelegt oder eingebunden sein kann. Das Neue und Besondere ist dabei, dass die Information immer mit ihrer gesamten Metainformation, also der Information über die Information, abgelegt ist. Metainformationen sind in diesem Zusammenhang zum Beispiel:

- Technische Information über die Datei, etwa Erstellungsdatum, letztes Veränderungsdatum, Größe, usw.
- Kommentare von Nutzern zu der Datei – was ein losgelöstes Diskussionsforum ersetzt und immer im Kontext der Datei verbleibt und damit viel eher wahrgenommen wird.
- Informationen, wer welche Zugriffsrechte auf die Datei hat. Somit kann jeder berechtigte Nutzer nicht nur nachverfolgen, wer die Datei bekommen hat, sondern auch Hinweise bekommen, wen man bei Fragen zu Inhalten eventuell ansprechen könnte.
- Version und welche Änderungen gegenüber Vorversionen bestehen. Bei Aktualisierungen werden typisch alle diejenigen, mit denen die Datei geteilt wurde, automatisch informiert – entweder per E-Mail oder als Notiz in den Activity Stream. Handelt es sich um öffentliche Dateien ohne explizite Zugriffsrechte, so kann man der Datei „folgen" und wird dann bei Änderungen ebenfalls automatisch informiert.
- Das Besondere in dieser dritten Generation ist, dass alle Änderungen im Dokument oder in seinen Metainformationen, also z. B. in den Kommentaren, physisch immer zentral an einer Stelle passieren und damit von allen Nutzern erkennbar sind.

Ein Beispiel für eine solche Lösung im Internet ist Dropbox.com, entsprechend im sicheren Intranet z. B. IBM Connections Files Abb. 6.1 oder Mircosofts OneDrive.

6.3.4 Partizipative Zusammenarbeit in Communitys

Im Arbeitsalltag arbeitet man in wechselnden Konstellationen zusammen, also neudeutsch in wechselnden „Communitys", mit denen man unterschiedliche Inhalte austauschen möchte. Da es bei der Nutzung von Social Software oft mehrere und teilweise leicht überlappende Möglichkeiten gibt, hier einige Anregungen:

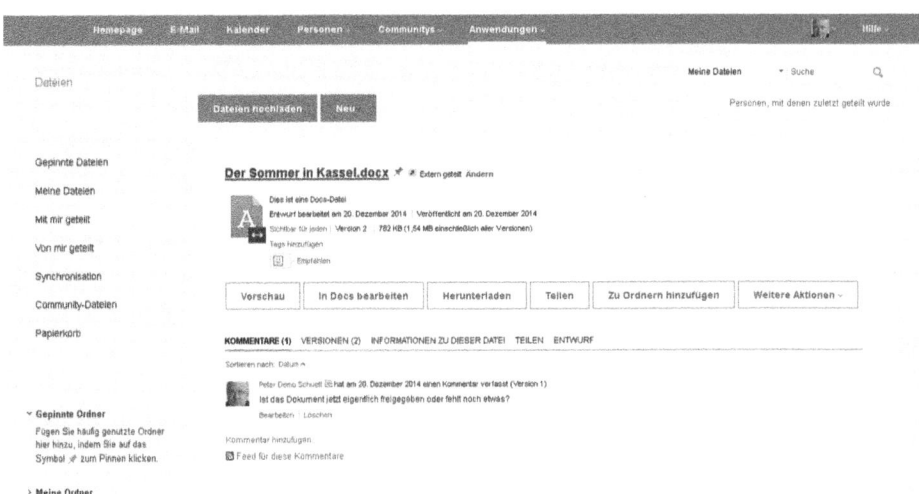

Abb. 6.1 Persönliches Dokumentenmanagement der aktuellen Generation. (Beispiel IBM Connections)

Zunächst sollte man sich über den Kontext im Klaren sein: Ist es eher ein personenbezogener Eintrag („von mir") ohne Team- oder Projektbezug? Dann kämen Orte wie mein Blog, mein Wiki, meine Dateien, usw. infrage. Hat es mehr Teamcharakter, gibt es weitere Optionen:

- Handelt es sich um eine kurzfristige Zusammenarbeit ohne übergreifenden Kontext (wie z. B. eine dauerhafte Kundenbetreuung) und benötigt man nur die Möglichkeit Texte und Dokumente auszutauschen (so ähnlich wie in E-Mail), dann sollte man eine sogenannte Aktivität wählen. Diese IBM-Innovation entspricht dem Prinzip eines Papierordners, nur eben elektronisch. Es wird alles zu einem Vorgang abgelegt und schön nach Sektionen sortiert. Aufgaben werden entsprechend mit zugewiesen und auch hier verwaltet. Kommen später neue Projektmitglieder hinzu, muss man nicht alte E-Mails und Files in verschiedenen Ablagen zusammensuchen, sondern erteilt einfach das Zugriffsrecht auf die Aktivität.

Aktivitäten haben den Vorteil, dass man ihnen eine Überschrift geben kann (der Kontext) und mit den Sektionen in sich nochmals eine Ordnungsstruktur hat, die man wieder beschriften kann. Auch dazu gehört ein bisschen „best Practices". Legt man die Sektionen nach Themen an oder eher zeitlich? Schwierig wird es nämlich wieder, wenn man etwas komplexere, wiederkehrende Dinge darin ablegen möchte.

Ein Beispiel: Vorbereitung mehrerer Geschäftsführer-Präsentationen innerhalb eines Jahres. Für die erste hatte das Team ca. zehn Sektionen angelegt. Als dann die zweite kam, war die Frage, ob man alles wieder über die bestehenden Sektionen verteilt? Das hätte aber dazu geführt, dass man nur schwer hätte erkennen können, zu welchem Präsentationstermin nun was gehört? Man hat sich dann entschlossen erst einmal alle Arbeitsdokumente (z. B. Entwürfe) für den ersten Termin zu löschen und insgesamt aufzuräumen. Aus den zehn Sektionen wurden drei und die wurden bereits in der Sektionsüberschrift mit einem Monatsstempel versehen, sodass auf den ersten Blick klar ersichtlich war, dass sie zusammen zum ersten Termin gehörten.

- Handelt es sich um etwas Übergeordnetes, wie eine langfristige Kundenbetreuung aus einem Team heraus, in der verschiedene Aktivitäten ablaufen und auch andere Services benötigt werden, wie der Nachrichtenblog und das Wiki zum Anreichern von Best Practices, wird man zu einer Community greifen, die es erlaubt flexibel Services einzubinden und den Zugriff bei Bedarf zu beschränken. Aber auch Communitys haben ihre Tücke, nämlich wenn mehrere Dinge aus verschiedenen Services zu einem Kontext zusammengehören und man – über die Zeit – verschiedene Kontexte in einer Community sammelt. Dazu gibt es drei Möglichkeiten:
  1. Tags sehr eindeutig benutzen und alles aus einem Kontext eindeutig taggen.
  2. Oder einen Kontext in einer Aktivität innerhalb der Community bündeln.
  3. Oder pro Kontext eine (technisch gesehen) Unter-Community einrichten.

In dieser Reihenfolge liegt eine gewisse Abstufung: 1) ist sinnvoll, wenn der Kontext eher locker ist und nur wenige Einträge jeweils zusammengehören, 2) ist geeigneter, wenn man für den Kontext nicht zwingend bestimmte Community Extra-Services benötigt, wie z. B. eine Media-Library für Bilder und Videos oder einen Ideation Blog, um explizit Ideen in der Community einzusammeln und 3) sollte man nur genau dann nehmen, wenn Letzteres gegeben ist.

Man könnte jetzt fragen, warum nicht lauter Unter-Communitys? Die Antwort ist simpel: Wie in vielen hierarchischen Strukturen leidet da die Übersichtlichkeit doch schnell. Und zu oft hat man es dann mit Ästen zu tun, in denen nur 1–2 Dokumente/Texte liegen. Flache Ablagehierarchien haben eben auch ihre Vorteile.

6.3.5   Der Alltag in mehreren Communitys

De facto gibt es in Unternehmen und Organisationen die verschiedensten Formen von Communitys, wobei einzelne Mitarbeiter auf verschiedenen Ebenen dann in diversen Communitys mitwirken:

- Abteilungen oder Bereiche
- Arbeitsgruppen (interne oder firmenübergreifende)

- Interessengruppen (Beispiel: die iPhone-Nutzer)
- Gruppen von Personen mit ähnlichen Aufgaben, eventuell eine Abteilung
- Projektteams (rein intern oder übergreifend)
- Der Betriebsrat
- Der Vorstand
- Kunden-Communitys
- usw.

Sie haben alle ihre Spezifika und besonderen Anforderungen, doch eines verbindet sie: Eine neue Offenheit, wie sie erstmals partizipative Zusammenarbeit im Social Business bietet, sorgt dafür, dass man weniger Räder doppelt erfindet, weniger Zeit für Suche nach Informationen verschwendet und stattdessen viel integrativer und effizienter arbeitet – und das über Bereichs- und Hierarchiestufen hinweg.

Eine auch soziologisch besonders interessante Community-Konstellation bieten Communitys zur Unterstützung von Smartphones oder Tablet-PCs, also etwa die „iPhone-Community". In vielen Unternehmen werden diese Geräte quasi durch die Hintertür eingeführt, indem Mitarbeiter sie einfach mitbringen, oder auch im Rahmen von Bring-Your-Own-Device (BYOD) Strategien, bei denen es offiziell erlaubt ist, aber nur selten von den IT-Strukturen (z. B. Help Desk) unterstützt werden. Die Inbetriebnahme im Unternehmenskontext stellt insbesondere für Neubesitzer dann immer eine kleine Herausforderung dar.

Im Zweifelsfall hat der junge, findige, gerade neu eingestellte Mitarbeiter hierzu sogar mehr Wissen als das Vorstandsmitglied. Was beide dann in der Community zusammenbringt ist das Problem, dabei sind sie eigentlich über viele Hierarchieebenen getrennt, lernen aber plötzlich voneinander und lernen sich auch persönlich kennen.

Zu den Erfahrungen gehört aber auf jeden Fall eines: Eine funktionierende Community hat einen Community-Manager. Ist es eine externe, also Kunden-orientierte Community, ist eine Hauptaufgabe das Managen der Netikette, aber aus Sicht der Anbieter auch das – am Besten proaktive – Managen von potenziellen Shitstorms. Ist es eine interne Community, dann geht es primär darum die Gruppe zusammenzuhalten, zu motivieren, vielleicht sogar zu begeistern und letztlich auch die technische Community-Infrastruktur etwas zu strukturieren und zu pflegen. Denn genauso wie ein Wiki kann auch eine Aktivität oder auch eine ganze Community „vermüllen". Grundsätzlich können sich auch mehrere Community-Manager die Aufgabe teilen.

Es ist schon auch bei ganz kleinen Abteilungs- oder Projekt-Communitys wichtig, dass es einen „Kümmerer" gibt. Wenn der Inhalt weniger projektorientiert ist, sondern eher klassischen Intranet-Inhalten entspricht, nimmt die Wichtigkeit der Community-Management-Aufgabe zu. Deshalb sehen große Unternehmen, wie die Robert Bosch AG oder die Continental AG, die schon mehrere Jahre Praxiserfahrung mit intern genutzten Social Media Tools haben, hier sogar eine neue Job-Rolle, in die sie investieren.

Tanja Knorr-Sobiech verantwortet bei der Robert Bosch AG als zertifizierte Senior Community-Managerin nun als erste Chief Community Managerin das Thema im gesamten IT-Bereich, in dem es etwa 150 Community Manager gibt. Sie sieht die Aufgabe folgendermaßen: „Der Community Manager ist dafür verantwortlich, die Community aufzubauen, das Design zu gestalten, Prozesse abzubilden, mit Stakeholdern abzustimmen. Er macht einen Ramp-Up Plan, der z. B. auch beinhaltet, wie die Mitglieder hinzugefügt werden sollen. Er macht das Marketingkonzept und die Marketingumsetzung für die Community. Auch werden im Vorfeld Überlegungen zu den Key Performance Indikatoren getätigt. Wann ist meine Community denn dann erfolgreich, etc.? Wenn sie aktiv ist, versteht sich der Community Manager auch als Redakteur und leitet den Editorialplan." Als Richtwert sieht sie den Aufwand bei etwa 10 % der Arbeitszeit für jeweils 100 Teilnehmer in einer Community – also bei 1000 Teilnehmer eine Vollzeitkraft (Lesiewicz 2015).

Noch ist Community-Manager allerdings kein Ausbildungsberuf. Damit aber zumindest ein Erfahrungsaustausch möglich ist, haben sich aktive Community-Manager bereits 2008 zum „Bundesverband Community Management e. V. für digitale Kommunikation & Social Media" (BVCM) zusammengeschlossen.

6.4 Negative Auswüchse von Netzwerken vermeiden

Zwei weitere Aspekte sollten die Verantwortlichen zum Thema Organisationsentwicklung in der Personalabteilung interessieren: Wie werden sich die angestrebten Community-Strukturen über die Zeit entwickeln? Bleiben sie wirklich (vom „Kümmerer" einmal abgesehen) hierarchiefrei? Auch im berühmtesten Beispiel der Open-Source-Softwareentwicklung haben sich Strukturen ausgebildet: Ist es nicht Linus Torvalds, der letztlich bestimmt, was im nächsten Linux Kernel enthalten sein wird? Ist das als Ordnungselement nicht auch gut? Ist also die Mischform der moderierten Community das Ideal?

Und was passiert mit der Konkurrenz untereinander? Die große Politik ist die professionellste Schaubühne, um solche Mechanismen verstehen zu lernen. Die dortige Ellenbogenkultur war in hierarchischen Strukturen normal, ist aber auch in Community- und allgemeinen Netzwerkstrukturen nicht viel anders. Nicht selten werden intelligentere Mitglieder herausgedrängt, um keine Gefahr für die eigene Machtposition entstehen zu lassen. Dazu kommt, dass auch Netzwerke eine Eigendynamik entwickeln können, durch die sich Mitglieder mehr um ihre Position im Netzwerk kümmern, als um die Ziele des Unternehmens. So etwas kann durchaus größere, unproduktive Ausmaße annehmen, zumal es Mechanismen gibt, die solche Fehlentwicklungen fördern. Ein Szenario dafür ist, wenn die Organisationshierarchie Macht an eine Community abtritt und etwa positive Peer Reviews aus dem Netzwerk für Beförderungen zur Bedingung macht.

Daneben gibt es die informellen Netzwerke im Hintergrund, die wie Vampire das Licht scheuen, die sich auch in der Zukunft davor hüten werden, Informationen offen sichtbar zu machen. Sie wird es unbeschadet jeglicher Veränderungen auch in Zukunft geben und sie werden weiterhin eine zentrale Rolle bei wichtigen Sach- und Personalentscheidungen in allen Organisationen spielen. Das zeigt aber auch die Grenzen einer Web-2.0/Social Business-Kultur im Punkt Transparenz auf – bei der sie in keiner Weise mitmachen – und lässt sie so manchmal als Scheinkultur erscheinen.

Literatur

Laloux, F. (2014). *Reinventing organizations- A guide to creating Organizations inspired by the next stage of human consciousness*. Brüssel: Nelson Parker.
Lesiewicz, R. (2015). Community Manager – ein Interview mit Tanja Knorr-Sobiech von der Robert Bosch GmbH. http://socialmediaballoon.de/community-manager-ein-interview-mit-tanja-knorr-sobiech-von-der-robert-bosch-gmbh/6589.

„Social Processes" – Prozesse neu gestalten

7

> *Wir müssen alle Rituale und Gewohnheiten hinterfragen. Und zwar andauernd – nicht nur im Fußball.*
> Jürgen Klinsmann (Trainer der deutschen Fußballnationalmannschaft zur WM 2006. Mit ihm hatte die deutsche Mannschaft mit Platz 3 ein wesentlich besseres Ergebnis erzielt als gemeinhin im Vorfeld angenommen wurde. Klinsmann ist heute Trainer der US Nationalmannschaft).

Bei Tätigkeiten mit wiederkehrendem Ablauf spricht man gern von Prozessen. Wenn sie häufiger zur Anwendung kommen, macht es Sinn sich Gedanken über eine Optimierung des Ablaufs zu machen. Das ist eine Idee von Frederick Winslow Taylor und einigen seiner Zeitgenossen Ende des 19. Jahrhunderts gewesen. Peter Drucker nahm diese Ideen auf und erweiterte das Modell in Richtung Wissensarbeiter, deren Zahl nach dem Zweiten Weltkrieg deutlich zunahm. Aktuell verändern Unternehmen und Organisationen ihre Organisationsstrukturen und nutzen vermehrt partizipative Ansätze, die den Mitarbeitern mehr kreative Einbringungsmöglichkeiten eröffnen und weiterhin dafür sorgen sollen, dass die Produktivität weiter steigt und neue, innovative Ideen neue Geschäftschancen eröffnen. Auch das Steuern von Ideen ist letztlich wieder ein Prozess, in den man sogar Kunden direkt mit einbinden kann.

Das sind die Themen in diesem Abschnitt, wobei zunächst einmal auf die Renaissance der Gedanken von Frederick Taylor im Sinne einer Optimierung von Arbeit eingegangen wird, weil nur darüber verständlich werden kann, was sich jetzt ändert – und das insbesondere für Wissensarbeit, eigentlich ja die Domaine Peter Druckers.

© Springer-Verlag Berlin Heidelberg 2015
P. Schütt, *Der Weg zum Digitalen Unternehmen*, DOI 10.1007/978-3-662-44707-9_7

7.1   Bisherige Versuche der Optimierung

Arbeit hatte sich über viele Jahrhunderte wenig verändert. Man optimierte allenfalls Werkzeuge und erfand neue. Aber wiederkehrende Arbeit als einen Prozess zu verstehen, darauf Wissen anzuwenden und ihn zu optimieren, war eine der großen Neuerungen im ausgehenden 19. Jahrhundert. Im Jahr 1881 hatte Frederick Winslow Taylor angefangen ein Modell zur wissenschaftlichen Betriebsführung („Scientific Management") zu entwickeln, auch als Taylorismus oder Rationalisierung bekannt. Nicht alles war von Taylor und seinen Kollegen in der American Society of Mechanical Engineers selbst erfunden: Zeitstudien wurden schon 1760 von Jean Radolphe Perronet bei der Herstellung von Nägeln und 1792 von Thomas Mason in einer Porzellanfabrik durchgeführt. Und Robert Owen gilt als der Erste, der um 1800 den Faktor der Ermüdung bei der Arbeit in seinen Studien an den New Lanark Mills erkannte. Parallel zu Taylor hatte in Frankreich das Ehepaar Gilbreth und Henri Fayol (Fayol 1916) an neuen Managementmodellen gearbeitet.

Sein komplettes Modell veröffentlichte Taylor, von Unternehmern und Gewerkschaftern gleichermaßen angefeindet, 1911 (Taylor 1911), nur wenige Jahre bevor er 1915, einen Tag nach seinem 59. Geburtstag, an einer Grippe verstarb. Den großen Durchbruch seines Modells mit der Einführung des Fließbands durch Henry Ford im gleichen Jahr hat er nicht mehr erlebt. Selbst über 100 Jahre später bestimmt der Kern seiner Theorie die meisten der Abläufe in der Industrie und ist in praktisch allen Managementmodellen präsent. Es ist nicht ganz falsch zu behaupten, dass sein Scientific Management Modell vielleicht die wichtigste Grundlage des Erfolgs der Industriegesellschaft geworden ist.

In Bezug auf Wissensarbeit galt Taylors Modell lange als nicht anwendbar, da man es hier nicht mit wiederkehrenden Prozessen zu tun hat. Stattdessen beherrschte Peter Druckers Wissensmanagementmodell, das im Wesentlichen auf die Selbstorganisation durch den Einzelnen setzte, die Diskussion. Auch wenn das weiterhin ein wichtiger Faktor bleibt, so erlebt Frederick Taylor mit der Einführung von Social Business-Ideen doch eine Renaissance. Man hat nämlich erkannt, dass die Optimierung der Selbstorganisation irgendwann an Grenzen kommt und dass man mehr tun muss und kann: Jüngste Entwicklungen in Verbindung mit neuen technischen Möglichkeiten zeigen, dass die Anwendung des Prinzips von Frederick Taylor – nämlich Arbeitsprozesse intelligent zu optimieren, diesmal angewandt auf die Vernetzungen der Mitarbeiter – Unternehmen auf ein ganz neues Niveau führen kann. Mit der Einführung von Social Business hat die Nach-Wissensmanagement-Ära nach Peter Drucker, der 2005 verstarb, bereits begonnen.

Taylor wurde 1856 in Germantown, einem heutigen Vorort von Philadelphia, als Sohn einer bürgerlichen Quäkerfamilie geboren. Man muss es heute einen glücklichen Zufall der Geschichte nennen, dass er trotz seines erfolgreichen Abschlusses am angesehenen Stevens Institute of Technology in New Jersey nicht etwa in Harvard studierte, sondern wegen Schwierigkeiten mit seinen Augen stattdessen eine Lehre als Maschinist absolvierte und danach in einer Zeit schwerer Rezession eine Stellung als Tagelöhner in einem Stahlunternehmen annahm. Dort machte er schnell Karriere: Binnen sechs Jahren stieg er vom einfachen Arbeiter zum Forschungsdirektor auf. Hintergrund war, dass er sich von

Beginn an sehr erfolgreich um die Erhöhung der Produktivität nach wissenschaftlichen Gesichtspunkten gekümmert hatte – ein damals neuer Gedanke. Dabei kam ihm durchaus seine Herkunft zu Hilfe, weil er so die klassische Denke der damaligen Arbeiter nicht allzu sehr verinnerlicht hatte.

Taylors Ansatz beruht auf einigen Annahmen, die teilweise dem heutigen Stand der gesellschaftlichen Entwicklung etwas anzupassen sind, wobei der Kern verblüffend ähnlich bleibt. Hier ein Versuch der Adaption für moderne Wissensarbeiter:

1. Der normale Wissensarbeiter ist normalerweise nicht in der Lage, sein Tätigkeitsumfeld soweit zu überschauen, dass er sich vollständig selbst optimieren kann.
2. Jeder Mensch hat unterschiedliche, natürliche Begabungen und Erfahrungen und sollte sich dementsprechend in der Organisation einbringen können und dürfen, ja müssen.
3. Best Practices lassen sich nicht unmittelbar aus Erfahrungen Einzelner ableiten, sondern nur aus der Summe von Erfahrungen mehrerer, die in den Netzwerken einer Organisation offen organisiert sind. Dabei sind es nicht einfach die Mittelwerte, sondern die gewichteten Erkenntnisse der „Leuchttürme" im jeweiligen Themenfeld. Die Abläufe sind danach zu promoten und zur allgemeinen Nachahmung dringend zu empfehlen.
4. Der Erfolg des Einzelnen muss für ihn persönlich sichtbar sein. Das Maß ist zu einem erheblichen Teil die Reputation in der Organisation, zu deren Steuerung Unternehmensprozesse beitragen müssen.
5. Eine in Aussicht stehende, signifikante Bonus- oder gar Mehrbezahlung, die bei Zielerreichung erfolgt, kann ein hoher Motivationsfaktor sein.
6. Veränderungen können nicht von heute auf morgen geschehen, sondern nur in kleinen Schritten und bedürfen der Überzeugung jedes Einzelnen, zum Beispiel durch Einzelgespräche. Ist die Veränderung bereits im Gange und arbeitet bereits mehr als ein Viertel der Mitarbeiter nach dem neuen System, bekommt die Veränderung eine Eigendynamik nach Art einer Lawine. (Anmerkung: Ändern in einem Vogelschwarm fünf Prozent der Vögel die Richtung, so folgt der gesamte Schwarm. Vielleicht reichen also auch weniger als ein Viertel?)

Der wichtigste Punkt ist der erste (im Original ohne die Einschränkung auf Wissensarbeiter), der Taylor nach zahlreichen Studien dazu bewog, eine tief greifende Arbeitsteilung einzuführen. Die Grundidee lag in einer Teilung der Arbeit in höherwertige Funktionen, die vom Management bzw. von Vorarbeitern zu erledigen wären, und der eigentlichen Arbeit, die von den Arbeitern gemacht werden müsste. Für die Arbeiter gelte dabei das Motto: „Ein gut bezahlter Arbeiter macht, was ihm gesagt wird und nichts anderes". Zwar erwähnte Taylor die Möglichkeit, Verbesserungsvorschläge einzureichen und dafür besonders belohnt zu werden, aber grundsätzlich sollten die Arbeiter ihren Job in vorgegeben standardisierter Weise ohne persönliche Modifikation ausführen.

Peter Drucker hatte dann festgestellt, dass die von Taylor propagierte Trennung von Optimierung und Durchführung von Arbeit, sowie die Zuweisung der Rollen an verschieden-fähige Personen, bei Wissensarbeit schlicht nicht möglich ist. Ein Wissensarbeiter muss selbst überlegen und entscheiden, wie er etwas tut – das kann einem bei Denkarbeit nun einmal niemand abnehmen, womit sich Wissensarbeit scheinbar dem Taylor-Prinzip entzieht.

Wissensmanagement war deshalb für Peter Drucker eine neue, ergänzende Managementdisziplin um Wissensarbeit zu optimieren. Das wurde damals bei einem stetig wachsenden Anteil von Wissensarbeitern in der Industriegesellschaft deshalb wichtig, weil man über Taylor zwar die Produktivität bei wiederkehrenden Tätigkeiten erfolgreich optimieren konnte – im Schnitt um 3,5 % pro Jahr und das über einhundert Jahre, in Summe um einen Faktor 50 – aber keinen entsprechenden Ansatz für Wissensarbeit hatte. Zum weiteren Ausbau des Wohlstands ist eine stetige Steigerung der Gesamtproduktivität aber grundsätzlich unabdingbar.

Drucker sah die Möglichkeiten zur Erhöhung der Produktivität der Wissensarbeiter weitgehend in der Verbesserung des Selbstmanagements und in der Förderung entsprechender Rahmenbedingungen durch die Unternehmen (Drucker 1999). Nach dem Irrweg des Ansatzes der Wissensdatenbanken in den 1990er Jahren hatte dieses 1999 von Drucker in seinem letzten Buch postulierte Modell – er starb 2005 – das Wissensmanagement die ersten zehn Jahre des neuen Millenniums beherrscht.

Doch nun gibt es neue Ansätze, die auch die Zusammenarbeit zwischen Wissensarbeitern als eine Art Prozess mit Optimierungsmöglichkeiten sehen. Als Beispiel sei hier zunächst einmal der Entwicklungsprozess von Software herausgegriffen, weil sich dieser parallel zur zunehmenden Bedeutung von Software in fast allen Wirtschaftsprozessen und Produkten in den letzten dreißig Jahren signifikant verändert hat.

7.2 Agilität – vom engen Wasserfall zur breiten Welle

In der Vergangenheit, zu Zeiten einer voll-hierarchischen Organisation, wurde Software in einem linear-hierarchischen Prozess entwickelt, der schön durch einen treppenartigen Wasserfall charakterisiert werden konnte: Einzelne Zuständigkeitsbereiche erledigten ihre Aufgaben in steter Folge sequenziell nacheinander – jeweils eine Stufe nach der anderen. Dabei kam es fast bei jeder Übergabe zu mehr oder weniger langen Wartezeiten. Da Ergebnisse erst am Ende des Wasserfalls vorlagen und erst dort getestet werden konnten, wurden Fehler auch erst sehr spät entdeckt. Deren Behebung war dann oft komplex und zeitaufwendig, da sie in allen abhängigen Modulen entlang des gesamten Wasserfalls zu erfolgen hatte. Wartezeiten und Fehlerbehebungsaufwand führten dazu, dass der Prozessqualitätsindex (reale Netto-Erstellungszeit geteilt durch die Gesamterstellungszeit) typisch bei sehr kleinen Werten lag – eine Umschreibung dessen, dass der Prozess nur wenig optimiert war. Ging es in einem Prozess zu langsam voran, wurden einfach mehr Ressourcen, also noch mehr Programmierer hinzugefügt, was aber die Systematik des Zeitverlierens kaum beeinflusst hat und das Ergebnis kaum verbesserte.

Eine entscheidende Prozessinnovation und starke Erhöhung des Qualitätsindex hat erst die Einführung agiler Entwicklungsmethoden gebracht, die zumindest teilweise auf in

Japan seit Mitte der 1980er Jahre durchgeführte Studien von Ikujiro Nonaka und Hirotaka Takeuchi (Nonaka und Takeuchi 1995) aufbauen (Wikipedia Contributors 2012). Die grundsätzliche Idee ist einfach und spiegelt in vielem wider, was wir heute unter Social Business verstehen: Man drehe das Modell quasi um 90 Grad und bilde entlang des gesamten, bisherigen Wasserfalls funktionsübergreifende Teams, die die nächste Phase im Entwicklungsprojekt immer zusammen erledigen. Das Team erledigt in selbstorganisierter Weise alles von der Planung bis zum Test, durchgängig ohne Wartezeiten. Dabei wird fast fortlaufend auch bereits getestet, sodass Fehler schon sehr früh auffallen und leicht behoben werden können.

Die beiden Japaner sahen darin eine Analogie zum Rugby. Dort folgt nach kleinen Regelverstößen oder einem Aus ein Neuaufsetzen mit einem sogenannten Scrum, einem klar definierten Gedränge, von dem aus das Spiel – und im übertragenen Sinne eine weitere Entwicklungsphase – neu beginnt. Das ist eines der Grundprinzipien agiler Entwicklungsmethoden: In selbstorganisierenden, funktionsübergreifenden Teams zusammenzuarbeiten und nach erledigten Phasen – sogenannten Sprints – immer wieder neu aufzusetzen. Statt eines engen, sequenziellen Wasserfalls entspricht das einer Parallelisierung in der Breite, durch aufeinanderfolgende (Angriffs-)Wellen, die jeweils den gesamten Prozessablauf in seiner Länge beinhalten.

Die Scrum Methode geht auf Ken Schwaber, Mike Beedle und Jeff Sutherland zurück, die in ihren komplexen Entwicklungsprojekten bemerkt hatten, dass sich solche Projekte nur sehr schwer „top-down" planen und koordinieren lassen und es dabei immer wieder zu langen Leerzeiten kommt. Deshalb designten sie ein anderes, agiles Vorgehen mit klaren Rollen und Events und nannten es Scrum (Wikipedia Contributors 2012):

- Der „Product Owner" hält den Kontakt zum Auftraggeber und fällt die wesentlichen Entscheidungen über Priorisierungen, Funktionalität und abgelieferte Qualität. Er legt die Ziele im sogenannten „Product Backlog" fest.
- Das Entwicklungsteam liefert die Funktionalitäten in der vom Product Owner gewünschten Reihenfolge. Das Team ist funktionsübergreifend besetzt, sodass alle anfallenden Aufgaben erledigt werden können. Ein Team besteht typisch aus 5–8 Personen und organisiert sich selbst.
- Der ScrumMaster koordiniert den Scrum, arbeitet also mit dem Entwicklungsteam, ist aber selbst kein Mitglied. Er ist Moderator und Change Manager und sollte entsprechende Erfahrung haben. Er dokumentiert Probleme im Impediment Backlog und sorgt für deren Abstellung.
- Der Auftraggeber ist derjenige, für den das Produkt entwickelt wird. Zu ihm wird über den Product Owner ein enger Kontakt gepflegt und er hat jeweils nach den Sprints Gelegenheit Änderungswünsche einzubringen.
- Der User muss nicht identisch mit dem Auftraggeber sein. Wichtig ist, dass er das Produkt aus der Sicht der späteren Nutzer beurteilen kann und entsprechend Feedback einbringt.

Die eigentliche Entwicklung ist in sich wiederholenden Phasen, den Sprints, organisiert, die einen gewissen Zeitraum (typische 30 Tage) umfassen. An dessen Ende
steht jeweils ein an sich lauffähiges Ergebnis. In jedem Sprint werden die Features
implementiert und getestet, die am Anfang eines jeden Sprints vom Product Owner
aus dem „Product Backlog" in den „Selected Backlog" übernommen werden. Dabei
werden sie entsprechend ihrer Wichtigkeit priorisiert. Zur Aufgabenverteilung innerhalb eines Sprints dient der „Sprint Backlog", der alle konkreten Aufgaben eines
Sprints definiert und quantifiziert. Zur Synchronisation aller Tätigkeiten wird jeden
Tag eine kurze, 15 min dauernde Besprechung, der „Daily Scrum", durchgeführt.

In großen Projekten können mehrere Scrums parallel laufen, die durch eine weitere Ebene, das Scrum of Scrums, gesteuert werden.

Neben Scrum gibt es weitere, ähnlich ablaufende, agile Entwicklungsmethoden. Um das
Feld übersichtlich zu halten, schlossen sich im Jahr 2001 einige namhafte Entwickler zusammen und veröffentlichten das *Manifest für agile Softwareentwicklung* (Beck et al.
2001). Darin haben sie vier grundsätzliche Werte und zwölf Prinzipien festgelegt.

Die Werte beschreiben, was eine höhere Bedeutung haben soll:

1. Individuen und Interaktionen mehr als Prozesse und Werkzeuge
2. Funktionierende Software mehr als umfassende Dokumentation
3. Zusammenarbeit mit dem Kunden mehr als Vertragsverhandlung
4. Reagieren auf Veränderung mehr als das Befolgen eines Plans

Diese Werte werden durch zwölf dazugehörige Prinzipien verfeinert (Beck et al. 2001):

1. Unsere höchste Priorität ist es, den Kunden durch frühe und kontinuierliche Ausliefe-
   rung wertvoller Software zufriedenzustellen.
2. Heiße Anforderungsänderungen sind selbst spät in der Entwicklung willkommen.
   Agile Prozesse nutzen Veränderungen zum Wettbewerbsvorteil des Kunden.
3. Liefere funktionierende Software regelmäßig innerhalb weniger Wochen oder Monate
   und bevorzuge dabei die kürzere Zeitspanne.
4. Fachexperten und Entwickler müssen während des Projektes täglich zusammenarbeiten.
5. Errichte Projekte rund um motivierte Individuen. Gib ihnen das Umfeld und die
   Unterstützung, die sie benötigen, und vertraue darauf, dass sie die Aufgabe erledigen.
6. Die effizienteste und effektivste Methode, Informationen an und innerhalb eines Ent-
   wicklungsteams zu übermitteln, ist im Gespräch von Angesicht zu Angesicht.
7. Funktionierende Software ist das wichtigste Fortschrittsmaß.
8. Agile Prozesse fördern nachhaltige Entwicklung. Die Auftraggeber, Entwickler und
   Benutzer sollten ein gleichmäßiges Tempo auf unbegrenzte Zeit halten können.
9. Ständiges Augenmerk auf technische Exzellenz und gutes Design fördert Agilität.
10. Einfachheit – die Kunst, die Menge nicht getaner Arbeit zu maximieren – ist essenziell.

11. Die besten Architekturen, Anforderungen und Entwürfe entstehen durch selbst organisierte Teams.
12. In regelmäßigen Abständen reflektiert das Team, wie es effektiver werden kann, und passt sein Verhalten entsprechend an.

Dieses Manifest kann auch als Modell – oder zumindest als Ausgangsvision – für partizipative Zusammenarbeit in anderen Bereichen gelten und ist damit auch als Werte-Rahmenwerk für ein Social Business eine gute Grundlage. So decken sich die Ziele, wie Priorität für die Kunden, Agilität, Einfachheit und Exzellenz genauso, wie das Thema Motivation der Beteiligten und die Wichtigkeit der Collaboration.

Im Jahr 2001, als das Manifest verabschiedet wurde, waren soziale Medien allenfalls am Horizont sichtbar. Insofern verwundert es nicht, dass das Gespräch von Angesicht zu Angesicht, letztlich also die physische Nähe an einem Standort, hier explizit erwähnt wird. Im Licht der Möglichkeiten sozialer Medien stellt sich allerdings die Frage, ob das weiterhin wirklich das Optimum darstellt. Eine kontinuierliche Synchronisation, die aber auch per Telefon- oder Videokonferenz stattfinden kann, die immer wieder Resonanz herstellt, ist unabdingbar. Das ist der auf 15 min begrenzte Daily Scrum. Ansonsten hat mündliche Kommunikation aber den Nachteil der schnellen Vergänglichkeit und der Begrenzung auf die unmittelbar Beteiligten. Ein ausgewogen dokumentierter Diskurs, der möglichst nicht separat vom eigentlichen Prozess – dann wäre es Overhead – und von der eigentlichen Arbeit in einem sozialen Medium, z. B. ein Wiki, entsteht, hat den Mehrwert des auch später noch Findbaren und weiter Verwendbaren. Hier ist in der Tat eine Balance zu finden zwischen Inhalten, die eine gewisse Wahrscheinlichkeit haben, dass sie mindestens noch einmal benötigt werden, ihrem potenziellen Wiedererstellungsaufwand und der Möglichkeit sie überhaupt sinnvoll dokumentieren zu können. Es geht dabei im Wesentlichen um das von Michael Polanyi so bezeichnete „tacit Knowledge", das stille, schlummernde Wissen der Beteiligten, das man oft nicht einmal in Worte fassen, aber trotzdem anwenden kann (Polanyi 1966).

Der Klassiker hierzu ist die Geschichte des Geigenbauers Antonio Stradivari (1648–1737) und seiner beiden Söhne. Seine Geigen erzielen immer noch absolute Höchstpreise und gelten in ihrer Qualität weiter als schwer zu erreichen, auch wenn das vielleicht mehr Image als Wahrheit ist, wie jüngste Experimente mit seinen und neuen Geigen zeigen. Stradivaris Söhne, die von ihm das Geigenbauerhandwerk erlernten und in einer Werkstatt mit ihm zusammenarbeiteten, bauten ebenfalls sehr gute Geigen, aber eben doch nicht ganz so gute wie der Vater. Die Annahme der Wissensmanagement-Vordenker war deshalb lange Zeit, dass dieses Beispiel ein Beleg dafür wäre, dass man schlummerndes Wissen nicht wirklich komplett weitergeben, geschweige denn dokumentieren kann.

Jüngere Forschungen haben nun ergeben, dass neben der handwerklichen Fertigkeit auch äußere Umstände für den kleinen Qualitätsunterschied der Geigen verantwortlich sein könnten: So waren die Jahre 1675 bis 1715 innerhalb der sogenannten Kleinen Eiszeit (16. bis 18. Jahrhundert) besonders kühl, was zu einem konstant verminderten Wachstum der Bäume führte, was wiederum Auswirkungen auf die von den Stradivaris genutzte Holzqualität hatte. Hätte sich also die Holzdichte nicht geändert, hätten die Geigen der Söhne vermutlich die gleiche Qualität gehabt. Der Wegfall dieses Gegenbeweises ist kein Beleg, aber zumindest ein Hinweis, dass man stilles Wissen vielleicht doch hochgradig weitergeben kann.

Dabei ist zu beachten, dass man bei Weitem nicht alles textlich erfassen kann. So kann niemand Skifahren allein nach einem Lehrbuch lernen. Eine multimediale Unterstützung verbessert zwar die Möglichkeiten, wird aber auch nie perfekt sein. Einer der Gründe spiegelt das Dilemma der Computer based Trainings (CBTs) wider, das jeder von Selbstlernkursen her kennt: Jeder hat ein anderes Vorwissen und ist an anderen Details interessiert. Die kann man aber für nicht-triviale Prozesse nicht alle erfassen. Deshalb treffen diese Kurse selten die Bedürfnisse.

Ein Social Business Ansatz, der auf das Wissen der Vielen setzt, hat grundsätzlich einen systematischen Vorteil: Es muss nicht einfach blind alles dokumentiert werden, was dokumentiert werden könnte, u. a. auch, weil dieses kostenmäßig nicht tragbar wäre. Social Business bringt stattdessen als wichtige Neuerung ein Selbstregulierungsmodell auf Basis statistischer Wahrscheinlichkeiten ins Spiel: Je mehr Personen unabhängig voneinander etwas zu einem Prozess dokumentieren, desto kleiner wird die Wahrscheinlichkeit, dass etwas für andere Wichtiges noch nicht beschrieben ist. Somit ist eine sinnvolle Dokumentation des Know-hows pro Thema reduziert auf das Vorhandensein einer kritischen Masse der Beteiligung und somit auf das Prinzip der partizipativen Mitwirkung. Das gilt natürlich auch in einem Scrum.

So gut das Prinzip auch erscheint, schwierig wird es bei neuen Themen, zu denen zunächst nicht viel dokumentiert ist. Da Dokumentation dem tatsächlich vorhandenen Wissen grundsätzlich immer hinterherhinkt, gibt es trotzdem eine Wahrscheinlichkeit, dass Experten à la Stradivari, die das benötigte Wissen schon haben, existieren. Deshalb reicht es nicht aus nur Suchmaschinen zu optimieren, die Textstellen immer besser finden. Stattdessen ist es wichtig auch die themenbezogenen Experten sichtbar und erreichbar zu machen, um Expertenwissen ad hoc in Prozessen hinzuziehbar zu machen.

Das Manifest der agilen Softwareentwicklung unterschlägt zwei weitere wichtige Aspekte: kulturelle Unterschiede und Konkurrenz untereinander. Es ist zwar davon die Rede, sich an „motivierte Individuen" anzuhängen. Es wird aber nicht angesprochen, was motivierend wirken soll und wie Konkurrenz genutzt und geregelt werden soll. Wie wichtig das ist, wird später noch im Zusammenhang mit Social Leadership dargestellt werden.

7.3   Prozessnahe Zusammenarbeit intelligent optimieren

Natürlich gibt es in Unternehmen und Organisationen viele Prozesse, die Entscheidungen von Mitarbeitern verlangen und dabei völlig eindeutige Strukturen erfordern. Solche Prozesse müssen klassisch mit klaren Verantwortungsstrukturen organisiert bleiben. Tatsache ist aber auch, dass es auch sehr viele Prozesse gibt, bei denen die Anforderungen überdacht werden könnten und es flexibler gestaltet werden kann, wer „den Ball wann übernimmt". So ist es de facto in vielen Abläufen heute ein erhebliches Problem, dass man immer erst auf den Zuständigen warten muss, auch wenn der oftmals mit einer sofortigen Lösung selbst überfordert ist. Es kommt deshalb nicht selten zu unerwünschten und ungeplanten Verzögerungen und in Zweifelsfall auch zu qualitativ nicht optimalen Lösungen, nur weil nicht immer die im Unternehmen durchaus vorhandenen, inhaltlichen Experten herangezogen werden. Das Recht jemanden hinzuzuziehen zu dürfen, der sich als einzige Qualifizierung dadurch auszeichnet, dass er oder sie eine gute Lösung kennt, ist durchaus noch nicht sehr weit verbreitet. Viel zu oft verbleibt man im Bereich von Zuständigkeiten, was letztlich die Prozessgeschwindigkeit und -Qualität eher drückt.

Dazu kommt, dass die meisten Menschen Wiederholungstäter sind: sie neigen dazu Dinge, die sie einmal erlernt haben immer wieder gleich oder ähnlich auszuführen. Will man Prozesse weiter optimieren, muss man auch dieses Verhalten aufbrechen und Dinge, die „man schon immer so gemacht hat" erneut infrage stellen. Ist es denn wirklich sinnvoll nach vielleicht Jahren erfolgreicher Produktion das Produkt immer noch so herzustellen, oder gibt es nicht vielleicht technische Neuerungen, unter deren Berücksichtigung man es zukünftig besser anders macht? Gibt es Wettbewerber, die es schon anders probieren? Wer könnte darüber etwas wissen? Kann man etwas aus den veränderten, agilen Prozessen der Softwareentwickler übernehmen? Solche Fragestellungen gelten natürlich nicht nur für Herstellungsprozesse, sondern auch für Services und alle anderen Wertschöpfungsmaßnahmen.

Streng genommen geht es hier um Prozesse, die von Wissensarbeitern ausgeführt werden. Peter Drucker hatte zuletzt postuliert, dass die einzige Möglichkeit Wissensarbeit zu optimieren, die Einräumung der Selbstorganisation sei. Genau das passiert ja, z. B. auch in einem Scrum Team und ist dort erfolgsentscheidend. Vordenker, wie Mike Rhodin, Senior Vice President bei IBM, gehen nun aber einen Schritt weiter und stellen die Frage, wie man zusätzlich die Interaktionen von Mitarbeitern optimieren kann (Rhodin 2011). Das entspricht durchaus einer Renaissance der Idee von Taylor mit wissenschaftlichen Methoden Arbeit zu optimieren – nun aber zum ersten Mal auf Wissensarbeiter angewandt. Das umzusetzen wird die zentrale Aufgabe zukünftiger Social Business Change Manager werden. Neu ist dabei insbesondere, dass:

- Die Stimme des Individuums im Unternehmen wahrzunehmen ist.
- Die (themenspezifischen) „Leuchttürme" in der Mitarbeiterschaft zu erkennen und besser zu nutzen sind.
- Insgesamt die Vernetzung von Informationen und Personen – miteinander und untereinander – im Unternehmen, aber auch halb oder ganz öffentlich mit Bezug zum Unternehmen, zu erkennen, zu optimieren und auszunutzen ist.

Rhodins Idee deckt sich weitgehend mit den aktuellen Wünschen von Unternehmens-
leitern (Chief Executive Officer, CEO), wie sie sich zum Beispiel in der „IBM Global
CEO Study 2012" (Berman et al. 2012) darstellen. Dafür sind weltweit 1709 CEOs (83
in Deutschland) in klassischen Interviews befragt wurden. Der ihnen wichtigste Punkt ist
„Mitarbeiter durch Werte stärken", was bedeutet mehr Offenheit in der Kommunikation im
Unternehmen zu schaffen und dem potenziellen Kontrollverlust durch Etablierung eines
starken Wertesystems entgegenzuwirken. Mit mehr Offenheit ist insbesondere die interne
Kommunikation, aber auch die mit Externen zu verstehen, wozu Entscheidungsfindungs-
prozesse und auch die Verantwortlichkeiten der oberen Führungsebene zu verstehen sind.
Das Manifest der agilen Softwareentwicklung erweist sich ein anderes Mal als innovatives
Vorbild, wurden auch dort zunächst die Werte festgelegt und dann durch Prinzipien erläutert. Die praktische Erfahrung mit Scrums deutet aber auch auf eine Schwierigkeit bei
der Umsetzung der Transformation zu einem Social Business hin: Wenn sich hierarchische
Strukturen auf der falschen Ebene beharrlich halten, etwa in einem Scrum-Entwicklungs-
team, gibt es viele sich kontraproduktiv auswirkende Konflikte, die das Ergebnis negativ
beeinflussen (Southerland 2008; Rubin 2014).

Dass zur Überarbeitung der Prozesse nicht nur die Interaktionen der Beteiligten eine
Baustelle sind, zeigte bereits die entsprechende CEO Studie zwei Jahre zuvor (Bell et al.
2010). Dort wurde nicht nur deutlich, dass Leer- und Suchzeiten ein enormes Optimierungspotenzial bieten, sondern auch die Reduktion der Komplexität, mit der die klassische
Top-Down-Steuerung an Grenzen geraten ist, sowie ein anzustrebender, höherer Grad an
Flexibilität und Agilität. Damals stand u. a. die „Erhöhung der Cleverness der Prozesse"
im Vordergrund. Das ließ sich anhand der Befragungen weiter aufspalten:

1. Vereinfachen wo immer möglich: Vereinfachung der Interaktionen mit Kunden, Verein-
   fachungen der Produkte und Services durch Verbergen eventueller Komplexität, Vereinfachung der Organisation und der Zusammenarbeit mit Partnern.
2. Verbessertes Steuern der im System enthaltenen Komplexität: Dafür sorgen, dass sich
   die idealer Weise weitgehend zu verbergende Komplexität für die Nutzer zum Vorteil
   auswirkt, dabei aktiv die Vorteile neuer Verfahren im Bereich Business Analytics ausnutzen, etwa um Trends frühzeitig zu erkennen und einzubeziehen.
3. Einen Wandel der Einstellung in Richtung Geschwindigkeit und Flexibilität fördern:
   Schnell handeln, die Umsetzungsgeschwindigkeit erhöhen, Korrekturen bei Bedarf
   zulassen.
4. Global denken: Die Welt über Partner nutzen, fortlaufend das Steuerungsmodell anpassen – im Sinne von: global wo möglich, lokal wo nötig.

Einerseits beschreibt das ein neues Niveau an Agilität, auch bei der Mitarbeiterschaft und
gerade in Richtung Kunden; andererseits geht es um Verlagerungen, die eine hohe Anforderung an den Wissenstransfer stellen und nicht zuletzt um eine spürbare Reduktion der
für Nicht-Experten sichtbaren Komplexität in Prozessen und Produkten.

7.4   Die notwendige Prozessanalyse

Das Wichtigste ist aber ein grundsätzliches Infragestellen bisheriger Prozesse – ähnlich, wie man es das letzte Mal Ende der 1980er mit der Einführung der ISO 9000 Zertifizierungen begonnen hat. Was damals im Wesentlichen unter Qualitätsaspekten geschah, ist jetzt mit der 2015 aktualisierten Norm ISO 9001:2015 unter dem Gesichtspunkt partizipativer Prozessgestaltung und Optimierung der Interaktionen, also unter anderem unter der Frage eines optimierten Wissensaustauschs, erneut durchzuführen. Mit diesem Fokus ist so etwas bisher noch nie gelaufen und damit völlig neu.

Die erste Frage ist: Wie kommunizieren die Mitarbeiter und die sich anschließende, zweite, wie lässt sich das verbessern? Was machen sie, wenn sie einmal nicht weiterkommen? Welche Möglichkeiten bestehen auf Wissen außerhalb der normalen Bahnen zuzugreifen? Kann und darf das Wissen von Mitarbeitern von anderen Standorten oder gar von Partnerfirmen oder akademischen Organisationen unproblematisch und schnell genutzt werden? Und so weiter …

Dieses sind Fragen, in deren Beantwortungen sich Strukturen erkennen lassen, zu denen es heute Lösungsszenarien im Sinne intensivierter, partizipativer Zusammenarbeit gibt. Diese dann im Kontext der Prozesse umzusetzen, sowohl was die IT-Unterstützung angeht, als auch die Veränderungen am jeweiligen Prozess selbst, ist die Herausforderung.

Dazu einige Beispiele:

1. Klassisches Marketing ist an Grenzen angekommen, weil Kunden den Aussagen aus dem Marketing großflächig nicht mehr vertrauen. Der alte Ansatz, zusammen mit einer Agentur Marketingansätze zu formulieren und zu verbreiten, ist quasi tot. Fünfundsiebzig Prozent der Kunden misstrauen solchen Aussagen, die für viel Geld propagiert wurden. Stattdessen trauen die Kunden völlig Fremden bei Produktrezensionen in sozialen Netzen. Damit werden diese Netze zum neuen Medium, um Marketing zu betreiben. Aber auch das „wie" sieht völlig anders aus und hat mehr den Charakter einer Diskussion als einer Veröffentlichung. Um diese Diskussionen entsprechend zu füttern, bedarf es firmenintern entsprechender, neuer Strukturen. Das kann so weit gehen, dass man die eigenen Mitarbeiter in breiter Front und sogar die Kunden einbindet, das Marketing inhaltlich zu bestreiten.

2. Der Personalbereich misst die Mitarbeiterzufriedenheit heute über Umfragen. Umfragen sind immer rückschauend und bis ihre Auswertungen vorliegen oft bereits Wochen alt. Zudem können sie nur in größeren Zeitabständen stattfinden. Analytische Auswertungen anonymisierter Daten aus internen sozialen Netzen ermöglicht stattdessen eine fortlaufende Echtzeitbeobachtung von Trends – wenn der Betriebsrat mitspielt.

3. Ein anderes Feld bieten die zahlreichen Supportprozesse. Als Beispiel sei die Reisekostenabrechnung herausgegriffen – ein Prozess, bei dem es immer wieder Fragestellungen gibt, bei denen der Nutzer Hilfe benötigt. Viele Unternehmen haben dafür eine Support-Nummer über ein Call Center eingerichtet, nur ist diese Nummer in der Regel nur zu begrenzten Zeiten besetzt. Was tun, wenn man seine Reisen zu anderen Zeiten

abrechnen möchte? Auch hier hilft die Beteiligung der anderen im Social Business, denn letztlich sind alle diejenigen, die jeweils gerade eine Reisekostenabrechnung machen, in dem Moment eine Solidargemeinschaft, mit anderen Worten eine dynamische Community, die ein gemeinsames Forum als Medium nutzt. Während man klassisch mit seinem Problem isoliert war, schafft man so die Möglichkeit alle anderen, die gerade im gleichen Kontext unterwegs sind, als Ratgeber einzubinden. Bei entsprechend kritischer Masse ist es damit sogar möglich die Fachleuteunterstützung über die Supportnummer weiter zu reduzieren und so nicht nur die Prozessunterstützung zeitlich zu erweitern, sondern auch Kosten zu senken.

4. Die Entwicklung von Produkten und Services war klassisch etwas Geheimnisvolles und Verborgenes. In einem partizipativen Unternehmen geht es darum, zumindest einen Teil hiervon durch Community-orientierte Ansätze, wie Open Innovation, ganz im Sinne von Crowdsourcing, nach draußen zu geben. Draußen ist in diesem Zusammenhang mehrschichtig gemeint und kann heißen innerhalb des gesamten Unternehmens, aber immer noch intern, oder mit Partnern, etwa auch Universitäten, oder völlig öffentlich. Damit ist zwingend auch verbunden, dass man einen Teil seines intellektuellen Kapitals veröffentlicht, um so einen Kontext zu bilden, in dem signifikante Beiträge von außen überhaupt möglich sind. Das bekannteste, frühe Erfolgsbeispiel hierzu ist die Geschichte des kanadischen Goldminenunternehmens Goldcorp (siehe Tapscott und Williams 2007). Das Vorgehen wirft natürlich eine Menge von rechtlichen Fragen auf, denn wem gehören letztlich die Rechte am neuen Produkt? Wer bekommt das dabei entstehende Patent? Wie sieht die Verteilung der Entlohnung aus? Das sind alles Problemstellungen, die im Vorfeld zu klären sind. Dieses Thema wird später nochmals vertieft.

5. Ein weiterer Aspekt, ebenfalls bezogen auf die Forschungs- und Entwicklungsabteilungen, aber auch auf Produktionsbereiche, ist die Wissenserhaltung. Heute sind Informationselemente zu deren Prozessen und den Prozessschritten oft in sogenannten Product Data Management (PDM) Tools gespeichert. Das ist in der Regel aber nur genau eine Vorgehensweise, nämlich die offizielle, und diese auch nur in der offiziellen Detailtiefe. Eine Diskussion oder Begründungen für alternative Vorgehensweisen oder insgesamt weitergehendes Know-how um den jeweiligen Prozessschritt herum, werden bisher nicht festgehalten. Erweiterungs- und Kommentiermöglichkeiten, wie sie Social Media Tools bieten, sind in diesem Umfeld weitgehend unbekannt. Das sollte sich aber dringend ändern, denn ansonsten kommt durch die beginnenden Effekte des demografischen Wandels mit dem absehbar zu erwartenden, massiven Abgang von hoch qualifizierten Mitarbeitern in den Ruhestand ein signifikanter Wissensverlust auf die Unternehmen zu.

6. In Verbindung mit neuen, partizipativen Möglichkeiten der Dokumentation in sozialen Netzwerken kommt dem stillen Wissen und dessen teilweiser, dezentraler Dokumentation auch aus ganz anderer Perspektive eine neue Bedeutung zu. Klassischen Web 1.0 Intranets und auch fast allen IT-Tools fehlte bis vor Kurzem ein Rückkanal. Es konnte zwar Top-down dokumentiert werden, aber für die Leser und Nutzer gab in der Regel

keine einfache Möglichkeit einen Kommentar oder eine Anmerkung zu hinterlassen. Und das stieß lange auch auf zu wenig Interesse. Nun dämmert es langsam, dass es zu den meisten Prozessen neben den offiziell dokumentierten Hauptbestandteilen oft auch noch viel kleines Wissen gibt, das man typisch Know-how nennt. Dieses Know-how ist bisher nicht wirklich systematisch genutzt worden, abgesehen davon, dass man, wie Polanyi aufzeigte, auch nicht wirklich alles dokumentieren kann. Der Ansatz aus den 1990ern mit den zentralen Wissensdatenbanken ist dazu im Nachhinein sogar eher als negativ einzuschätzen, weil er einerseits vom Grundprinzip des zentralistischen Ansatzes her nicht funktionieren konnte und unter dem Strich das Dokumentieren von Know-how in Verruf gebracht hat. Erst jetzt erscheint wieder ein Licht am Horizont: Indem man auf jeder Webseite und in jeder Prozess-beschreibenden IT-Anwendung die Möglichkeit des Rückkanals, der partizipativen Mitarbeit ermöglicht, kann endlich auch das kleine Wissen – und damit ein weiter Teil des stillen Wissens – direkt im Kontext eines Prozessschritts dokumentiert werden. Das erhöht die Wahrscheinlichkeit der Wiederverwendung durch andere signifikant und macht somit auch das Dokumentieren für die Autoren attraktiver – weil sie merken, dass es sich lohnt. Was hier zunächst lapidar klingt, ist in Wahrheit ein Quantensprung in Prozessverbesserung und Wissensmanagement!

Leider kann man Wissen in seiner Ganzheitlichkeit nicht wirklich dokumentieren. Nichtsdestotrotz besteht hier eine echte Chance einen erheblichen Teil des Erfahrungswissens unmittelbar in den Prozess einzubinden – Rezensionen wie bei Amazon.com sind das Modell. Hierzu sind die Prozessbeschreibungen unter dem „Social"-Gesichtspunkt zu öffnen und an jeder Stelle eine Gruppe/Community von Experten zuzulassen. So kann dann z. B. ein Handwerksmeister dokumentieren, warum man seiner Erfahrung nach ein bestimmtes Werkstück unbedingt aus Aluminium herstellen muss und nicht aus Plastik. Das kann Jahre später, wenn alle beteiligten Wissensträger längst das Unternehmen verlassen haben und nun Fragen zu diesem Prozessschritt auftauchen, hohe Kosten des Wiederbeschaffens des Wissens vermeiden. Bleibt diese Information nicht isoliert im PDM-System und ist stattdessen in die breitere Social Business Umgebung eingebunden, kann es sogar zu sogenannten Wissensunfällen kommen, bei denen genau dieses Wissen an unerwarteter, ganz anderer Stelle im Unternehmen plötzlich eine große Bedeutung erlangen kann.

7.5 IT-Unterstützung für Social Commerce

Umso mehr sich das Einkaufen ins Internet verlagert und neue Geschäftsmodelle von digitalen Unternehmen dorthin drängen, umso mehr das Internet zum Haifischbecken voller Konkurrenten wird, desto wichtiger wird auch noch ein anderer Aspekt: Wie kann man den potenziellen Kunden auf der Webseite halten und zur möglichst häufigen Wiederkehr bewegen? Statische Inhalte wirken hier veraltet und spätestens, wenn sich die im Hintergrund weiterlaufende Facebook-Seite mit einer neuen Nachricht meldet, ist der Kunde wieder weg. Man muss den Kunden mehr bieten – am besten etwas, das dem persönlichen Beratungsgespräch in einem Laden möglichst nahekommt:

- Die Einladung mit einem Fachberater zu chatten oder per Voice over IP auch zu sprechen.
- Produktnahe Beratungsinformationen zu bieten, so wie es Amazon.com seit Jahren aufzeigt. Kunden erstellen dort – ohne dafür entlohnt zu werden – Rezensionen, die nichts anderes als eine Beratungsleistung sind, auch wenn sie „nur" Social Content sind. Eine Kommunikationsabteilung wäre völlig überfordert so viel Content zu erstellen, abgesehen davon, dass nur Experten das Fachwissen haben. Insofern ist die Delegation an die Kunden nur konsequent. Was bleibt, ist der Aufwand zu moderieren und manchmal auftretendem Vandalismus Einhalt zu gebieten. In Anbetracht der Wichtigkeit der sozialen Netze gilt es hier auch Breitenwirkung zu erzielen, indem man den Social Content aus der eigenen Webseite – wenn es denn Sinn macht – auch über so genanntes „Multi-Channel Publishing" in die Facebooks usw. verteilt. Ganz nebenbei gibt es natürlich auch die professionelle Komponente von Communitys, etwa wenn Sanitärfachleute (Installateure) aus vielen Handwerksbetrieben in von den Herstellern von Heizungsanlagen geführten, geschlossenen Communitys Erfahrungen austauschen, weil das mittlerweile deren primärer Problemlösungs- und Weiterbildungskanal ist.
- Ein Beispiel für eine Online-Community mit Kunden ist ReBrick.lego.com, hinter der die Firma Lego steht. Ihr Fokus ist nicht das Darstellen von fertigen Lösungen ihrer Kunden, sondern das gemeinsame Gestalten neuer Lösungen. Im Vordergrund steht also nicht der Verkauf, sondern eine Mehrwertgestaltung zu den Produkten (Akbari 2012).
- Hat sich der Besucher einmal zu erkennen gegeben, lassen sich per Social-Analytics-Techniken aus den frei im Internet verfügbaren Daten (Facebook, Twitter, usw.) in Sekundenschnelle Profile erstellen, sodass die Webseite, ähnlich einem Verkäufer im Laden, der den Kunden erst einmal taxiert, fokussiertere Informationen anzeigen kann. Das bleibt für den Kunden intransparent, er fühlt sich aber besser aufgehoben und beraten. Dadurch, dass er schneller findet, was er sucht, ist auch das Umsatzpotenzial höher.
- Bindet man auch noch z. B. seinen persönlichen Facebook-Stream in die Webseite mit ein, kann der Kunde hin- und herspringen, ohne die Seite physisch verlassen zu müssen – was für manche Kundengruppen so etwas wie das i-Tüpfelchen einer guten Webseite ist.

Zum Thema Social Commerce gehört natürlich auch das durchaus wichtige Unterthema Social Media Marketing, das hier als Spezialthema aber nicht weiter betrachtet werden soll.

Für einige Anbieter verschwindet mit Social Commerce auch immer mehr die Grenze zu den Kunden, also den Konsumenten und dem Hersteller und damit dem Produzenten, indem die Kunden über neue Open-Innovation-Prozesse als Mit-Innovator gesehen und direkt an der Weiterentwicklung von Produkten beteiligt werden. Das kann einerseits die Kosten für das Innovationsmanagement senken und auf der anderen Seite die Kundenbindung erhöhen.

7.6 Open Innovation oder Social Innovation?

Innovationsmanagement ist nicht selten sogar der Einstieg von Unternehmen in das Thema Social Business: die Überarbeitung des Betrieblichen Vorschlagwesens (BVW) hin zu einem neuen Prozess des Innovationsmanagements mit starker Mitmachkomponente. Im BVW war es so: Ein Mitarbeiter hatte eine Idee und dokumentierte sie mithilfe einer Anwendung, hinter der ein kleiner Workflow steckte. Eine zentrale Abteilung schickte die Idee dann an einen Fachmann zur Beurteilung. Er entschied über Annahme oder Ablehnung. Im Fall der Annahme ging der Prozess weiter, gegebenenfalls bis zur Patentierung und Produktentwicklung. Das Problem mit diesem Prozessverlauf lag darin, dass die Idee in der Regel nur von einer Einzelperson stammte und keinerlei Reifeprozess unterlegen war, wenn auch in einigen Fällen Beurteiler und Ideengeber noch gemeinsam etwas an der Idee gefeilt haben.

2003 hatte Henry Chesbrough ein Buch unter dem Titel „Open Innovation" (Chesbrough 2003) veröffentlicht. Seine Idee war die Grenzen des bisherigen Innovationsmanagements zu sprengen und Externe mit einzubinden. Damit meinte er Partner oder beliebige Institutionen oder Personen, also insbesondere auch Kunden, die aufzufordern wären, Ideen beizusteuern. Das kann man einerseits machen, indem man die Kunden im Internet direkt anspricht, Wünsche und Ideen zu den Produkten des Hauses beizusteuern. Das ist dann eine Aktivität im Social Commerce Bereich, bei der es darum geht Kunden über (vermeintliche und echte) Mitsprachemöglichkeiten in die Produktentwicklung mit einzubeziehen. Durch die technischen Kommunikationsmöglichkeiten kann die Kommunikation wesentlich enger gestaltet werden als bei Meinungsumfragen oder produktbezogenen Klubs, wie sie etwa im Automobilbereich schon sehr lange bestehen, auch wenn der Trend hier zurzeit negativ ist.

Eine besonders wichtige Idee im Bereich Open Innovation gab es schon vor Henry Chesbrough – die Jams (Palmisano 2004). Sie wurden 2001 von IBM erfunden. Es handelt sich dabei um eine Art von moderiertem Massen-Chat, der typisch über zwei oder drei Tage läuft und an dem ganz viele Personen parallel teilnehmen können. In einem Jam werden ausgewählte Fragen offen und für alle jederzeit einsehbar diskutiert. Der bisher größte war der IBM-Innovations-Jam 2006. Damals nahmen über 150.000 Personen aus 104 Ländern und 67 Unternehmen teil – im Sinne von Open Innovation wurden auch Mitarbeiter von Partnerfirmen eingeladen. In die zehn besten Ideen wurden anschließend 100 Millionen US-Dollar an Entwicklungsgeldern gesteckt.

Aus einem dieser IBM Jams entstammte die Idee beim eigenen Betrieblichen Vorschlagswesen den Schritt von individueller Innovation zu kollaborativer Innovation zu gehen, also zu „Social Innovation". IBM Research setzte das 2005 mit dem nur intern genutzten ThinkPlace um. Der erste Schritt blieb zwar gleich – man musste seine Idee im ThinkPlace dokumentieren, um u. a. später auch rechtliche Ansprüche geltend machen zu können – aber schon der zweite Schritt war neu: Die Idee war intern von allen Mitarbeitern einsehbar – unter anderem um sogenannte Wissensunfälle zu provozieren, in dem Personen, die gar nichts miteinander zu tun haben, die Chance bekommen Ideen aus anderen

Bereichen auch für sich als wertvoll zu erkennen. Dazu kam, dass sie so auch ihr Spezialwissen per Kommentar in die Reifung der Idee einfließen lassen konnten und sollten.

Neu war im Prozess auch, dass jede Idee erst eine Menge an Kommentaren bekommen musste, um überhaupt weiter prozessiert zu werden. In der Regel reichten die offen eingebrachten Kommentare nicht aus. Somit musste sich der Einreicher auch bemühen weitere Personen anzusprechen, seine Idee mit Kommentaren zu beurteilen. Der Grund dazu liegt auf der Hand: Ein Einreicher wird in erster Linie Personen aus seinem direkten Arbeitsumfeld ansprechen, die ein ähnliches Erfahrungswissen haben und somit einer besonders hohen Wahrscheinlichkeit unterliegen noch konkret etwas beisteuern zu können. So wurde aus dem individuellen, betrieblichen Vorschlagswesen ein Web 2.0 Prozess. Hatte die Idee die notwendige Zahl an Kommentaren, blieb es im Wesentlichen beim klassischen Prozess der Beurteilung durch Experten.

Die Erfahrung mit dem ThinkPlace über einige Jahre hat darüber hinaus deutlich werden lassen, was für ein erfolgreiches Ideenmanagement besonders wichtig ist:

- Es muss ein Klima für Kreativität geben – die Unternehmenskultur muss offen sein und Kreativität zulassen.
- Fortlaufende Ideenerzeugung – idealerweise wird ein konstanter Fluss an Ideen dadurch sichergestellt, dass das Thema permanent in aller Munde bleibt.
- Strukturen zur Weiterentwicklung – es muss unterstützende Strukturen zur weiteren Prozessbearbeitung der Ideen geben.
- Metriken und Belohnungen – der Erfolg der kreativen Prozesse ist zu messen und gute Ergebnisse sind in der Organisation und auch individuell zu belohnen, wobei eine Patentierung einen Spezialfall mit weitergehenden rechtlichen und finanziellen Implikationen darstellt.
- Zusammenarbeit mit Partnern – wichtig ist auch die Nutzung des Wissens und der Ideen von internen und externen Partnern.
- Nutzung von Technologie und Prozesswissen – (neue) technische Möglichkeiten und das Wissen aus den Prozessen ist in die Beurteilung der Ideen mit einzubringen.

Die Erfahrung mit dem ThinkPlace hat auch gezeigt, dass ein so ganz offener Innovationsprozess eher dazu führt, dass sehr viele, sehr kleine Ideen bearbeitet werden müssen. Das ist dann nicht nur ein Kostenfaktor, sondern wirkt sich auch negativ auf das Interesse vieler Leser aus, womit sich das ganze Ideenmanagement dann rückläufig entwickelt.

Im Lichte des im Juni 2006 im Wired Magazin erschienen Artikels von Jeff Howe „The Rise of Crowdsourcing" (Howe 2006) begann man sich bei IBM auch Gedanken über ein Re-Design dieses Prozesses zu machen. Grundidee war dabei fokussierter vorzugehen und das Ideensammeln quasi mit einer vorausgehenden, mehr oder weniger offenen Ausschreibung zu verbinden. Ausgangspunkt ist nun eine Anfrage. Diese kann von einem Manager kommen, der bereit ist in Ideen zu investieren, oder auch z. B. aus dem Forschungs- und Entwicklungsbereich. Typisch ist, dass dieser Anfrage eine Synthese des bestehenden Wissens vorangegangen ist. So werden zunächst u. a. Forschungsberichte, Kundenwünsche, Wettbewerbsanalysen und Ideen der leitenden Führungsebene betrachtet. Erst wenn sich zeigt, dass man weitere Ideen benötigt, wird ein Innovationsbereich (Engl.: „Innovation Hub") aufgesetzt. Technisch gesehen ist das eine Community in IBM Connections mit einem speziellen Ideenmanagement-Blog, der in einer älteren Form bereits in den Innovations-Jams benutzt wurde (Abb. 7.1).

Neben dem technischen Unterbau, über den alles koordiniert und gesteuert wird, gibt es natürlich auch organisatorische Aspekte:

- Es muss eine Gruppe interessierter Individuen – oftmals ein Projektteam oder eine regionale Einheit – identifiziert werden, die sich über die Community organisiert.
- Die Community als Gruppe wird durch einen oder mehrere Personen geführt. Sie haben diese Aufgabe als definierten Teil ihrer Arbeit („Innovation Hub Champion") und sorgen für die Koordination innerhalb der Gruppe und mit dem dazu gehörigen höheren Management-Team.
- Motivation ist eine wesentliche Aufgabe der beteiligten Manager – ihnen obliegt es innerhalb der Community zu motivieren „best Practices" und neuartige Ideen einzustreuen.
- Das zugehörige Management-Team (es kann auch ein einzelner sein) tritt als Sponsor auf und finanziert z. B. die Hub Champion Aktivitäten und manchmal auch erste Schritte der Umsetzung einer Idee.
- Weitere Aufgabe des Management-Teams ist sich bei der Anerkennung für alle Ideen – egal ob groß oder klein – einzubringen. Dazu gehört auch das regelmäßige Publizieren der Erfolge.
- Ideen zu verfolgen und im Reifeprozess weiterzuleiten ist die Aufgabe spezieller Innovations-Katalysten.

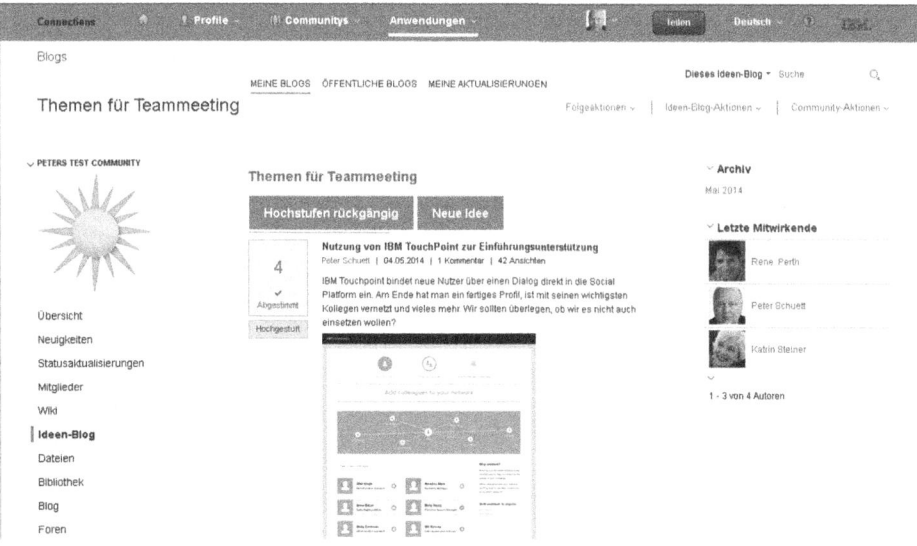

Abb. 7.1 Innnovation Hub: Eingabefenster für neue Ideen

Einige Unternehmen haben im Sinne von Open Innovation begonnen Innovationsmarkt-plätze aufzubauen, auf denen sich typischerweise ihre Unternehmenspartner mit innova-tiven Lösungsansätzen bewerben können. Ob sich solche offenen Ansätze auf breiterer Front durchsetzen können, ist noch offen. Ein Problem ist sicherlich die Vertrauensfrage: Kann sich der Einreicher sicher sein, dass die Idee nach einer Ablehnung nicht in leicht abgewandelter Form doch zum Einsatz kommt – ohne dass er dafür bezahlt wird?

7.7   Die zunehmende Wichtigkeit von Social Analytics

Computer werden in ihren Fähigkeiten manchmal mit Menschen verglichen. In den meis-ten Bereichen sind sie heute noch den Computern überlegen, nur in einem Punkt gar nicht: beim schnellen Umgang mit großen Datenmengen. Genau das stößt aber heute auf ein stark wachsendes Interesse, weil immer mehr Daten zu Analysen zur Verfügung stehen. Von besonderer, ökonomischer Bedeutung sind solche Analysen speziell im Handel über das Internet, weil hier dank neuer Technologien auch entsprechende Datenmengen heute schon vorliegen. Die Werkzeuge, die solche Analysen machen, fasst man unter dem Be-griff Business Analytics zusammen. Dazu gehört die Berichterstellung über das Gesche-hene, aber auch die Alarmierung im Sinne von Früherkennung. Dazu wiederum gehören voraussagende Simulationsmodelle und nicht zuletzt stochastische Optimierungen, bei denen man mit Variationen arbeitet, um möglichst gute Lösungsansätze zu entwickeln.

Aus Daten aus dem öffentlichen Internet lassen sich unterschiedlichste Profile erstel-len: bezogen auf Nutzer, Produkte, Markennamen, usw. Solche Social Analytics erzielen heute bereits eine beachtliche Genauigkeit, etwa bei einer tagesaktuellen Analyse von Marktstimmungen als Erfolgsmessung zu einer Werbekampagne.

Im Kontext dieses Buchs sind es vor allen Dingen Daten aus dem internen Social Me-dia-Umfeld, die in Beziehungen zueinander stehen. Man spricht auch dabei von Social Analytics. Es geht unter anderem darum Informationsströme sinnvoll zu filtern, Inhalte zu assoziieren, um daraus Empfehlungen abzuleiten und automatische Assistenzfunktionen zu ermöglichen. Weil diese Themen immer wichtiger werden, wird die Qualität der Social Analytics Technologien zukünftig mehr und mehr über der Qualität von Collaboration-Lösungen entscheiden.

Die Grundannahme beim Thema Social Analytics ist, dass sich jemand, der auf eine Webseite klickt, für das Thema der Webseite interessiert. Schreibt er sogar einen Kom-mentar, engagiert sich also aktiv für das Thema, ist sein Interesse definitiv höher und es könnte sogar sein, dass er ein Fachmann im Thema ist. Social Media Analytics ist heute recht gut in der Lage gerade auch kürzere Beiträge einem Thema zuzuweisen und stimmungsmäßig einzuschätzen (der Sache positiv oder negativ gegenüber). Der darüber hinausgehende Vorteil interner Daten ist, dass man in der Regel die zugehörige Person kennt – zumindest wenn die Daten nicht anonym eingegeben wurden.

Erstellt ein Mitarbeiter in der Social Media Plattform einen Blogbeitrag und kommentieren andere, so gibt es eine erste Beziehungslandkarte. Werden Dateien hochgeladen und mit anderen geteilt, so erweitert sich die Landkarte. Ähnliches gilt für zusätzliche Wikieinträge, Leseempfehlungen, usw. Es ergibt sich ein stark vermaschtes, semantisches Beziehungsgeflecht. Darin kann man Muster unter verschiedenen Gesichtspunkten betrachten:

- Von der Person aus, die an verschiedensten Stellen Beiträge leistet, sowohl objekt- als auch personenbezogen. Aus beidem kann man Wahrscheinlichkeiten ableiten, es mit einem Wissensträger zu einem Thema zu tun zu haben.
- Von Objekten aus, etwa einer Datei, die mehreren Personen zugänglich gemacht wurde. Sie können dann sehen, was es dazu an Kommentaren gab und wer kommentiert hat, wer sich also aktiv an einer Verbesserung beteiligt hat und demzufolge vermutlich Wissensträger in dem Fachgebiet ist.
- Von einer Zeitspanne aus („Was gab es seit dem großen Ereignis Neues?").
- Von einem örtlichen Bezug aus („Was davon ist für Augsburg besonders relevant?").

7.7.1 Empfehlungen erhalten

Da dieses vermaschte Beziehungsgeflecht so ähnlich aussieht wie ein menschliches Gehirn mit seinen vernetzten Synapsen, könnte man von einer „Denkhilfe" sprechen, wenn jetzt mittels Social Analytics aus solchen Informationen zunächst die Metainformationen der Zusammenhänge, also die Vernetzungen an sich, und daraus dann konkrete und passende Empfehlungen (Recommandations) über weitere Informationsquellen – Dokumente, Websites, aber auch Experten und Communitys – herausgearbeitet werden. Diese Denkhilfe ist neu.

Das Ganze funktioniert ab dem Moment, in dem genügend Daten für die Analyse vorhanden sind. Dabei müssen so sensible, persönliche Daten wie E-Mails gar nicht unbedingt genutzt werden. Man verwendet lediglich die datenschutzmäßig unkritischen, firmenintern zugänglichen Informationen der Kommunikationsströme mit strukturierten und sozialen Daten und lässt den Automatismus daraus im Hintergrund das jeweilige persönliche Beziehungsgeflecht aus Personen, Dokumenten, Themen, Ortsbezogenheit, usw. als persönlichen Filter definieren – ohne dass man (aus Datenschutzgründen) als Person dieses Filternetz betrachten oder editieren könnte. Vertrauliche Daten anderer bleiben natürlich auch außen vor.

Ein so gestalteter Filter ist wesentlich effizienter als die statischen Möglichkeiten der Vergangenheit. Bisher war es üblich, im Intranet statische Profilmuster auszufüllen, die dann als Filter benutzt wurden, um den Mitarbeitern so genannte „personalisierte" Informationen zukommen zu lassen. Das Problem war dabei, dass einerseits diese Filter zu wenig Granularität aufwiesen und andererseits die Suchalgorithmen zu schlecht waren, um auch kurze Texte genau genug zuordnen zu können. Beides hat sich in den letzten Jahren deutlich verbessert.

Studien belegen darüber hinaus, dass Empfehlungen zwar gut sind, aber weit eher angenommen werden, wenn auch begründet wird, warum etwas empfohlen wird. Bei Amazon.com ist es lapidar das Argument: „Viele, die sich für dieses Produkt interessieren, haben sich auch folgendes angesehen." Im Intranet ist es dann eher „Dieses könnte für Sie interessant sein, weil sich auch Kollegin Frau Meyer schon damit befasst hat" oder „… weil das Dokument ähnlich getaggt wurde, wie das Dokument, das Sie gerade angesehen haben."

Wie ein Einsatz von Empfehlungen am Arbeitsplatz konkreter aussehen könnte, sei an einem fiktiven Beispiel von einem Schadensregulierer einer Versicherung erläutert. Er hat zunächst sein normales Arbeitsportal (die mittlere und die linke Spalte im folgenden Bild), in dem alle klassischen, strukturierten Daten zu einem konkreten Fall zusammengefasst dargestellt sind. Zusätzlich wird es sogar bereits um die soziale Komponente ergänzt, mit den beteiligten Kollegen chatten zu können.

Neu kommt jetzt als weiteres Element die rechte Spalte mit den Empfehlungen hinzu. Diese sind u. a. aus internen Social Media Daten berechnet, die aktuell von Kollegen eingespeist und dank Social Analytics automatisch in diesen Kontext gesetzt wurden. Hatten die strukturierten Daten noch auf einen normalen Verkehrsunfall hingedeutet, lassen die besonders aktuellen sozialen Daten den Fall in einem anderen Licht erscheinen. Sie zeigen, dass es im Umfeld des Tatorts momentan gehäuft Fälle von fingierten Unfällen aufgrund von Bandenkriminalität gibt – und auch, wer sich von den Kollegen bereits damit befasst hat. Es mag sein, dass so etwas zurzeit noch ein Wunschszenario ist. Eine reale Umsetzung wird aber nicht mehr lange auf sich warten lassen (Abb. 7.2).

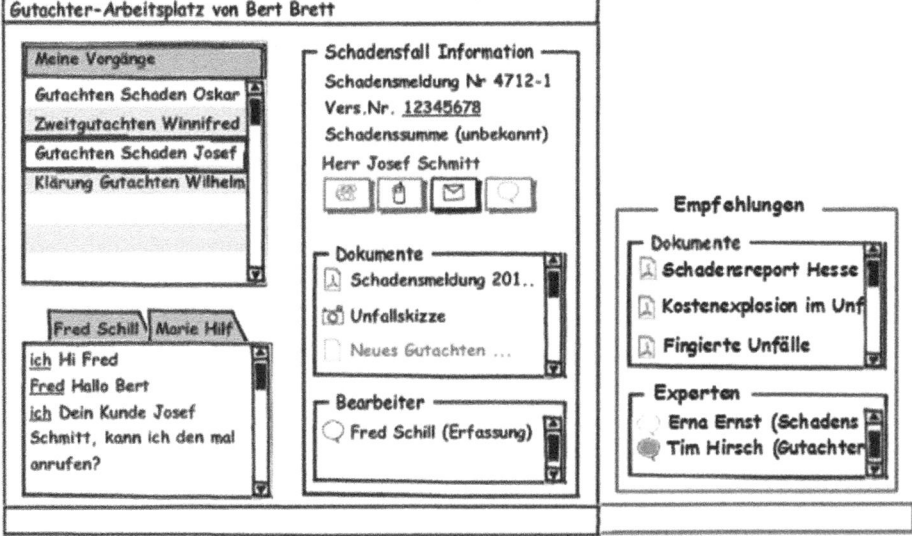

Abb. 7.2 Arbeitsplatz eines Schadensregulierers mit Empfehlungen

7.7.2 Informationsströme sinnvoll filtern

Ereignisströme (Activity Streams, benannt nach dem offenen Standard ActivityStreams. org) haben im Gegensatz zur E-Mail den Vorteil, dass sie über offene, standardisierte Schnittstellen Ereignisse aus beliebigen Anwendungen einsammeln können. Das Problem ist nur, dass ein solcher Strom von Ereignissen auch schnell zu einem reißenden Strom, statt zu einem dahinplätschernden Bächlein werden kann und dann kaum noch handhabbar ist.

Deshalb ist ein smartes Filtern der Ereignisse von zunehmender Wichtigkeit. Einfache Filter richten sich dabei nach der Zugehörigkeit von Communitys, also zu meiner Abteilung, zu meiner Projektgruppe, zu meinem bestätigten Netzwerk oder auch in Communitys nach aktuellen Aktivitäten der Mitglieder, sodass man bei Anwendung eines dieser Filter nur noch entsprechende Ereignisse sieht. Schwieriger sind Filter nach Themen, da man nicht davon ausgehen kann, dass bereits alle Inhalte getaggt wurden, was die Filterung solcher Inhalte wesentlich verbessern würde. Die Krönung ist ein Filtern nach aktueller Relevanz. Dabei wird zum Beispiel die Beziehung der Einträge im Strom der Ereignisse zu den Themen der anstehenden Kalendereinträge (=besonders relevant) bewertet und nicht relevante werden ausgeblendet.

Diese wenigen Beispiele für Filter deuten die Relevanz solcher Social-Analytics-Technologien für die Collaboration-Software der Zukunft mehr als an. Auffällig ist, wie seit einigen Jahren Firmen wie IBM, SAP und Oracle kleinere, innovative Anbieter in diesem Segment aufkaufen, um ihr Portfolio zu stärken.

7.7.3 Human Capital Analytics

Über Filter und Empfehlungen hinaus gibt es noch weitere Einsatzfelder für Social Analytics, wie etwa das Spezialgebiet der Human Capital Analytics: Für die Personalplanung in Unternehmen wird es immer wichtiger genaue Daten zu haben, um die Mitarbeiterschaft optimal einsetzen zu können. Das betrifft insbesondere die drei Bereiche: Neueinstellungen, Karriereplanung und Steuerung der Mitarbeiterfluktuation, könnte aber auch bis zu Besetzungsempfehlungen von Schlüsselprojekten gehen. Auch zu diesen Themen wird seit Jahren intensiv geforscht (Baker 2006), wodurch die Lösungen heute so weit fortgeschritten sind, dass sich der Einsatz bereits bei Firmen ab etwa 500 Mitarbeiter lohnt.

Literatur

Akbari, A. (2012). The social workplace: Rethinking the way work gets done. http://www.ft.com/intl/cms/s/0/15f7c4c0-6a11-11e1-a26e-00144feabdc0.html#axzz1oeEU7VNh. Zugegriffen 9. März 2012.

Baker, S. (2006). Math will rock your world. http://www.businessweek.com/magazine/content/06_04/b3968001.htm. Zugegriffen: 23. Jan. 2006.

Beck, K., et al. (2001). Manifest für Agile Softwareentwicklung. http://agilemanifesto.org/iso/de/. Zugegriffen 20. Juli 2012.

Bell, R., et al. (2010). Unternehmensführung in einer komplexen Welt – Global CEO Study. http://www-935.ibm.com/services/de/ceo/ceostudy2010/.

Berman, S., et al. (2012). Leading through connections – IBM Global CEO Study 2012, IBM Institute for Business Value. http://www-935.ibm.com/services/us/en/c-suite/ceostudy2012/.

Chesbrough, H. (2003). *Open innovation: The new imperative for creating and profiting from technology.* Boston: HBS Publishing.

Drucker, P. F. (1999). *Management im 21. Jahrhundert.* München: Econ.

Fayol, H. (1916). *Administration Industrielle et Générale, 1916; übersetzt von Karl Reineke, Allgemeine und industrielle Verwaltung.* München: Internationales Rationalisierungs-Institut (1929).

Howe, J. (2006). The Rise of Crowdsourcing. Wired Magazin. http://www.wired.com/wired/archive/14.06/crowds.html. Zugegriffen: Juni 2006.

Nonaka, I., & Takeuchi, H. (1995). *The knowledge Creating company – How Japanese companies create the dynamics of innovation.* New York: Oxford University Press.

Palmisano, S. J. (2004). *Leading change when business is good,* interview in *Harvard Business Review.* Dezember 2004, S. 61 ff.

Polanyi, M. (1966). *The tacit tactic.* Nachdruck: Double Day (1983).

Rhodin, M. (2011). Beyond collaboration – The critical role of analytics in a social business. http://www.informationweek.com/thebrainyard/e2-boston-2011. Zugegriffen: 24. Juni 2011.

Rubin, K. S. (2014). *Essential Scrum – Umfassendes Scum-Wissen aus der Praxis.* Frechen 2014.

Southerland, J. (2008). *Scrum at large: Managing 100 People and more.* http://www.tvagile.com/2009/07/24/scrum-at-large-managing-100-people-and-more/. Zugegriffen: 7. Juni 2012.

Tapscott, D., & Williams, A. D. (2007). *Wikinomics: die Revolution im Netz.* München: Hanser.

Taylor, F. W. (1911). *The principles of scientific management.* New York: Dover Publications. (1998). (Nachdruck; erstmals erschienen 1911).

Wikipedia Contributors. (2012). Scrum (development). http://en.wikipedia.org/w/index.php?title=Scrum_(development)&oldid=503065859. Zugegriffen: 20. Juli 2012.

„Social Leadership" – Führen in einem Digitalen Unternehmen

8

Worauf wir die Anstrengungen lenken sollten, ist nicht Wissen zu managen, sondern die Menschen zu managen, die mit Wissen arbeiten müssen.
Prof. Fredmund Malik, Leiter des Management Zentrums St. Gallen

Was zeichnet Führungskräfte aus und wie legitimieren sie sich? In Zeiten eines von militärischen Mustern geprägten Führungsstils war es nicht selten ein aufgrund eingeschränkter Kommunikationsmöglichkeiten gegebener Wissensvorsprung. Auch in dem nach 1960 vermehrt genutzten partizipativen Führungsmethoden blieb dieser dann mehr und mehr künstlich geschaffene Wissensvorsprung ein gewünschtes Mittel der Legitimierung. Erst etwa seit 1990 haben sich die technischen Möglichkeiten der Kommunikation so weit verändert, dass Wettbewerbsvorteile ganz wesentlich von schnellen Abstimmungsprozessen abhängig sind. Damit ist das Festhalten an künstlichen Wissensvorsprüngen Einzelner für die Unternehmen nicht mehr effizient. Das führt dazu, dass sich auch die Führungsmechanismen in Unternehmen ändern.

Zum Führen gehört natürlich auch die richtigen Mitarbeiter zu haben. Auch in diesem Aspekt, der zuerst betrachtet werden soll, gibt es in den letzten Jahren gravierende Veränderungen.

8.1 Die richtigen Mitarbeiter haben

Seitdem sich die Erkenntnis verbreitet, dass gute Mitarbeiter, die man selbst einstellt, nicht mehr für die Konkurrenz arbeiten können, ist der „Kampf um die Besten" entfacht. Bereits 1998 hatte Ed Michael, Direktor der US-Sparte der Unternehmensberatung McKinsey,

© Springer-Verlag Berlin Heidelberg 2015
P. Schütt, *Der Weg zum Digitalen Unternehmen*, DOI 10.1007/978-3-662-44707-9_8

diesen „War for Talents" offiziell ausgerufen. Es ging und geht darum, die richtigen Mitarbeiter für eine erfolgreiche Zukunft des eigenen Unternehmens zu finden. Hierbei spielen verschiedene Aspekte eine Rolle:

- Führungskräftenachwuchs muss langsam und stetig aufgebaut werden und Ähnliches gilt auch für alle anderen Bereiche im Unternehmen.
- Zur optimalen Ansprache der Kunden braucht man einen passenden Mix im Vertriebsteam nach Alter und Geschlecht, den es immer wieder nachzuziehen gilt.
- Gehen ältere Mitarbeiter in Ruhestand, entstehen Lücken beim Erfahrungswissen. Diese gilt es durch Wissensweitergabeverfahren, wie sie in einem Social Business in vielfältiger Weise zum Einsatz kommen, abzumildern. Problematisch wird es, wenn der Altersmix der Belegschaft ähnlich wie in der Gesellschaft Spitzen bei den Älteren aufweist und solche großen Jahrgänge das Unternehmen auf einen Schlag verlassen. Hier sollte man mit vom Management aufgesetzten Programmen bereits frühzeitig gegengesteuert haben.
- Junge Mitarbeiter bringen neue Erfahrungswelten und Arbeitsmethoden in ein Unternehmen und hinterfragen damit bestehende Prozesse, insbesondere Kommunikationsprozesse. Das ist für die Weiterentwicklung von Unternehmen wichtig. Verschiebt sich der Altersmix zu sehr nach oben, entstehen Innovationsdefizite.

8.1.1 Das Phänomen der sich umdrehenden Alterspyramide

Deutschland hat im Moment eine blühende Wirtschaft, die sogar den aktuellen Krisen breitflächig trotzt. Das liegt bei näherem Hinsehen daran, dass es in Deutschland, verglichen mit dem europäischen Ausland, in den letzten 20 Jahren den geringsten Zuwachs an Lohnstückkosten gab. Der Hintergrund dafür ist unter anderem in der Wiedervereinigung und der danach folgenden hohen Arbeitslosigkeit im Osten zu suchen, die infolge zu sehr moderaten Tarifabschlüssen in ganz Deutschland führte, was den Standort so wettbewerbsfähig wie selten zuvor machte. Langsam zeichnet sich jedoch eine Wende ab, weil sich der Arbeitsmarkt von einem Nachfragemarkt zu einem Anbietermarkt verändert. Hintergrund ist der anstehende demografische Wandel, wobei dieser durch die unerwartet hohen Zuwanderungseffekte seit 2015 eventuell aufgefangen werden wird.

In der Vergangenheit haben nur Kriege oder schlimme Dürreperioden signifikanten Einfluss auf die Altersverteilung der Gesellschaft gehabt. Das ist seit der Verfügbarkeit der Pille zur geplanten Empfängnisverhütung vorbei. Der Effekt ist zunächst nicht global, sondern trifft vorrangig einige ausgewählte Länder, in denen man sich eine solche Familienplanung leisten konnte und wollte. Dazu gehören insbesondere Deutschland, Süd- und Osteuropa, der Osten der USA, Japan und China. Neben einer bewussteren Familienplanung gehören zu den Ursachen aber auch weitere verstärkende Effekte, wie eine ge-

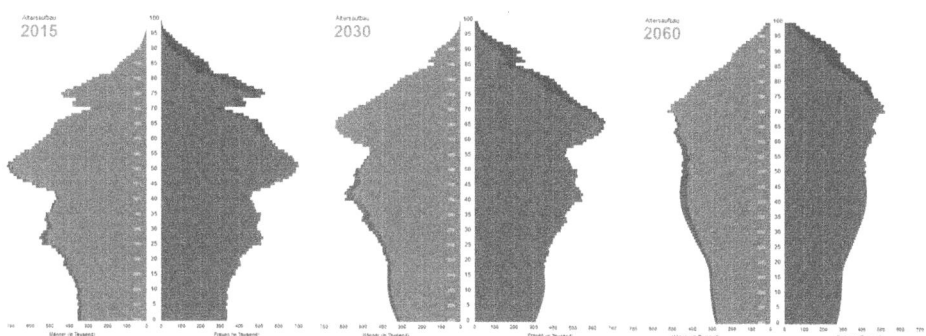

Abb. 8.1 Vermutete Veränderung der Altersverteilung unter der Annahme stärkerer Zuwanderung bis 2060. Bevölkerungsstand: 80,6 (2015), 80,9 (2030), 73,1 (2060), jeweils in Millionen Einwohnern (Stat. Bundesamt 2015)

wisse „Ehemüdigkeit", verbunden mit einer Angst vor der Übernahme der (finanziellen) Verantwortung für Kinder, die mindestens 20 Jahre dauert – ein gesellschaftliches Thema (Abb. 8.1).

Dazu kommt am anderen Ende der medizinisch-technische Fortschritt, der parallel die Lebenserwartung stark steigen lässt, sodass die jetzt direkt auf uns zukommende Umkehr der Alterspyramide auch noch mit einer Überalterung der Gesellschaft und damit auch der Mitarbeiterschaft in vielen deutschen Unternehmen einhergeht. Auf letztere kommt auch noch die gesetzlich festgelegte Verlängerung der Lebensarbeitszeit zu. Nur ein Land wird noch härter betroffen sein: China, dessen zumindest in den östlichen Landesteilen erfolgreiche Ein-Kind-Politik ebenfalls zu einer drastischen Verzerrung der Alterspyramide führt.

In Deutschland geht man davon aus, dass die Zahl der Einwohner aufgrund der aktuell hohen Eiwanderungszahlen bis 2030 mindestnes konstant bleibt und danach bis 2060 um etwa 10% abnehmen wird. Gleichzeitig wird der Anteil der Menschen im erwerbsfähigen Alter (20-65 Jahre) bis 2030 etwa um 8% und bis 2060 um ca. 25% sinken, wobei starken Abhängigkeiten zu der Zukünftigen Zuwanderung bestehen. (Statistisches Bundesamt, 2015). Im Jahr 2014 betrug die Zahl der Kinder pro Frau in Deutschland nur noch 1,43. Sie müsste aber bei 2,1 liegen, wenn die Bevölkerungszahl stabil bleiben soll – von Zu- und Abwanderungseffekten abgesehen. Zum Vergleich: In den USA liegt sie bei 2,01, in China bei 1,55 und in Indien bei 2,51 (CIA 2015) (Abb. 8.2).

Nach dem Generationenvertragsmodell finanzieren heute die Jüngeren die Renten- und Gesundheitskosten der älteren Generation. Hier wird es zwangsläufig spätestens nach 2030 zu einer ungünstigen Verschiebung kommen: Die Last auf die Jüngeren nimmt weiter zu. Das wiederum könnte im Kampf um die Talente ein zusätzlicher Standortnachteil werden, wenn nämlich vermehrt jüngere Leute mit Potenzial in Länder auswandern, die diese demografischen Effekte nicht oder deutlich geringer haben werden und sie damit „mehr Netto vom Brutto" selbst behalten können. Beispiele sind die USA oder Neusee-

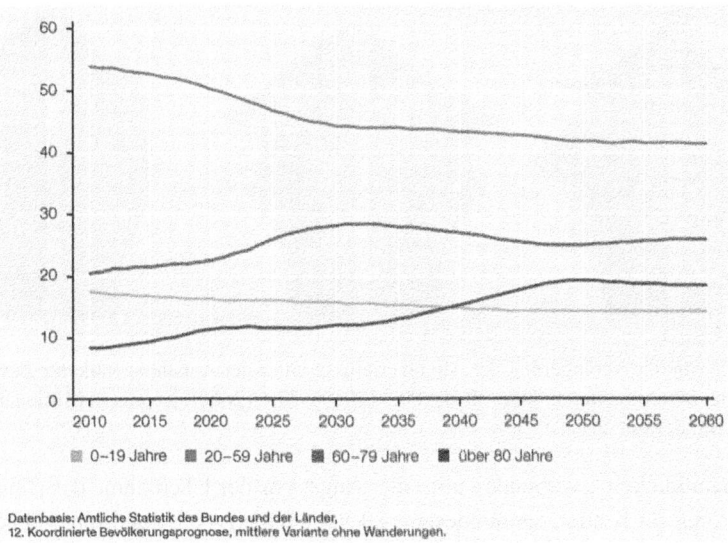

Abb. 8.2 Bevölkerung nach Altersgruppen. (Stat. Bundesamt 2013)

land, die schon heute beliebte Auswandererziele sind und über entsprechende Einwanderungsprogramme für Hochqualifizierte verfügen. Das könnte zu einer weiteren Dequalifizierung Europas mit sinkender Innovationsleistung führen.

Abgesehen von diesen gesamtgesellschaftlichen Effekten interessiert an dieser Stelle aber vielmehr der Altersanteil der arbeitenden Bevölkerung, also der 15- bis 67-Jährigen. Bis zum Jahr 2020 wird die Gesamtzahl der Menschen im Erwerbsalter zwar weitgehend konstant bleiben, aber nur dadurch, dass der relative Anteil der über 50-Jährigen stark zunimmt. So geht etwa die Firma Bosch davon aus, dass ihr Durchschnittsalter der Mitarbeiter von heute 42 Jahren bis 2030 auf 49 Jahre ansteigen wird. Wenn die Baby-Boomer-Generation dann in Rente geht, steigt zwar der relative Anteil der Jüngeren wieder, die Gesamtzahl der Menschen im erwerbsfähigen Alter wird aber relativ stark und schnell abnehmen.

Je nach der weiteren Entwicklung der Zuwanderung könnte es in Deutschland in den nächsten Jahren also zu einer weiteren Verknappung von jungen Mitarbeitern und danach zu einer generellen Verknappung kommen. Einige der dann absehbaren Folgen:

- Die Zahl der Arbeitslosen und Kurzarbeiter wird weiter sinken – bis zur Vollbeschäftigung.
- Insbesondere in akademischen Berufen droht eine starke Unterdeckung. 2030 wird etwa jede vierte Stelle nicht zu besetzen sein.
- Arbeitnehmer können sich zukünftig wieder eher einen Arbeitgeber mit attraktiven Konditionen aussuchen. Unternehmen in nicht so attraktiven Gegenden werden noch

mehr ein Problem bekommen qualifizierte Mitarbeiter zu finden. Social Business Unternehmen werden es durch die Attraktivität ihrer zukunftsorientierten Arbeitsumgebungen etwas einfacher haben.

- Unternehmen müssen unter verschiedensten Gesichtspunkten weiter jüngere Mitarbeiter einstellen, auch wenn die zukünftig sehr teuer sein werden. Einer der Gründe ist die aufrechtzuerhaltende Innovationskraft, bei der jüngere eine wichtige Rolle spielen. Ein anderer ist die anzustrebende Kontinuität in Managementpositionen.
- Der „Jungendwahn" der Industrie (wie ihn manche Autoren nennen) geht dem Ende entgegen. Unternehmen und Organisationen werden mehr und mehr darauf angewiesen sein, auch wieder ältere Mitarbeiter in großer Zahl zu beschäftigen. Kreative Arbeitsmodelle für Mitarbeiter 50+ oder 60+, die es heute nicht ansatzweise gibt, sind gefordert. Auch hier werden Social Business Elemente eine Rolle spielen.
- Dass viele Unternehmen das Thema bereits erkannt haben, zeigte sich bereits in der Wirtschaftskrise 2010. Statt wie üblich massiv Mitarbeiter abzubauen, wurde versucht, die Fachleute über Kurzarbeitsprogramme möglichst zu halten. Den Unternehmen war bewusst geworden, dass man bei wieder anspringender Konjunktur so schneller durchstarten kann, es aber zukünftig auch immer schwerer werden wird Ersatz vom Arbeitsmarkt zu bekommen.

Übrigens ist eine zumindest teilweise vergleichbare Situation noch gar nicht so lange her – Ende der 1950er sah es ähnlich aus: Die große, Ende des 19. Jahrhunderts geborene Generation schied langsam aus dem Arbeitsleben aus und die ausgedünnte Generation des 2. Weltkriegs konnte sie nicht ersetzen. Der Effekt war zunächst noch von den zu integrierenden Vertriebenen überdeckt worden, zog sich dann aber bis zur Ölkrise 1973 hin und war erst danach mit der langsam auf den Arbeitsmarkt drängenden Baby-Boomer Generation beendet. Der Unterschied ist, dass es diesmal keine Baby-Boomer Generation am Horizont gibt. Die Verknappung am Arbeitsmarkt hat aus heutiger Sicht zunächst kein Ende.

Auf einen interessanten Aspekt weist Prof. Paqué hin (Paqué 2011): Zeiten einer Arbeitskräfteknappheit sind keinesfalls Zeiten einer Stagnation. Im Gegenteil: Es wächst in den Unternehmen das Interesse an technischen Neuerungen bis hin zur Begeisterung dafür. Das könnte sich damit als Beschleuniger einer Social Business Transformation erweisen.

Parallel ist aber auch von einer Welle starker Automatisierung der Industrie auszugehen. Unter dem Stichwort „Industrie 4.0" hat insbesondere in der Metall- und Elektroindustrie eine Evolution der Produktionssystematik und -Logik begonnen, die mithilfe von neuen Robotern und weiter digitalisierten Fertigungsanlagen potenziell fehlenden Arbeitskräfte ersetzen wird. Für die Industrie ist das Thema auch deshalb so spannend, weil – aktuelle Zahlen von Volkswagen – ein Roboter heute etwa 5 € pro Stunde kostet, ein Mitarbeiter aber mindestens das Achtfache. VW-Arbeitsdirektor Horst Neumann sieht das Thema demografische Personalentwicklung entsprechend entspannt: „Es muss kein

Personal wegrationalisiert werden und wir können weiter junge Leute einstellen" und Wilhelm Bauer, Leiter des Fraunhofer-Instituts für Arbeitswirtschaft und Organisation (IAO), ergänzt: „Industrie 4.0 rettet uns vor dem demografischen Wandel" (Schiermeyer 2015). Welche Auswirkung die 2015 begonnene Zuwanderungswelle haben wird und wie lange diese anhält, ist aktuell noch nicht abschätzbar.

Spannend wird es auf jeden Fall den Stellen der Welt, in denen der demografische Wandel nicht auftritt, Industrie 4.0 aber trotzdem zum Einsatz kommen wird. Und ganz so problemlos, wie es Professor Bauer zusammenfasst, wird es auch nicht kommen: Die Roboter sind in bestimmten Bereichen erfolgreich einsetzbar, aber zum Beispiel im extrem wichtigen Thema „Innovationen entwickeln" werden sie nur helfen können, aber nicht initiativ sein. Hier kommt es zum einen auf die Zahl der Denker an – und die wird sinken – und zum anderen auf die Effizienz der Innovationsprozesse. Deshalb werden die anstehenden demografischen Verwerfungen den Kampf um Talente auch unter den gegentrendigen Aspekten von Industrie 4.0 sehr wohl weiter befeuern.

Es ist nicht nur die Anzahl der denkenden Köpfe, sondern auch der Altersmix der Belegschaft und die besonderen Fähigkeiten der Besten, die den Innovationserfolg wesentlich beeinflussen und deshalb zu managen sind. Wenn man von der Annahme ausgeht, dass Menschen aller Altersgruppen ähnlich viele innovative Ideen haben, dann haben die Älteren trotzdem ein Problem, nämlich zu viele Erfahrungen gesammelt zu haben und deshalb neue Ideen zu schnell zu verwerfen. Die Jüngeren sind dagegen viel mutiger und tendieren dazu Neues auszuprobieren. Die Älteren vergessen nämlich zu leicht, dass sich die Rahmenbedingungen zu ihren Erfahrungen möglicherweise geändert haben. Wie sagte schon Martin Luther King Jr.: „In Zeiten raschen Wandels können Erfahrungen dein schlimmster Feind sein." Bei einer zunehmenden Dominanz der Älteren kann es somit passieren, dass die gesamte Innovationsleistung des Unternehmens sinkt – was bezogen auf den Standort des Hochlohnlands Deutschland mit der zunehmenden, globalen Konkurrenz fatale Auswirkungen hätte.

Für Unternehmen und Organisationen ergibt sich daraus auch eine wichtige Veränderung: Man muss als Arbeitgeber wieder attraktiver sein, um von den besten Bewerbern entsprechende Anteile abzubekommen. Dabei hängt es von einer ganzen Reihe von Faktoren ab, ob ein Arbeitgeber attraktiv erscheint:

• Image – Der vielleicht wichtigste Faktor ist das Image des Unternehmens, also der Bedeutung der Firma als Marke auf dem Arbeitsmarkt. Neben dem klassischen Produktmarketing kommt dieser Spezialaufgabe im Unternehmensmarketing plötzlich eine wachsende Bedeutung zu. Dazu gehört mehr als ein qualifizierter Internetauftritt des Unternehmens – man muss in den Medien, in denen die Kandidaten präsent sind, ebenfalls präsent sein. Das bedeutet konkret, dass man sich als einstellendes Unternehmen auch per Social Media Marketing ins rechte Licht setzen muss. Laut einer Studie der Hochschule Furtwangen gelingt es heute nur fünf von 247 analysierten Unternehmen, die Karriereperspektiven im Unternehmen im Internet aussagekräftig und glaubhaft darzustellen.

- Standort – Hierzu zählen viele Faktoren der allgemeinen Lebensqualität, die ein Unternehmen selbst kaum beeinflussen kann. Das sind erschwingliche Wohnqualität, Einkaufsmöglichkeiten, sportliche und kulturelle Angebote in der Umgebung genauso wie ärztliche Versorgung, Kinderbetreuungs- und Ausbildungsmöglichkeiten, ebenso das Vorhandensein von qualifizierten Schulen und eventuell einer Universität im nahen Umfeld, sowie attraktive Freizeitgestaltungsmöglichkeiten und letztlich auch die Verkehrsanbindung, wie naher Autobahnanschluss, gute Bahnverbindung und Nähe zu einem Flughafen.
- Umsetzung der Motivationsfaktoren – Die Herzbergschen Motivationsfaktoren (Leistungs- und Erfolgsaussichten, Anerkennung, Arbeitsinhalte, Verantwortungszuweisung, Aufstiegs- und Beförderungschancen) (Herzberg 1959) behalten weiterhin ihre wesentliche Rolle beim Werben um „High Potentials".
- Karrieremodelle – Viele Unternehmen habe heute nur ein definiertes Karrieremodell für die Managementlaufbahn. Dabei ist ein vergleichbares Modell für verschiedene Fachlaufbahnen, die auch zu entsprechend hoch bewerteten Positionen führen, mindestens ebenso wichtig – und ein wichtiger Anreiz bei der Selbstdarstellung des Unternehmens auf dem Arbeitsplatzmarkt.
- Gehalt und Boni – Ohne Zweifel nach wie vor wichtig in der Differenzierung der Unternehmen, aber in entsprechenden Umfragen schon seit Jahren nicht mehr die Nummer eins als Faktor bei den Besten.
- Arbeitszeitmodelle – Attraktive, flexible Arbeitszeitmodelle, eventuell verbunden mit der Möglichkeit teilweise im Otto-Modus („Other than traditional Office") arbeiten zu können, etwa aus dem „Home Office" heraus, entlasten den Verkehr und die Umwelt und ermöglichen es einfacher eine sinnvolle Work-Life-Balance zu finden.
- Extras für Bewerber – Kleine Extras, wie zum Beispiel ein Auslandsaufenthalt im Traineeprogramm, können durchaus das Zünglein an der Waage sein.
- Unternehmenskultur – Die wahre Unternehmenskultur ist für Außenstehende, also auch Bewerber, häufig nicht wirklich erkennbar. Deshalb hat die Außenwahrnehmung der Kultur viel mit Image zu tun. Das ändert sich natürlich im Laufe der Probezeit. Dann zeigt sich, wie offen und aufgeschlossen die Unternehmenskultur auch neuen Mitarbeitern mit vielleicht anderen Ideen gegenüber ist.
- Gestaltung des Arbeitsplatzes – Bei zukünftigen Mitarbeitern, deren Arbeitsplatz Informationstechnologie-unterstützt ist, wird es in der nahen Zukunft immer stärker davon abhängen, ob die Unternehmens-IT moderne Kommunikationsformen aus dem Social Business-Umfeld, angefangen bei Chat (Instant Messaging), Blogs, Wikis usw. anbietet oder weiterhin nur der langsam veraltende Ansatz von E-Mail mit Textdokument-Anhängen möglich ist, der aus Sicht der jungen Generation die Produktivität einschränkt. Bei der neuen Vielfalt der IT-Hardware, von Laptops über Tablet-PCs bis zu Smartphones, könnten auch „Bring-your-own-Device"-Modelle (Mitarbeiter können privat gekaufte Wunsch-Hardware auch für Firmenbelange nutzen) die Attraktivität des Arbeitsplatzes steigern.

Insbesondere beim letzten Punkt ist zu beachten, dass jüngere und insbesondere IT-affine Mitarbeiter bei ihrer schulischen und gegebenenfalls universitären Ausbildung über Jahre neue Formen der Zusammenarbeit in Netzwerken (Communitys) trainiert haben und als Lösungskompetenz mitbringen. Zwingt man sie zurück auf klassische Wege, beraubt man sie um einen Teil ihrer Kompetenz. Aus ihrer Sicht werden solche Arbeitsplätze weniger attraktiv sein.

Personalabteilungen haben sich in den vergangenen Jahren bereits eine Menge einfallen lassen, um gute Bewerber an Land zu ziehen. Es gibt aber auch hier klare Verschiebungen hinein in das Internet zu Social Media: Während relativ teure Stellenanzeigen in Printmedien rückläufig sind, ähnlich wie die anderen eher kostenintensiven Lösungen, wie Headhunter und Talent Scouts, gewinnen Internetnetzwerke wie XING, Facebook und LinkedIn. Die Aufnahme von frühen Kontakten bereits in Schulen und Universitäten (Talent Relationship Management) haben sich bewährt, ähnlich wie das gezielte Anwerben über Unternehmenskontaktmessen. Auch die Rolle als Praxispartner einer Berufsakademie-Ausbildungsstätte funktioniert in immer mehr Bundesländern. Und nach einigen Jahren Pause ist auch der Klassiker „Mitarbeiter werben Mitarbeiter", verbunden mit der Auslobung eines Bonus, wieder da – was durchaus auch als Indikator des aufkommenden Problems gesehen werden kann.

8.2   Die Grenzen klassischer Führungsmodelle

Führungsfähigkeit zeichnet sich durch viele Faktoren aus. Früher war die Welt aus der Sicht des einzelnen Mitarbeiters einfach: Hatte man den entsprechenden Selektionsprozess im Unternehmen bestanden und wurde zur Führungskraft ernannt, dann verschaffte einem das Unternehmen auch den Status, der mit der im hierarchischen Führungssystem notwendigen Autorität verbunden wurde. Status bedeutete unter anderem einen schöneren Arbeitsplatz, ein Sekretariat und – besonders wichtig – ein vom Unternehmen permanent gefütterter Wissensvorsprung, ganz nach dem Motto „Wissen ist Macht".

Das kaskadierte: Mitarbeiter, die von ihren wissenden Chefs in spezielle Dinge eingeweiht wurden, fühlten sich in ihrer Reputation gestärkt und waren dadurch besonders motiviert. Damals stand Motivation aber nicht unbedingt ganz oben auf der Liste der Managementwerkzeuge. Stattdessen durchsetzten die noch aus der Kaiserzeit gewohnten, hierarchischen Strukturen das Denken. Der Chef sagte, was zu tun war und die Mitarbeiter machten das – aber auch nur genau das. Frederick Taylor sprach hier 1911 von „Soldiering" (Versoldatung) (Taylor 1911), also vom einfachen Ausführen von Befehlen bei möglichst geringem Einsatz seitens der Mitarbeiter. Kamen neue Mitarbeiter in ein bestehendes Team und zeigten mehr Elan, wurden sie vom Rest des Teams auf die notwendige Minimalnorm zurückgestutzt. Das hatte natürlich einen verheerenden Einfluss auf die Produktivität – die es damals noch nicht einmal als Begriff gab – und die Einführung von Neuerungen und Veränderungen.

Wirklich geändert haben sich die Führungsprinzipien der hierarchischen Führung erst mit der Ausweitung der elektronischen Kommunikation und der damit einhergehenden Beschleunigung der Geschäftsprozesse, bei der die zwingend erforderliche Abstimmung mit dem Chef zu sehr zum zeitlichen Engpass wurde. „Empowerment" hieß das Zauberwort, das bedeutet, dass auch Mitarbeiter Entscheidungen in ihrem direkten Arbeitsumfeld im vorgegebenen Rahmen selbstständig vornehmen durften. Schnell merkten die Unternehmen, dass Mitarbeiter aber auch nur gute Entscheidungen fällen können, wenn sie die komplette, prinzipiell zur Verfügung stehende Information bekommen und das notwendige Wissen haben, um die Dinge eigenständig zu interpretieren. Das führte zum Aufbau der Intranets und zum parallelen Abbau der bis dato gesonderten Führungskräfteinformationen, die deren Informationsvorsprung gesichert hatten – womit allerdings auch deren Legitimationsdomäne in sich zusammenbrach. Der Wissensvorsprung der Manager begann erstmals zu schrumpfen.

Mittlerweile ist das Internet zum Social Web, zum partizitiven „Mitmach-Web" geworden. Immer mehr Inhalte sind von Nutzern geschrieben und nicht mehr im Rahmen klassischer Prozesse professionell editiert. Die Einträge in Tweets, Blogs und Wikis sind dabei auch oft aktueller als die aus professionellen Redaktionen, was heutzutage zu einer Verlagerung der Werbeaufträge und als Folge davon zur Umstrukturierung der gesamten Presse- und Redaktionslandschaft führt, bis hin zu der Frage, ob man überhaupt noch den Beruf des Journalisten braucht? Das soll hier nicht vertieft werden, sondern nur als Hinweis auf die Größenordnung der Veränderungen dienen. Diese Welle rollt nun gleich einem Tsunami auf die Unternehmen zu. In Unternehmen, die die Transformation zu einem Social Business bereits weit getrieben haben, tauschen Mitarbeiter Informationen ohne den Filter des Managements miteinander aus. Das verschlankt Prozesse, verbessert sie qualitativ und spart letztlich sogar Kosten. Und es verändert die Rolle des Managements unwiederbringlich.

Die Veränderung geht mit fortschreitender Digitalisierung noch weiter. Die Zeiten, in denen die Arbeit von Wissensarbeitern im Wesentlichen durch die aufwendige Suche nach Informationen geprägt war, die man eben auch manchmal noch vom Management bekam, geht jetzt langsam zu Ende. Sie wird abgelöst von einer Periode der allseits zur Verfügung stehenden Daten („Big Data"), die es nur intelligent zu interpretieren gilt. Aber selbst dabei helfen Analytics und cognitive Computing als virtuelle Berater und sorgen dafür, dass man schneller zum Ziel kommt als heute. Was weiterhin als effektives Modell bleibt, ist der Austausch in themenorientierten Wissensgruppen im persönlichen Netzwerk, in sogenannten Communitys.

Deshalb stellt sich auch für den Erfolgsautor David Weinberger die Frage, wie Wissensarbeiter zukünftig zu führen sind (Weinberger 2008). Seine klare Antwort lautet, dass Jack Welsh, zwischen 1981 und 2001 CEO von General Electric und hier als Synonym für den einsamen Mann an der Spitze, als lange bewundertes Führungsmodell ausgedient hat. Weinberger sieht zentrale Führungskräfte als überfordert an, wenn sie wie früher alle Weisheit auf sich vereinigen sollen. Er setzt deutlich mehr auf das Wissen in und von Communitys, was als Leitbild die Entwicklung von Open Source Software hat – bei deren

Prozessen es durchaus auch „Alpha-Tiere" gibt, die Leitfunktionen übernehmen, aber eher auf natürliche Weise als aufgrund einer Einsetzung durch die Organisation.

Für Weinberger – und da steht er nicht allein – ist der Manager der Zukunft der Coach und Lotse, der aber nur noch die Probleme lösen muss, die auftauchen, wenn die Community sie nicht lösen kann. Statt der perfekten Strategie eines Einzelnen an der Spitze – was historisch gesehen immer im großen Maße auch Glückssache ist – sieht auch er Flexibilität und Antwortgeschwindigkeit als zunehmend wichtiger an und empfiehlt deshalb die Web-2.0-Produktstrategie als Maxime: „Put it up and make it better." Ob ein solches Herantasten als Führungsstrategie auch etwas für uns Deutsche ist?

Für Mitarbeiter heißt das Zurückdrängen des „Command & Control"-Prinzips in der klassischen Führung aber auch viel mehr Verantwortung selbst zu übernehmen, sich also in einem erheblichen Umfang selbst zu steuern. Das damit verbundene Prinzip der Selbststeuerung ist nicht neu. Es war auch das Steuerungsinstrument vor Frederick Taylor, also bis zum beginnenden 20. Jahrhundert, und damals sogar für alle, also noch nicht einmal begrenzt auf die Wissensarbeiter. Damit stellt sich die Frage, was man aus der Zeit vor Taylor lernen kann und insbesondere, ob es für Wissensarbeit in digitalen Unternehmen auch zu einer Produktivitätsagonie, wie vor Taylor, kommen muss.

Laut Taylor wurde im 19. Jahrhundert nach „Initiative und Anreiz" gemanagt. Die Aufgabe der Manager, die relativ wenig Kontakt zu ihren Untergebenen pflegten, war es, die Arbeiter dazu anzuregen, nach besten Kräften, Bemühungen, traditionellem Wissen, Fähigkeiten, Einfallsreichtum und gutem Willen zu arbeiten. Dies bedeutete nichts anderes, als dann und wann an deren Initiative zu appellieren. Das Ergebnis belegt, dass dies nur selten erfolgreich war. Stattdessen wurde Arbeit als abzuhandelnder Dienst verstanden, bei dem es sich nicht lohnen würde, mehr zu tun, als derjenige, der bei geringster Leistung genauso viel Geld bekommen würde. Durch einen Gruppenzwang untermauert hatten es auch Ausreißer, wie etwa neue Mitarbeiter, sehr schwer, gegen das Prinzip zu verstoßen. Das bekam auch Taylor als Person immer wieder zu spüren.

Peter Drucker hat dazu eine schöne Doppelmetapher entwickelt: Er beschreibt eine tayloristisch ausgerichtete Organisation als ähnlich funktionierend wie ein Baseball- oder Kricketteam (Drucker 1993, S. 86 ff.). Man arbeitet *im* Team, aber die Zusammenarbeit läuft im Wesentlichen nach dem Motto „parallel, aber jeder für sich" ab, wie es in typischen, immer wiederkehrenden (Produktions-)Prozessen auch üblich und größtenteils sinnvoll ist. Alternativ beschreibt Drucker Fußball, aber auch ein Symphonieorchester, als eine Arbeitsumgebung in der man vernetzt und zusammen *als* Team arbeitet und sich damit besonders flexibel wechselnden Anforderungen anpassen kann. Druckers Maxime hat weitreichende Implikationen, betont sie doch auch die direkte Kommunikation zwischen den Experten – ohne den Umweg über die Führungskräfte, was so in der klassisch-hierarchischen Organisation nicht unbedingt vorgesehen war.

8.3   Mit dem Führungsmodell ‚Fußball' zur leistungsorientierten Organisation werden

Während Peter Drucker die Fußball-Metapher nur anriss, lohnt sich aus zwei Gründen eine tiefere Betrachtung:

- Fußballspielen ist eine hoch komplexe Teamaufgabe, die keinesfalls strukturiert und planbar abläuft, sondern in jeder Sekunde mit Überraschungen aufwartet. Das ist (Kunden-)Projekten in vielerlei Hinsicht sehr ähnlich.
- Im Mannschaftssport, in Europa vor allem beim Fußball, sind die Führungsmodelle wegen des enormen Erfolgsdrucks aufgrund der großen finanziellen Einsätze außerordentlich weit entwickelt.

Dass Kundenprojekte ähnlich komplex sind, wird von Managern in der Wirtschaft gern übersehen. Sie wünschen sich ihre Aufgabe möglichst einfach, vergleichbar dem Drehen an einem virtuellen Getriebe, das keine Freiheitsgrade kennt. Ihre Idealvorstellung ist jederzeit im Voraus berechenbare Ergebnisse zu erzielen – ganz ohne Unsicherheiten und Risiken. Das ist im komplexen Geschäftsalltag allerdings realitätsfern. Deshalb weist Wissensmanagement-Vordenker Dave Snowden in seinen Vorträgen immer wieder darauf hin, dass „Managen" etwas anderes bedeutet. Das Wort stamme nämlich ursprünglich aus dem Französischen und bedeute „in der Lage sein ein Pferd zu führen", also in der Lage sein ein biologisches System mit eigenem Willen zu lenken. Ein Verabschieden vom systemtheoretischen Wunschbild mag für die eine oder andere Führungskraft erschreckend sein, hat aber durchaus auch etwas sehr Positives: Ein echter Manager hat ein Team, das sich selbst flexibel und dynamisch auf schnelle Veränderungen einstellen kann. Die Hauptfähigkeit des Managers ist dabei positive Resonanzzustände und Muster zu erkennen und zu fördern.

Die Führungskraft beim Fußball ist dort der Trainer – zugegeben auf einem sehr wackeligen Posten. Die manchmal sogar besser bezahlten Spieler entsprechen seinen Mitarbeitern und sind das „High Performance Expertenteam", das durchweg Höchstleitungen bringen soll. Damit wird auch deutlich, was Manager vielleicht von Trainern lernen können: Ein Team effektiv zu Erfolgen führen.

8.3.1   Die Rolle des Trainers/Managers

Der Trainer trainiert die Mannschaft. So sagt zumindest das Wort. Die Realität im Spitzenfußball ist heute eine andere. Seine wichtigste Fähigkeit ist nicht mehr selbst ein exzellenter Spieler und darin Vorbild für jeden Spieler zu sein. Stattdessen steht das extrem gute Erkennen von Resonanzen und wiederkehrenden Mustern im Vordergrund, sowohl bezogen auf das eigene Team als auch auf die durch die wechselnden Gegner definierten Anforderungen. Daraus sind die Entscheidungen abzuleiten, die zum Sieg führen sollen.

Für den Trainer besteht seine Aufgabe im Wesentlichen aus den folgenden Punkten:

- Die Taktik für das nächste Spiel festzulegen.
- Die Entscheidung über die Aufstellungen zu fällen – das können für ein Spiel je nach Taktik auch durch das Spiel sequenziell mehrere sein.
- Für die Fitness zu sorgen (was auch Co-Trainer erledigen können), aber mehr noch jeden Einzelnen im Team zu motivieren und damit möglichst nachhaltig zu Höchstleistungen anzuspornen.
- Den Spielerkader im Rahmen der finanziellen Möglichkeiten fortlaufend an die Anforderungen anzupassen.
- Die Außenwelt, insbesondere die Presse, bei Laune zu halten, was Wechselwirkungen auf das Team hat.

Trainer stehen oft unter besonders großen Herausforderungen, weil die Erwartungshaltung, mit der er in Bezug auf Erfolge gemessen wird, immer astronomisch hoch ist, selbst wenn das Spielerpotenzial realistisch betrachtet nichts Grandioses erwarten lässt. Da ist ein „weiter machen wie bisher" vermutlich nicht der richtige Ansatz.

Zu diesem Schluss kam 2006 auch Jürgen Klinsmann, der damalige Trainer der deutschen Nationalelf, der das Team fit machen musste für die anstehende Fußball-Weltmeisterschaft. Nicht nur er schätzt den damaligen Kader als eher unterdurchschnittlichen ein und musste trotzdem versuchen das Beste draus zu machen – ein Szenario, was vielen Managern aus Unternehmen auch bekannt sein dürfte.

Wie Dave Snowdens Cynefin Modell – das später noch im Detail betrachtet wird – lehrt, sind die Chancen Veränderungen einführen zu können am Besten, wenn es um die Grundvoraussetzungen einer Organisation relativ schlecht bestellt ist. Dann gibt es plötzlich Freiheiten Neues auszuprobieren, die ansonsten als zu radikal abgetan werden. Klinsmann hatte sowohl die Notwendigkeit als auch die Chancen erkannt und – das Wichtigste – hatte auch die Ideen zu Neuem. Nicht überraschend war, dass er auch auf Gegendruck stieß: So kommentierte Theo Zwanziger, damals Präsident des Deutschen Fußballbunds: „Wir sind jederzeit offen für Innovationen, wir brauchen aber keine Revolution." Verglichen mit seinen Vorgängern und deren Veränderungen war Jürgen Klinsmann schon ein Revolutionär. So führte er ganz neue Prozesse ein und nutzte erstmals intensiv einige gerade neu verfügbar gewordene Technologien. Das Ergebnis – ein immerhin unerwartet guter, dritter Platz – gab ihm letztlich Recht und etablierte seine Neuerungen, die sein damaliger Mitstreiter und späterer Nachfolger Joachim Löw konsequent fortführte, womit er dann 2014 mit seiner Mannschaft in Brasilien Weltmeister wurde.

Was hatte Jürgen Klinsmann damals bei der Fußball-Weltmeisterschaft 2006 den Ruf eines Revolutionärs eingebracht? Zunächst einmal seine klaren Aussagen zur Notwendigkeit permanenter Veränderung. Und dann die praktische Umsetzung mit zahlreichen, bis dahin auch noch nicht unbedingt allseits anerkannten Methoden – er betrat viel Neuland. So führte er den Laptop/das Tablet als Trainerwerkzeug ein. Darauf hatte er unter anderem als absolutes Novum alle verfügbaren Daten zu den Spielern und nächsten Gegnern. Einer, der Teile davon für ihn und heute noch für Joachim Löw umsetzte, war der ehemalige Schweizer Erstligaspieler und -Trainer Urs Siegenthaler als sein hauptamtlicher Scout, also „Spielerbeobachter". Seine Aufgabe war und ist es Gegner zu beobachten und daraus Strategien abzuleiten. Das hatte schon immer jemand mal hier und da gemacht, aber eben nicht professionell und strategisch. Eine Firma, die vom Datenhandel lebt, hat sich das Recht gesichert jede Bundesligabegegnung aus der Totalen filmen zu dürfen (Kramer 2006). Die Kunden dieser Firma bestellen dann Ausschnitte, etwa alle Eckbälle, alle Konterangriffe und so weiter. Siegenthaler gehört zu diesen Kunden.

Der DFB, als Traditionsverein, hatte zunächst natürlich weder einen zentralen Server, noch Personen, die solches Material auswerten konnten. Siegenthaler hat Sponsoren gefunden und beschäftigte dann Studenten mit der Grobanalyse der Videos. Sein Traum war angeblich mithilfe des Videomaterials, das er sich auf seinem Laptop immer wieder ansah, stereotype Spiel- und Bewegungsmuster zu erkennen, um sie dann als Schaubilder der eigenen Mannschaft aufzuzeigen – fast genau so funktioniert im Wissensmanagement die Methode der Narratologie, auch als Story Telling bekannt (Schütt 2003). Dabei geht es auch darum, archetypische Verhaltensweisen in Unternehmen zu erkennen und zu nutzen oder gegebenenfalls zu verändern.

Das Team um Jürgen Klinsmann führte weitere Neuerungen ein, die ebenfalls aus dem Social Business Spektrum stammten. Viel belächelt von der Boulevardpresse machten sie oft Telefonkonferenzen, um die Kommunikation zu intensivieren und Abstimmprozesse zu beschleunigen. Und nicht zu vergessen ist das Einführen eines speziellen Motivationstrainers.

8.3.2   Motivation ist das Salz in der Suppe

Bei praktisch allen Leistungssport-Trainern hat sich in den letzten Jahren die Erkenntnis durchgesetzt, dass Einstellung und Motivation der einzelnen Sportler ganz wesentlich zum Erfolg beitragen und dass es hierbei auf Detailarbeit ankommt. Das ist nicht ganz neu, denn das hatte als nur ein Beispiel Frederick Herzberg bereits 1959 in seinem Buch „The Motivation to work" (Herzberg 1959) als extrem wichtigen Faktor beschrieben.

Den Gedanken hat man im Fußball auch damals schon aufgegriffen. Zur Motivationssteigerung verschickte zum Beispiel Sepp Herberger schon in den 1950er Jahren sogenannte „Spielerbriefe" per Post, die sehr persönlich formuliert waren. Als Beispiel ein Auszug aus einem Brief an Helmut Rahn: „Helmut, Dribbeln und Alleingänge sind hervorragende Mittel eines erfolgreichen Angriffsspiels. Aber ebenso oder oft noch höher steht das Zusammenspiel im Kurs. Denken Sie daran und üben Sie sich darin. Dann sind Sie mein Mann und auf dem besten Wege ein Spieler von großer Klasse zu werden! Helmut, also, schau Dich um, spiele ab und lauf Dich frei!" (Herberger 1954)

Das wirkt aus heutiger Sicht nett und bemüht, aber nicht mehr professionell. Man hat das System kräftig weiter entwickelt und in den letzten 10 Jahren intensiv begonnen mit speziellen Motivationstrainern zusammenzuarbeiten. Auch hiermit war Jürgen Klinsmann einer der Vorreiter. Was dahinter steht formuliert der Göttinger Professor Gerald Hüther so: „Wirklich motiviert ist nur jemand, der aufgrund eigener Erfahrungen Freude an der Sache empfindet" (Barth et al. 2012).

Wenn es vielleicht auch trivial klingt, so gibt es zu der Frage, wie das zu erzielen ist, durchaus unterschiedlich Ansätze. Im deutschen Profifußball der letzten 20 Jahre unterscheiden sich am deutlichsten die beiden Trainer Felix Magath und Jürgen Klopp. Da ist die eher kühle, rationale und teilweise durch Angsteinflößung geprägte Art eines Felix Magaths und als Gegenpol Jürgen Klopp, der bis 2015 über 7 Jahre Trainer bei Borussia Dortmund war und den Verein wesentlich geprägt hat. Im Gegensatz zu Magath setzt Klopp auf psychologische Methoden zur Selbstmotivation setzt. Klopps Ansatz gilt als moderner und quasi „State of the Art". Er nutzte bei Dortmund dafür die Fähigkeiten des Aachener Motivationscoachs Peter Boltersdorf. Der hat ein Modell entwickelt Persönlichkeitsprofile zu erstellen, die sehr viel über einen selbst verraten. Dabei setzt er auf eine Systematik von Steven Reiss, der Ende der 1990er seine Theorie entwickelte, nach der jeder Mensch sechzehn Grundbedürfnisse hat, die ihn antreiben. Um seine Spieler möglichst gut zu verstehen nutzte Klopp in der Vergangenheit diese mit Fragebögen umzusetzende Methodik – neben persönlichen Gesprächen. Ziel dessen war über das Verstehen besser auf den Einzelnen eingehen zu können.

Der Osnabrücker Persönlichkeitsforscher Julius Kuhl hat sich intensiv mit dem Motivationsprogramm von Jürgen Klopp befasst (Barth et al. 2012). Für ihn ist es im Wesentlichen die Kraft einer gekonnten Suggestion, um die Selbstmotivation zu fördern. Dazu bedarf es dann noch eines „transformationalen Führers", der durch sein Charisma in Verbindung mit dem Prinzip „Leading by Example", das die Grundlage der Glaubwürdigkeit legt, die Vision vermitteln kann, dass „jeder Einzelne dazu beitragen will, dass aus der Idee Wirklichkeit wird". Klopp belässt es seiner Meinung nach dabei aber nicht bei stumpfer Rhetorik, die manipulierend sein kann und demzufolge auch Verantwortung erfordert. Er „definiert klare Ziele, nimmt Probleme vorweg, zeigt Lösungen auf." Psychologen nennen das mentale Kontrastierung, bei der er Zukunft und Realität geschickt verknüpft, um seine Vision aufzuzeigen und letztlich damit zu begeistern.

Da setzte in der Saison 2014/2015 jemand noch etwas obendrauf: Roger Schmidt, neuer Trainer bei Bayer Leverkusen, gelernter Werkzeugbauer und bis vor 7 Jahren Projektingenieur beim Automobilzulieferer Benteler in Paderborn, bringt etwas in die Bundesliga, das die Boulevardpresse als „Hundefußball" bezeichnete: alle Mann voraus Richtung Ball, wenig Absicherung, viel Wucht, Überfallfußball, schnellstes Umschalten von Balleroberung auf Angriff – ein Power-Pressing in radikalisierter Form. Das System verlangt ein noch höheres Niveau an Geschlossenheit und innerer Überzeugung, es verlangt höchste Aufmerksamkeit und Fokus. An Spieltagen wird als Signal in die Kabine eine Uhr gehängt, die die verbleibenden Minuten bis zum Anpfiff zeigt, um den Grad an Fokus zu erzielen. „Die Spieler zweifeln nullkommanull", sagt Roger Schmidt. „Es ist anspruchsvoll. Die Spieler merken schnell, dass es funktionieren kann. Aber wir müssen es volles Rohr durchziehen, sonst geht es nicht." In seiner Kabine hängt ein Plakat, auf dem vier Begriffe um das Wort „Erfolg" gruppiert sind: Mentalität, Physis, Qualität, Taktik. Die verbindenden Pfeile deuten an, dass letztlich alles von der Mentalität ausgeht. Das ist sein Modell. Zum Einstieg brachte er neue Software zur Leistungsdiagnostik mit und neue Regeln für die Ernährung – zudem möchte er einen neuen Koch einstellen. Manager können viel von ihm lernen (Kramer 2014).

Die Mentalität, die Einstellung, mag das wichtigste Erfolgskriterium sein, trotzdem ist die vielleicht wichtigste Entscheidung, die ein Trainer immer wieder zu fällen und an den Spielverlauf anzupassen hat, die der Taktik. Dazu gehört die Entscheidung über die Mannschaftsaufstellung im Sinne im Training erkannter, funktionierender Muster – mit entsprechender Auswirkung auf die Motivation einzelner Spieler. Im Training stehen alle zwanzig und mehr Spieler des Kaders in ihrer jeweiligen Gruppe ähnlicher Fähigkeiten (Torwarte, Verteidiger, Mittelfeldspieler, Stürmer) unter einer bedingten Konkurrenz, die sich erst auflöst, wenn der Trainer die endgültige Auswahl getroffen hat. Sogenannte Stammspieler können sich dabei zwar etwas zurücklehnen, aber grundsätzlich gilt:

- Jemand der nach dem Motto „Wissen ist Macht" agiert und auf dem Trainingsplatz dem Trainer und den anderen nicht zeigt, was er kann, hat kaum eine Chance aufgestellt zu werden.
- Genauso wenig kann sich jemand mit der Einstellung „Not invented here" (nicht hier erfunden) durchsetzen. Wer nicht bereit ist auf bessere Lösungen von anderen einzugehen, hat auch keine Chance.

Das Modell beleuchtet interessante Aspekte im Punkt Zusammenarbeit: Ein Spieler, der erfolgreich sein will, muss nun einmal aufgestellt werden. Und dazu muss er besser sein als seine direkten Konkurrenten. Das ist ein Motivationsmechanismus, dem man sich auch in einem Social Business sehr effektiv bedienen kann. Zu beachten ist aber, das richtige Maß zu finden, denn zu viel Konkurrenz ist auch wieder negativ, denn am Schluss soll ja ein Teamergebnis – das gewonnene Spiel – stehen. Damit die Konkurrenz nicht ausufert, hat man deshalb in manchen Unternehmen schon vor über fünfzehn Jahren Teamziele eingeführt.

Ein Sieg hat im Fußball immer viele Väter, eine Niederlage aber angeblich nur einen – den Trainer. Das lässt sich auch auf Unternehmen übertragen. Deshalb stellt sich die Frage, wie Trainer gut mit Niederlagen umgehen? Das ist eine Frage der „Resilienz", der Fähigkeit negative Situationen und Phasen zu meistern. Für den Trainer heißt das in erster Linie den Realitätssinn zu behalten und sich auf Fakten zu stützen, statt träumerisch in Wunschdenken zu verfallen. Im zweiten Schritt ist ganz pragmatisch zu überlegen, was in der Situation innerhalb der gegebenen Rahmenbedingungen machbar ist, wo man improvisieren kann und wo wirkliche Änderungen – zum Beispiel der Austausch bzw. Neukauf von Spielern – unabdingbar sind. Den einzelnen Spielern ist weiterhin ihre Bedeutung im Gesamtkontext aufzuzeigen, denn ein gesundes Selbstwertgefühl führt eher zu besserer Leistung als nur Kritik. Letztlich ist das Teamverständnis und -Zugehörigkeitsgefühl, also das „wir", zu intensivieren. Dazu gibt es in Anlehnung an Dr. Uwe Harttgen, früher einmal Psychologe im Nachwuchszentrum von Werder Bremen, zwei Regeln (Harttgen 2006):

1. Stärken und Schwächen werden intern diskutiert. Fehler werden klar benannt, aber nach außen ist zu loben, um die Mannschaft aufzubauen. Denn hier gilt schon das Sepp-Herberger-Motto: „Nach dem Spiel ist vor dem Spiel".
2. Es ist die richtige Balance zwischen Strenge und Nachsicht zu finden.

Es gilt in dem Zusammenhang auch schwierige, unangenehme Entscheidungen zu fällen. Die sind entsprechend zu vermitteln. Dazu Roman Weidenfeller, Torwart von Borussia Dortmunds und mit der deutschen Nationalmannschaft Weltmeister 2014, der Folgendes über Gespräche mit seinem ex-Trainer Jürgen Klopp berichtet: „Man kann mit ihm über alles reden, er hat stets ein offenes Ohr. Und auch, wenn das Gespräch im Grunde nicht so angenehm war, geht man aus der Unterhaltung letztlich mit einem guten Gefühl raus" (Barth et al. 2012). Gleichzeitig verlangt Jürgen Klopp strikte Disziplin. Über seinen Entscheidungsbereich, etwa die Taktik, diskutiert er nicht mit den Spielern.

8.3.3 Gibt es das ‚perfekte Erfolgsrezept'?

Wenn man heute angeblich so gut versteht, was Spieler und die Mannschaft zu Spitzenleistungen bringt, kann es ein einfaches Erfolgsrezept geben – im Fußball, wie auch im Geschäftsalltag? Das Rezept von Alt-Trainer Giovanni Trappatoni klang in seinem liebenswerten Deutsch verblüffend einfach: „Es gibt nur einen Ball. Wenn der Gegner ihn hat, muss man sich fragen: Warum!? Ja, warum? Und was muss man tun? Ihn sich wiederholen!" Wenn das immer so einfach wäre.

Bemerkenswert ist in diesem Zusammenhang das für die meisten Fans überraschend gekommene, relativ schlechte Abschneiden von Borussia Dortmund in der letzten Saison unter Trainer Klopp (Saison 2014/2015). Zwar hatte Bayern München mit viel Geld den Starspieler Robert Lewandowski vor Saisonbeginn herausgekauft, was einen gewissen Leistungsabfall in der Folgesaison hätte erklären können. Nur dass Dortmund zeitweise bis zum Tabellenende abfiel, kann eigentlich nicht an einem einzigen Spieler liegen – oder doch? Kommentatoren warfen dem eigentlich viel bewunderten Trainer Jürgen Klopp dann doch etwas vor: Sein Team sei über sein ausgefeiltes System angeblich einfach zu uniform geworden, um in der ungewohnten Situation des oft unterlegen Seins die Innovationskraft des Herumreißens zu haben. Das klingt durchaus plausibel. Klopp hätte sich rechtzeitig einmal mit Dave Snowdens Cynefin-Modell (das später noch angesprochen wird) befassen sollen und erkennen können, dass man immer auch ein paar „Verrückte" (englisch: Mavericks) in einem Team benötigt, die nicht in das normale Schema passen. Nur sie können in besonderen Situationen Unerwartetes leisten, und deshalb braucht man sie um letztlich wirklich nachhaltig erfolgreich zu bleiben.

Auch früher war es immer mindestens ein herausragender Spieler, wie etwa Günter Netzer Anfang der 1970er, der die Mannschaft mitriss und zum Erfolg führte. Norbert Bolz, Professor für Medienwissenschaften an der TU Berlin, sieht seine Rolle damals so: „Netzer – das deutsche Schema, faul, aber genialer Feldherr, der die anderen zu Wasserträgern degradiert und für sich laufen ließ. Damit stand Netzer in der Tradition des viel bescheideneren Fritz Walter (Bolz 2006)." Heute geht man davon aus, dass mehr Flexibilität gefordert ist, dass im Verlauf eines Spiels verschiedene Spieler die Rolle des „Spielmachers" übernehmen müssen, so wie es von ihren Fähigkeiten her zu der Situation gerade am besten passt. Aber es muss sie geben, diejenigen die sich zeitlich begrenzt besonders exponieren, engagieren und so zeitweilig zum Spielmacher werden. Wenn man solche Spieler nicht hat, muss man sie hinzukaufen oder eben häufiger verlieren.

Wie das Gewinnen funktioniert, zeigt Bayern München seit Jahren extrem erfolgreich mit einem simplen Ansatz: Einfach die besten Spieler und einen herausragenden Trainer zusammenkaufen. Deutet das darauf hin, dass es doch eine Formel für den Erfolg geben könnte? Ist es der Einsatz der finanziellen Möglichkeiten, wie es auch manche Industrieunternehmen machen – sonst hätten ja die Headhunter nichts zu tun? Eine Antwort ist nicht so trivial, wie es vielleicht auf den ersten Blick erscheint. Zumindest manchmal gewinnt auch ein David gegen einen Goliath. In der Saison 2005/2006 hatte Dauermeister Bayern München mit geschätzten 60 Mio. € den größten Etat in der Bundesliga, aber auf Platz 2 stand am Schluss der Hamburger SV, der damals laut SAT1 Bildschirmtexttabelle mit 25 Mio. nur den 15. Platz in der Etatliste einnahm. Auf dem letzten Platz in beiden Listen stand der 1. FC Kaiserslautern. Da stimmte der Zusammenhang dann scheinbar wieder. Es liegt also wahrscheinlich nicht nur am Geld, auch wenn es hilft und insbesondere über den Einkauf von Top-Spielern auch für Nachhaltigkeit sorgt.

In einzelnen Momenten oder kurzen Phasen ist das Erreichen von Spitzenleistungen aber auch anders zu erzielen. Im Fußball gewinnt man entweder durch Spielstärke oder durch überlegenen Kampfgeist. Letzterer ist mit Geld nicht zu erkaufen. Er ist, wenn er besonders ausgeprägt ist, eher eine Art besonders erfolgreicher Teammotivation in Form einer temporären Resonanz – eine Art vorübergehender Rausch. Drei Beispiele: Kampfgeist hatte den 1. FC St. Pauli, der damals auf einer mittleren Position in der dritten Liga spielte und dessen Gesamtetat kleiner war als das durchschnittliche Einkommen eines Bayern-Spielers, 2005 bis in das Halbfinale des DFB Pokals gebracht – das sie dann gegen die Bayern verloren haben. Ähnlich ist der überraschende Titelerfolg der von Otto Rehhagel trainierten griechischen Nationalmannschaft bei der Europameisterschaft 2004 einzuschätzen und in gewisser Weise auch das „Wunder von Bern" 1954. Nur nachhaltig waren deren Siege alle nicht. Aber auch langfristiger Erfolg setzt sich nicht beliebig fort. So war der 1. FC Nürnberg über 60 lange Jahre der Rekordmeister in Deutschland. Aber seit 1987 ist es vorbei.

Was bedeutet das für Teams in Unternehmen? Spielstärke entspricht der Qualifikation in der Sache und Kampfgeist ist Kampfgeist. Zur Qualifikation gehört aber nicht nur die persönliche Qualifikation, sondern auch das eingeübte Zusammenarbeiten im Team. Das Besondere an der Zusammenarbeit als Team ist dabei, dass man sich dynamisch im Team auf die aktuelle Situation einstellen kann, zumindest, wenn man gut genug trainiert hat und sich gegenseitig gut kennt – und die Konkurrenz der einzelnen Spieler nicht ausufert.

Das Erfolgsprinzip einer begrenzten Uniformität in einem gut eingeübten Team mit dynamisch-zeitlich wechselnder Führung lässt sich auch auf Unternehmen übertragen, wobei die hier notwendige Kontinuität in der Beziehung zum Kunden als Person als wichtiger Faktor kein Pendant im Fußball hat. Im Geschäft gilt Sepp Herbergers Weisheit „Das Spiel hat 90 Minuten" eben nicht, denn eine Kundenbeziehung mag Phasen unterschiedlicher Intensität haben, aber sie hat kein absehbares Ende, auf das man hin planen kann. Will man also ein Team zu besonderen Leistungen führen, dann hilft die Erkenntnis von Oliver Bierhoff, dem Manager der deutschen Fußballnationalmannschaft schon eher: „Man kann 25 Spieler nicht gleichbehandeln, denn sie sind nicht gleich. Jeder braucht eine individuelle Förderung."

Das gilt auch im Unternehmen. Welcher Manager (Abteilungsleiter oder Projektleiter) kann heute aus dem Stegreif die besonderen Fähigkeiten jedes einzelnen Mitarbeiters konsistent aufzählen, weil er sie einfach kennt? Und werden die Mitarbeiter wirklich gezielt daraufhin gefördert? Eine Umsetzung ähnlicher, auf stimulierte Selbstmotivation setzende Motivationsverfahren in der Wirtschaft, wie oben für den Bundesliga-Trainer Jürgen Klopp beschrieben, hinkt heute noch sehr weit hinterher.

Und es ist noch etwas anderes: Wiederum Jürgen Klinsmann griff auch eine Veränderung auf, die sich bis heute im Profifußball wirklich allgemein durchgesetzt hat. Heute kümmert sich eine Heerschar von Personen mit verschiedenen Rollen um die Mannschaft selbst und schon lange nicht mehr nur der eine Trainer allein. Allein im direkten Umfeld des Trainers bewegen sich heute typisch der Teammanager, der/die Assistenztrainer, der Torwarttrainer, der Fitness-Coach, der Mannschaftsarzt, der Sportpsychologe und der Scout. Als zweite Ebene, als zusätzliche Einflussfaktoren, sind in den Vereinen daneben der Vereinspräsident, die Spielerbetreuer, die Spielerfrauen, die Sponsoren, die Sportpresse und nicht zuletzt auch noch die Fans anzusehen.

Auch die Rolle der Manager in den Unternehmen hat sich über die Jahre stetig verändert. Waren sie früher als Abteilungsleiter typisch die besten Fachleute der Abteilung und ging keine Entscheidung an ihnen vorbei, so ist der heutige Manager, insbesondere wenn er Wissensarbeiter leitet, auch eher ein Coach als ein Herrscher. Was allerdings auffällt, ist, dass er gegenüber einem Trainer in seiner Rolle heute noch ziemlich allein gelassen wird. Anders als im Profisport gibt es nach wie vor im Management nur das Pendant zur zweiten Unterstützungsebene: den Chef, die Kunden. Nur sehr wenige Unternehmen haben etwas Vergleichbares zur ersten Unterstützungsebene aufgebaut. Praktisch nirgends in der Industrie gibt es eine Rolle, wie die eines Fitness-Coachs (also z. B. einen Kommunikationstrainer), Psychologen, Scout (Wettbewerbsbeobachter), usw. Allenfalls gibt es – weit entfernt vom Tagesgeschäft – eine Akademie, in der die Führungskraft und die Mitarbeiter Kurse belegen können.

Hier scheint starker Handlungsbedarf zu bestehen. Warum gibt es das unterstützende Umfeld heute nicht im Tagesgeschäft für Projektteams? Warum verlassen wir uns ausschließlich auf die natürlichen Talente unserer Mitarbeiter, unterfüttern sie aber nicht professionell mit Fachtrainern, Psychologen, Wettbewerbsbeobachtern, usw.? Der Ansatz wäre ähnlich, wie die tayloristische Prozessüberprüfung durch den Refa-Mann (Rationalisierungsfachmann) in der klassischen Produktion, nur jetzt übertragen – und eher als Coaching verstanden – auf Wissensarbeit. Das ist seit vielen Jahren überfällig.

8.4   Das Prinzip moderne Führung im Digitalen Unternehmen

Damit stellt sich die Frage, wie den Führung in einem Digitalen Unternehmen optimal organisiert werden kann. Ein Digitales Unternehmen zeichnet sich dadurch aus, dass man sich den komplexen Vorgängen des Geschäftsalltags mit einer sich teilweise selbst organisierenden Struktur (Social Business) stellt, statt wie in der Vergangenheit ausschließlich auf ein System klarer Hierarchien und Verantwortungen zu setzen. Man könnte auch sagen, man erlaubt den Mitarbeitern – und fordert es auch – sich die Bälle zuzuspielen, was die Metapher zum Fußball anklingen lässt. Das heißt aber nicht, dass Führen nun bedeutet „lass uns mal drüber nachdenken", sondern es bleibt beim „lass uns entscheiden" (Fried and Hansson 2010).

Was einem Manager nach wie vor hilft, ist ein sinnvolles Maß an Autorität. Die kann man auf vielerlei Weise gewinnen: Das Einfachste und Beste ist sicherlich durch die Persönlichkeit, aber helfen tun auch spezielles Wissen oder auch die geborgte Autorität durch ein gutes Verhältnis zur höheren Führungskraft oder gar dem Führungsteam. Im Fußball erkennt man hier ein Abhängigkeit zur Vereinskultur, bzw. zum Vereinspräsidenten, die im Fall von Misserfolgen mehr oder weniger schnell zu Trainerwechseln tendieren. Solange Fußball noch „nur Sport" war, war der Trainer im Verein sicherlich die Autorität schlechthin. Allenfalls hatte der Mannschaftskapitän noch etwas zu sagen. Man denke dabei an Sepp Herberger und Fritz Walter. Deren Position ist mit Joachim Löw und Sebastian Schweinsteiger heute allerdings nicht mehr zu vergleichen.

Wenn man es realistisch betrachtet, ist die Autorität des Trainers über die Jahre drastisch erodiert. Längst bekommen die Spieler oftmals mehr Geld als die Trainer. Die Leistungsträger erhalten auch längerfristige Verträge, während ein Trainer schon Glück hat, wenn sein Vertrag über zwei Jahre läuft. Das wissen die Spieler auch und spekulieren damit. Dazu Trainer Horst Köppel: „Wenn der Trainer die Gangart mal etwas verschärfen will, denken sich die Spieler nur: Das interessiert uns doch nicht. Wenn wir noch zweimal verlieren, kommt sowieso ein Neuer" (Haid 2005). Eine vergleichbare Erosion ist bei Management-Positionen bisher zum Glück nicht zu beobachten.

Was im Fußball ähnlich ist wie in den meisten Unternehmen, ist das neue Prinzip, dass der Manager nicht mehr der beste Spieler des Teams sein muss. Das bedeutet im übertragenen Sinne, dass nicht mehr automatisch der fachlich beste Mitarbeiter irgendwann zum Abteilungsleiter werden sollte. Die Einführung einer ähnlich klaren Trennung von Management- und Fachlaufbahn mit entsprechenden Karriereperspektiven bis in höchste Ebenen auf beiden Seiten ist für viele Unternehmen bereits die erste Baustelle. Die Führungskräfte werden damit keinesfalls arbeitslos. Ihre Rolle verändert sich lediglich – hin zum Coach, Trainer oder Lotsen – wie man möchte. Manager bestimmen weiterhin:

- Alle großen Entscheidungen, während die kleinen Entscheidungen vermehrt von den Wissensarbeitern selbst getroffen werden dürfen.
- Die zu lebenden Werte und (unausgesprochenen) Regeln – wozu auch die Corporate Identity und damit die Sinnstiftung für die Organisation gehört. Das bedeutet aber auch,

dass Führungskräfte diese Werte vorleben müssen („Leading by Example"). So wird für die Mitarbeiter auch der Rahmen abgesteckt, innerhalb dessen sie selbst entscheiden dürfen.

- Förderungsmaßnahmen für Mitarbeiter. Zu einer Personalverantwortung gehört das aktive Erkennen und Fördern von Fähigkeiten und Ausbügeln von spezifischen Schwächen bei einzelnen Mitarbeitern bzw. im Team. Das ist insgesamt nicht weit von dem entfernt, was Erziehung bei Kindern leistet, womit sich die Frage aufdrängt, ob Frauen nicht die besseren Führungskräfte sind.

- Die Strategie – wobei anzumerken ist, dass viele Unternehmen oder gar Bereiche und Abteilungen heute oftmals gar keine klar ausgearbeitete Strategie zur Ausrichtung auf die Zukunft haben und sich stattdessen aus dem Tagesgeschäft heraus treiben lassen und weiter entwickeln. Das Optimum liegt vermutlich in der Mitte: Die Führungskraft sollte schon ein klares Verständnis von den strategischen Zielen und deren Verwirklichungszeitrahmen haben. Andererseits sind heute Veränderungen am Markt so rasant, dass auch eine Strategie oftmals schneller angepasst werden muss, als dass sie umgesetzt wurde. Neben der Erstellung und Realisierung der Strategie wird also die Gewährleistung der Flexibilität zur zunehmend gleichrangigen Aufgabe für moderne Führungskräfte.

- Die Mannschafts- oder Teamaufstellung. In Verbindung mit der von Peter Drucker erstmals 1954 vorgeschlagenen zielorientierten Führung (Drucker 1954) werden die anstehenden Aufgaben im Dialog mit den Einzelpersonen und dem Team verteilt. Typisch machen die Mitarbeiter im Rahmen ihrer Selbsteinschätzung Vorschläge, die die Führungskraft entweder direkt akzeptiert oder im Einzelgespräch korrigiert. Wichtig ist dabei sehr oft, dass das Team nicht zu gleichförmig besetzt ist, sodass wirklich für alle Aufgaben Kompetenzen vorhanden sind. Auf Unternehmensebene bedeutet das, dass die Personalentscheider Mitarbeiter aller notwendigen Ausbildungsgänge bzw. Kompetenzen einstellen müssen und sachlich nicht begründete Cliquenbildungen (Beispiel: ehemalige Berufsakademie-Studenten stellen nur Berufsakademie-Studenten ein) entgegenwirken sollten.

- Einzel- und Teamziele. Erstere sorgen für ein ausgewogenes Maß an motivierender Konkurrenz unter den Mitarbeitern, die durch die übergeordneten Teamziele im sinnvollen Rahmen gehalten wird. Im Fußball ist die Konkurrenz so lange am größten, wie der Trainer die Aufstellung noch nicht angekündigt hat. Danach überwiegt das Teamziel, den Mannschaftsgegner zu besiegen. Ähnliches gilt auch für Teams in Unternehmen und ist zu berücksichtigen.

- Den Fokus der Aufmerksamkeit der Wissensarbeiter. Diesen zu steuern und damit Einfluss auf die Zeit zu nehmen, die sie bestimmten Themen widmen, ist eine neue Aufgabe, die erst mit der Verfügbarkeit von immer mehr Informationen aufgetaucht ist. Mitarbeiter haben heute Zugang zu so vielen Informationen, dass ihnen oftmals nicht mehr klar ist, worauf sie sich fokussieren sollen. Bernard Stiegler (2008) betont dazu, dass ein Abschalten des Zugangs zum Internet keine sinnvolle Lösung ist, da das WWW heute immer mehr zum allgemeinen Informationsspeicher geworden ist, ohne den ein Arbeiten für Wissensarbeiter unmöglich geworden ist. Menschen bauen, seiner Meinung nach, durch teilweise extrem frühzeitigen Mediengenuss (Fernsehen, Internet, usw.) andere Gehirnstrukturen auf als früher, woraus eine zunehmende Konditionierung auf schnelle Reize, wie sie von modernen Filmen mit schnellen Schnitten geliefert werden, entsteht. Dabei geht die Fähigkeit zur langen Konzentration auf einen Punkt zunehmend verloren. Unternehmen müssen sich nach Stiegler diesen Veränderungen wohl oder übel auch dadurch stellen, dass sie den mündigen Mitarbeiter heute als Konsument sehen und akzeptieren – und ihm in der Konsequenz einen interessanten Arbeitsplatz mit entsprechenden Inhalten bieten, die so seine Aufmerksamkeit gewinnen. Eine neue Führungsaufgabe!

Das Vorbild des Fußballtrainers scheint überall durch. Das merkt man beispielsweise daran, dass auch in Organisationen das „Führen durch Vorbild sein" („Leading by Example") immer wichtiger wird. Anzumerken bleibt aber, dass eine Transformation der internen Prozesse nicht mithilfe der klassischen Kommunikationswerkzeuge E-Mail und Telefon funktionieren kann. Die Grundvoraussetzung ist schon das Vorhandensein intern zur Verfügung stehender sozialen Medien als neue, erweiterte Kommunikationsplattform der Organisation, quasi als „System of Engagement", also nicht nur als Raum der (virtuellen) Zusammenarbeit, sondern auch als Motivationsmaschine, mit der man sich gegenseitig hochschaukelt, motiviert, und einzeln und als Team zu besseren Leistungen kommt. Das gibt auch den Managern ein neues Werkzeug in die Hand.

Konkrete Beispiele, wie man „Leading by Example" mit diesen neuen Werkzeugen in einem Social Business umsetzen kann, sind folgende:

- Vorgeben, was wichtig ist. Dazu gehört etwa das interne Bloggen von aktuellen, strategischen Wünschen der wichtigsten Kunden. Ein Weiterreichen solcher Informationen innerhalb der Organisation kann viele Prozesse oder notwendige Veränderungen stark beschleunigen. Das betrifft das Vertriebsteam, aber vielleicht sogar auch den Forschungs- und Entwicklungsbereich. Wenn die Mannschaft einmal weiß, wo die Führung hin will, wird eben vieles einfacher. „Social" kann die notwendige, aber bisher vernachlässigte Transparenz schaffen.
- Eigene Schlüsselpräsentationen auch intern bereitzustellen („Sharing"). Das folgt einem ähnlichen Ansatz, denn sie werden schnell zum Vorbild für die Mitarbeiter und sorgen so auch verbessert für eine „Corporate Identity". Im Idealfall, wenn sich die Unternehmenskultur bereits soweit weiterentwickelt hat, werden sogar Kommentare zu einer weiteren Verbesserung kommen.

Wichtig ist dabei für die Führungskraft immer klar und authentisch aufzutreten und auch bei einer negativen Ansage dafür zu sorgen, dass die Motivation immer hoch bleibt. Dazu muss man jeden Mitarbeiter als Individuum verstehen und ansprechen und nicht mehr als graue Masse betrachten. Ein Fußballtrainer hat es da mit einem Kader von etwa fünfundzwanzig Personen einfacher als ein Unternehmens- oder Bereichsleiter. Aber auch hier bieten die sozialen Medien neue Wege. Warum nicht einmal über den für alle einsehbaren Microblog eines Mitarbeiters loben, statt ihm eine E-Mail zu senden, die niemand anderes sieht?

Zum präsent Sein in den internen sozialen Medien bedarf es einer Strategie – den externen Auftritt steuert ohnehin die Kommunikationsabteilung. Kritisch ist insbesondere der Zeitaufwand. Das muss Teil dieser Strategie sein. So muss nicht unbedingt jeden Tag etwas publiziert werden. Etwas regelmäßig sollten die Beiträge im persönlichen Blog aber schon sein, etwa zu Wochenbeginn oder am Freitag zum Wochenausklang genügt vollauf. Und nicht jede Führungskraft ist ein geborener Autor. Etwas Unterstützung durch Stabsabteilungen ist akzeptabel, wenn die Führungskraft grundsätzlich den letzten Schliff verpasst und die eigene, persönliche Note einbringt. Die Stabsabteilung kann helfen, etwa indem sie Themen vorsortiert, Textvorschläge macht, die aber zumindest im Tonfall angepasst werden müssen, und den Rückkanal (die Kommentare) beobachtet, sodass zeitnah reagiert werden kann.

Inhaltlich sollten es nicht nur Jubelnachrichten sein, sondern durchaus auch mal etwas Nachdenkliches. Genauso ist darauf zu achten, dass nicht nur abgeschlossene Gedanken gebloggt werden, sondern auch offene Fragen oder Visionen, die zum Mitdenken und Kommentieren nahezu auffordern. Das belebt nicht nur die Kommunikation, sondern auch die Innovationsfähigkeit des Unternehmens. Grundsätzlich sind auch verschiedene, sich abwechselnde Formate (Text, Video, Präsentation, usw.) förderlich.

> Schafft man selbst nicht solche Einträge zu schreiben, kann das Prinzip des *Backstage Passes* helfen: Man bietet einer Nachwuchsführungskraft einige Tage die Möglichkeit alle Termine zu begleiten – quasi hinter der Bühne. Das schafft eine Mentoring-Beziehung in beide Richtungen: Die jüngere Person lernt etwas über Führung und die ältere etwas über soziale Medien. Aufgabe der Nachwuchsführungskraft ist in jedem Fall über die gemeinsamen Tage zu bloggen – nach Abstimmung über die Inhalte.

Ein neuer Weg der Kommunikation ist auch in einem internen, Twitter-artigen Microblog an die Follower zu veröffentlichen, was man heute oder morgen machen wird, etwa welche Kunden man treffen wird. Das muss nicht zwingend vollständig sein, sorgt aber dafür, dass die Vorbereitung solcher Termine besser läuft, weil man oft unerwartet wichtige Zusatzinformationen aus der „Weisheit der Menge" (Wisdom of Crowds) der Mitarbeiter bekommt, oder die Zeitnutzung besser läuft, weil man einen Hinweis auf einen sinnvollen weiteren Termin am selben Ort bekommt. So werden positive Wissensunfälle provoziert, wie es in dieser Intensität und Häufigkeit bisher nicht möglich war.

Der Umstieg auf solche Führungsmethoden ist natürlich eine Kulturveränderung für die meisten Unternehmen. Kulturveränderungen benötigen immer ihre Zeit. Die Veränderung ist dabei stetig, vergleichbar mit dem Fluss eines Gletschers: langsam, an einem

Tag kaum merkbar, aber über die Zeit doch deutlich. Und wer in Betriebsversammlungen bisher kaum Kommentare bekommen hat, braucht sich nicht darüber zu wundern, wenn auch in einem Blog zunächst wenig zurückkommt. Mitarbeiter erproben immer erst sehr vorsichtig, was an neuen Freiheiten geht. Niemand möchte sich die Finger verbrennen. Deshalb dauern Kulturveränderungen eben.

Führen in der Zukunft wird also nicht mehr auf einen Wissensvorsprung aufsetzen, sondern auf tatsächliche Führungsqualitäten im Sinne des Wortes: unter anderem coachen, den Weg weisen, die richtigen Experten ins Spiel bringen, Communitys moderieren, dabei Rahmenbedingungen für alle ersichtlich abstecken und gleichzeitig immer auch notwendige Veränderungen und Anpassungen im Blick behalten können. Ein gutes Bauchgefühl als Grundlage von Bewertungen ist trotzdem auch weiterhin kein Fehler, aber Fähigkeiten als herausragender Kommunikator und Netzwerker werden Pflicht.

Literatur

Barth, R., Kluin, K., & Löer, W. (2012). Wunder mit System. *Stern,* Heft 18.

Bolz, N. (19. März 2006). Klinsmann versucht einen neuen Zauber. *Stuttgarter Zeitung.*

CIA. (2015). https://www.cia.gov/library/publications/the-world-factbook/rankorder/2127rank.html. Zugegriffen: 2. Jan. 2015.

Drucker, P. F. (1954). *The pratice of managements.* New York: HarperBusiness.

Drucker, P. D. (1993). *Post-capitalist society.* New York: HarperBusiness.

Fried, J., & Hansson, D. H. (2010). *Rework.* New York: Crown Publishing Group.

Haid, T. (30. Dezember 2005). Aus der Macht der Trainer ist Ohnmacht geworden. *Stuttgarter Zeitung, 35.*

Harttgen, U. (2006). Suche nach einem Anker (Interview). *Spiegel Special, 2,* 94.

Herberger, S. (1954). http://www.seppl-herberger.de/vorbereitungen.htm. Zugegriffen: 5. Jan. 2012.

Herzberg, F. (1959). *The motivation to work.* New York: Transaction Publishers.

Kramer, J. (2006). Der Spielleser. *Spiegel Special, 2,* 92 ff.

Kramer, J. (2014). Der Beschleuniger. *Der Spiegel, 42,* 112 ff.

Paqué, K-H. (12. September 2011). Neue Zeitenwende. *WirtschaftsWoche Global, 1,* 25 ff.

Schiermeyer, M. (3. Januar 2015). Seit an Seit mit dem Kollegen Roboter. *Stuttgarter Zeitung, 12.*

Schütt, P. (2003). Von der schwierigen Kunst der Narratologie. *Wissensmanagement,* Heft 2.

Stat. Bundesamt. (2013). *Datenreport 2013. Ein Sozialbericht für die Bundesrepublik* (Kapitel 1).

Stat. Bundesamt. (2015). *Bevölkerung Deutschlands bis 2060 – Ergebnisse der 13. koordinierten Bevölkerungsvorausberechnung,* 28.4.2015. Wiesbaden.

Stiegler, B. (2008). *Die Logik der Sorge – Verlust der Aufklärung durch Technik und Medien.* Frankfurt a. M.: Suhrkamp.

Taylor, F. W. (1911). *The principles of scientific management.* New York: Dover Publications 1998. (Nachdruck; erstmals erschienen 1911).

Weinberger, D. (2008). Leadership at the end of the age of information. http://www.slideshare.net/davidjoho/webby-leadership-presentation. Zugegriffen: 11. Okt. 2009.

Aller Anfang ist leicht – eine Einführungsstrategie für Social Business

9

Jedes Schreckbild verschwindet, wenn man es fest ins Auge fasst.
Johann Gottlieb Fichte (Deutscher Philosoph 1762–1814)

Den meisten Unternehmen dämmert, dass sie sich auf dem Weg in die Digitalgesellschaft nicht mehr viel Zeit lassen können, scheuen aber auf der anderen Seite die Veränderungen, die oft eher als Risiko eingeschätzt denn als Chance verstanden werden. Hintergrund ist, dass die informationstechnischen Werkzeuge und damit Grundlagen zwar mittlerweile relativ bekannt sind, aber trotzdem nicht klar ist, wie man die Transformation des Unternehmens ohne allzu viele Kratzer abzubekommen umsetzt.

Das liegt zum einen an Erfahrungen aus der Vergangenheit. Hatten nicht Mitte der 1990er viele Unternehmensberater gesagt, dass man unbedingt Wissensdatenbanken einführen müsse, solle das Unternehmen erfolgreich bleiben? Etliche Unternehmen gaben eine Menge Geld aus, die Beraterbranche verdiente gut, aber die Wissensdatenbanken funktionierten fast nirgendwo, nur bei den Beratern selbst. Denn sie hatten mit der damaligen Einführung von Laptops ihre Prozesse verändert und waren nun auf neue Informationsaustauschverfahren angewiesen – anders als ihre Kunden, die keine vergleichbaren Prozessveränderungen hinter sich hatten. Klar, dass sie die Wissensdatenbanken als Add-on Lösung nicht benötigten. Der Vergleich hinkt auch in sofern, als dass Wissensdatenbanken eine singuläre Lösung waren, während die Einführung von Social Business eine allgemeine Transformation auf Basis neuer Kommunikations- und Informationsaustauschstrukturen ist.

Dann begann in den späten 1990ern das Internet abzuheben. Die Schlüsselfragen der Entscheider zur damaligen Zeit waren: „Was bedeutet das Internet für unser Unternehmen?" und „Was sollen wir ins Internet stellen?" Dem schlossen sich aber auch schnell Fragen an, wie: „Wie vermeiden wir, dass unsere Firmengeheimnisse (aus Versehen oder absichtlich) im Internet publiziert werden?", und „Werden unsere Mitarbeiter jetzt den

© Springer-Verlag Berlin Heidelberg 2015
P. Schütt, *Der Weg zum Digitalen Unternehmen*, DOI 10.1007/978-3-662-44707-9_9

Arbeitstag lang im Internet surfen, statt ihren Zielen nachzugehen? Müssen wir also den Zugang verbieten/ausschalten?" (Versuche in diese Richtung sind mittlerweile durch die technische Weiterentwicklung mit privaten Smartphones und Daten-Flatrates sowieso ad absurdum geführt.)

Dieser Internetboom um die Millenniumswende brachte viel Verunsicherung, einige Fehlversuche, aber auch einige erfolgreiche neue Geschäftsmodelle und Unternehmen, wie Amazon und eBay. Sie sind das, was am besten aus dieser Zeit in Erinnerung geblieben ist. Sie sind aber bei näherer Betrachtung in ihrer Bedeutung für alle anderen Unternehmen letztlich nicht wesentlich, vom Buch- und Elektronikhandel vielleicht einmal abgesehen.

Was sich wirklich für alle geändert hat ist die Art, wie man Informationen im Unternehmen bereitstellt, wie IT-Anwendungen geschrieben werden, wie Informationen intern verteilt werden: Die Intranets waren geboren und haben seitdem die Informationsverteilung in den Unternehmen wesentlich verändert. Über diese Intranets der ersten Generation wurden zumindest die offiziell dokumentierten Informationen weitgehend für alle Mitarbeiter zugänglich. Das kratzte bereits zum ersten Mal am Monopol des Herrschaftswissens Einzelner. Und anders als bei den Wissensdatenbanken gibt es heute praktisch kein Unternehmen ohne Intranet mehr.

Gerade einmal fünfzehn Jahre später wiederholt sich das Szenario, nun mit der Digital Enterprise Welle. Wieder wird viel Venture Capital in einzelne Unternehmen gesteckt und es werden daraus auch wieder einige bedeutendere Unternehmen entstehen. Aber die wahre Veränderung wird auch wieder innerhalb der Unternehmen stattfinden: Es wird darum gehen, wie sie ihre Prozesse umgestalten, um so zu einem Social Business zu werden. Und was denken die Unternehmensleiter diesmal? „Den Film habe ich schon mal gesehen. Vielleicht sollten wir diesmal etwas pro-aktiver an die Sache rangehen…" (Rhodin 2011).

9.1 Wie beginnen?

Ganz am Anfang bedarf es der Klarheit, wo man als Unternehmen steht, welche Ziele das Unternehmen verfolgt und wie man die Zukunft gestalten möchte? Dabei ist auch wichtig abzuschätzen, was man dem Unternehmen an Veränderungen in welcher Zeitspanne zumuten kann. Hierfür eignen sich Sense-Making Modelle, wie das Cynefin Modell von Dave Snowden. Hierbei sollte man nicht den Fehler machen und sich nur auf die interne Prozesse – oder allenfalls noch das externes Marketing – konzentrieren. Das Ganze sollte unbedingt in ein Gesamtkonzept eingebunden sein, in dem auch die zukünftig angestrebten Geschäftsmodelle und der damit erforderliche, möglicherweise stark veränderte Zugang zu Kunden berücksichtigt sind – also alles, was zu einem zukünftigen Digitalen Unternehmen gehört. Unter Umständen sind die damit zusammenhängenden Szenarien (Use Cases) und Veränderungen sogar das ideale Feld für den Einstieg.

Im nächsten Schritt sollte man sich über die Spanne der einzubeziehenden Stakeholder (diejenigen, die einen wichtigen Anteil an der Veränderung tragen werden) im Klaren werden. Hier hilft mein 3-D KM Modell, die Ganzheitlichkeit des geplanten Vorgehens zu hinterfragen. An dieser Stelle spalten sich aber auch zwei grundsätzliche Wege:

1. Zum einen gibt es den relativ einfachen Weg, bei dem die Transformation von der Unternehmensleitung nicht nur mitgetragen, sondern sogar federführend vorangetrieben wird.
2. Zum anderen ist da der häufige, aber eher dornige Weg aus dem Mittelmanagement heraus. Hier herrscht die (manchmal ungeprüfte) Meinung, dass die Führungsetage das Thema mangels persönlicher Erfahrung nicht verstehen würde und sowohl Social Media als auch Social Business als ein Privatvergnügen, das im Unternehmen nichts zu suchen hat, abtun würde. Deshalb kommt es zu einem Under-Cover-Ansatz: Man beginnt mit Elan und viel Begeisterung klein (in der Größenordnung der Zeichnungsberechtigung), in der Hoffnung, dass das Projekt erfolgreich werden wird und dann auf die Führungsebene positiv ausstrahlt. Naturgemäß laufen solche Projekte selten unter ganzheitlichen Gesichtspunkten und sind deshalb viel schwieriger zum Erfolg zu führen.

9.1.1 Erfolg versprechende Einführungsstrategien

Bei dieser Transformation geht es ja letztlich darum zu verstehen, wie Mitarbeiter interagieren, um genau das zu optimieren. Es geht also überwiegend um Kommunikationsprozesse und Mechanismen der Zusammenarbeit. Deshalb haben sich folgende Einführungsstrategien hierzu herauskristallisiert:

1. Man sollte mit den Teilen des Unternehmens beginnen, die stärker auf ad hoc Collaboration angewiesen sind; dabei durchaus Gruppen herausgreifen, bei denen Erfolge schnell sichtbar werden (Motto: „Klein anfangen und schnell wachsen"), damit das Projekt seinen Drive bekommt, bzw. behält.
2. Ein Business Case sollte die Aufwände zur Veränderung jenseits der technischen Implementierung betrachten, damit man später die Erfolge in harten Fakten aufzeigen kann.
3. Das Projekt sollte auf echte Probleme zielen und nicht nur als „Experiment" in unbedeutenden Nischen starten. Dann ist die Motivation der Beteiligten ungleich höher.
4. Man sollte sicherstellen, dass die Sponsoren breit sichtbare Möglichkeiten haben ihre Unterstützung für das Projekt aufzuzeigen. Dann hat man die vielen „Follower" besser hinter sich.

Beim Thema Wissensmanagement hieß es immer, dass Informationstechnologie nur am Rande wichtig wäre und manchmal auch gar nicht. Oftmals publiziert wurde die Daumenregel, dass es sich wie 80:20 um Kultur zu Technik handeln würde. Bei der Einführung von Social Business Mechanismen ist das vollkommen anders: Social-Media-Funktionen sind die Grundlage der neuen Formen der Zusammenarbeit und sind damit die Voraussetzung, um überhaupt anfangen zu können, zumindest müssen sie in einer frühen Phase zur Verfügung stehen. Der kulturelle Aspekt ist weiterhin wichtig, nur ist er in seiner Bedeutung für Transformation dadurch reduziert, dass weite Teile der Mitarbeiterschaft im privaten Umfeld schon lange mit sozialen Medien arbeiten. Nach positiven Erfahrungen aus der privaten Nutzung kommt nicht selten sogar die Anforderung, solche Möglichkeiten auch im Unternehmen nutzen zu dürfen. Die Forrester Foresights Workplace Studie 2011 zeigt auf, dass

- 37 % der US Arbeitnehmer Technologien im Unternehmen nutzen, die sie zunächst zu Hause kennengelernt hatten und dann in die Firma brachten.
- 64 % der jüngeren Generation („Generation Y") mindestens einmal pro Woche in unerlaubter Weise heruntergeladene Anwendungen nutzen, um ihre Arbeit zu erledigen.

Der Trend kommt also eher von außen auf die Unternehmen zu, als dass sie sich mühevoll Gedanken machen müssten, wie man den Mitarbeitern den Wandel schmackhaft machen sollte. Fairerweise ist zu betonen, dass es natürlich auch einen Anteil an Mitarbeitern gibt, der sich auch privat diesen Neuerungen bisher verschlossen hat und den man auch berücksichtigen und integrieren muss. Das wird auch in den Diskussionen mit dem Betriebsrat ein Thema sein, auf das man sich vorbereiten sollte.

Die weiteren Einführungsstrategien sind:

5. Planen und vorbereiten der technischen Implementierung und der Adaptionsförderung. Auch hierbei probieren Unternehmen unterschiedliche Strategien aus: Die einen führen einzelne Services nach und nach ein, um die Mitarbeiterschaft nicht mit zu vielen Neuen zu überfordern, während die anderen von Beginn an alle Services einer Komplettlösung offerieren, um sofort allen Anforderungen gerecht werden zu können. Beides scheint valide. Der Trend geht aber zur Komplettimplementierung von Beginn an.
6. Im Punkt Adaptionsförderung sollte man eine Doppelstrategie ansetzen: Sponsor-getriebene (top-down) und virale (bottom-up) Adaptionsschritte planen.
7. Ein weiterer, wichtiger Punkt ist die Governance-Struktur. Hierzu gehört auch die Erstellung entsprechender Social Media/Social Business Guidelines. Eventuell müssen bestehende, andere Regeln auch angepasst werden – spätestens hier kommt der Personalbereich (HR) mit ins Spiel. Auch rechtliche Fragen sind zu klären, insbesondere bei multinationalen Unternehmen. Und Betriebsrat und Datenschutz sollten in jedem Fall frühzeitig eingebunden werden.
8. Die Kultur berücksichtigen – war Widerspruch gegenüber Managern bisher etwas Ungewöhnliches, so werden klassische Manager-Blogs zumindest anfangs nur wenige Kommentare bekommen. Grundsätzlich heißt es aber die Unternehmensstrukturen darauf vorzubereiten, offener zu sein und smart mit Widerspruch umgehen zu lernen. Dass

alle Mitarbeiter potenzielle Autoren sind, ist nicht das Schreckensszenario, sondern die Vision. In der Realität werden nicht alle diese Chancen wahrnehmen. Die 100-10-1 Regel (alle haben theoretisch Zugriff, aber nur 10 % lesen und nur 1 % schreibt aktiv) stammt aus der Anfangszeit der Web 2.0-Services und muss heute als deutlich zu konservativ angesehen werden. Man ist nach guter Einführung intern heute eher bei 100-60-15, wobei es bei der Auswahl der verschiedenen Services durchaus Unterschiede gibt.

9. Sich nicht vor Feedback scheuen. Die neuen Werkzeuge sollten unmittelbar genutzt werden, Feedback zum Projekt zu fördern und zu erhalten.

Bevor es aber so richtig losgeht, ist es kein Fehler sich einmal richtig Gedanken zu machen, wie sich das Unternehmen ändern wird und ob das so den Zielvorstellungen entspricht. Das Werkzeug hierzu kann eine Sense-Making Analyse nach Dave Snowdens Cynefin Modell sein.

9.2 Das Cynefin Sense Making Modell

Das Ziel eines Sense-Making-Modells ist im Vorfeld von Veränderungen zu verstehen, welche Auswirkungen sie auf die Organisation wahrscheinlich haben werden, damit man die Veränderungen entsprechend dosieren oder auch flankierende Maßnahmen passgenau aufsetzen kann. Ein nicht ganz einfaches, aber zu besonders klaren Ergebnissen führendes Modell ist *Cynefin* (walisisch, gesprochen: kan-ev-in) von Dave Snowden (Snowden 2007). Es eignet sich sowohl zur Organisationsanalyse als auch im operationalen Bereich zur Entscheidungsunterstützung bei angedachten Veränderungen. Snowden hat hiermit Neuland betreten, indem er erstmals die Weiterentwicklung des Wissens in einer Organisation, also auch die Zeitachse der gemeinsamen Erfahrungen von Gruppen von Personen, in ein Modell als aktiven Faktor mit einbezog. Genau das macht es jetzt zur ersten Wahl bei der Betrachtung von Transformationen zu einem Digitalen Unternehmen, bzw. intern zu einem Social Business.

Cynefin als Begriff spiegelt letztlich genau so etwas wieder. Für dieses walisische Wort gibt es keine wirkliche Übersetzung – nicht einmal ins Englische. Als Substantiv bedeutet es so etwas wie „Wohnstätte" oder „Heimat", als Adjektiv „vertraut" oder „bekannt sein mit etwas". In Bezug auf soziale Kommunikationsfähigkeiten kommt eine mehr poetische Definition dem Sinn näher. Sie entstammt der Einführung zu einer Sammlung von Gemälden von Kyffin Williams, dessen Ölbilder demnach eine neue Aufmerksamkeit auf die Berge seiner walisischen Geburtsregion und die Beziehung der Einheimischen zur Spiritualität wecken: „Es beschreibt die Beziehungen: den Ort der Geburt und des Heranwachsens, die Umgebung, in der man lebt und an die man ganz natürlich angepasst ist" (Sinclair 1998). Als Idee steckt dahinter, dass Gruppen von Personen, die keinerlei gemeinsame physische, zeitliche oder spirituelle Wurzeln haben, eher damit beschäftigt sind, sich selbst zu organisieren als kreativ Zusammenarbeit zu fördern. Im Extremfall kommt es dann nur zum Ausleben von eigenen Interessen auf Kosten der anderen und der Organisation. Der Ansatz beinhaltet nichts anderes als das Einbeziehen der Sozialisierung der Wissensträger. Das berührt u. a. Themen wie Vertrauen, intuitive Verständigung, Sprache (Dialekt), Geschichten, Erfahrungshorizont, Humor, Abstraktionsgrad des Wissens und damit insgesamt die Grenzen einer möglichen gemeinsamen Wissensnutzung.

Man kann Cynefin in vielfältiger Weise einsetzen, um zu sinnvollen Interventionen im komplexen Umfeld des Geschäftsalltags zu kommen (Kurtz und Snowden 2003). Das reicht von der Konfliktlösung zwischen verfeindeten Unternehmensfraktionen bis hin zum Managen von formalen oder informellen Netzwerken oder eben der Beurteilung der Auswirkungen von angedachten Veränderungen. In der aktuellen Form seines Modells geht Snowden davon aus, dass fünf Domänen zur Betrachtung des Sense Makings in einer Organisation unterschieden werden sollten. Dabei handelt es sich bei der Modelldarstellung nicht um eine bei Analysten übliche 2×2-Matrix, bei der gewöhnlich der Bereich oben rechts anzustreben ist. Im Cynefin-Modell sind alle Domänen gleichwertig. Die Achsen begrenzen sie, tragen aber keine Beschriftungen mehr. Die beiden rechten Domänen sind die der Ordnung, die beiden linken die der Unordnung und die namenlose in der Mitte die der Unklarheit (engl.: Disorder). Die angesprochene Sozialisierungshistorie des Wissens steckt dabei in allen Domänen, mit besonderem Schwerpunkt auf den beiden oberen.

Im ersten Schritt werden mit unterschiedlichen Methoden die wichtigsten Einflussfaktoren herausgearbeitet. Als Methoden eignen sich insbesondere Verfahren, die das Ergebnis möglichst wenig beeinflussen. Somit sind strukturierte Interviews eher weniger geeignet, aber nicht grundsätzlich auszuschließen. Besser sind narrative Methoden (Story Telling) oder Brainstormings mit nachgelagerten Betrachtungen unter verschiedensten Aspekten. Eine weitere Möglichkeit ist die der so genannten alternativen Geschichte, bei der man sich immer rückwärts in der Zeit vorarbeitet und überlegt, wo Wendepunkte waren, an denen eine andere Entscheidung zum damaligen Zeitpunkt große Auswirkungen gehabt hätte (Abb. 9.1).

Die Einflussfaktoren werden dann auf das Cynefin-Modell projiziert. Auch dazu gibt es verschiedene Verfahren, wie beispielsweise das Kontextualisieren. Dazu werden die Extrempositionen der Einflussfaktoren herausgesucht, etwa die Ecke, in der jeder die Antwort kennt, die Ecke, in der man vermuten könnte, dass Experten die Antwort wissen, die Ecke, in der die Situation erst im Nachhinein klar wird, und die Ecke, zu der es keine wirkliche Antwort gibt. Alle anderen Faktoren werden von offener Diskussion begleitet im dynamischen Feld zwischen den Extremen und ihren jeweiligen Nachbarn angeordnet und so lange verschoben, bis sich ein stabiles Bild ergibt (das graue Feld in der Mitte der untenstehenden Abbildung).

Im nächsten Schritt wird versucht, die Cynefin-Domängrenzen zu identifizieren. Im ersten Gang bleibt in der Mitte ein großer Bereich der Unklarheit. In einem zweiten Diskurs des Sense Makings wird erneut über viele Diskussionen versucht, den inneren Bereich zu verkleinern und die Grenzen der Domänen auch hier zu erkennen. Es entsteht dabei auf der Basis von Konsens ein sehr individueller Cynefin-Modell-Rahmen, in dem

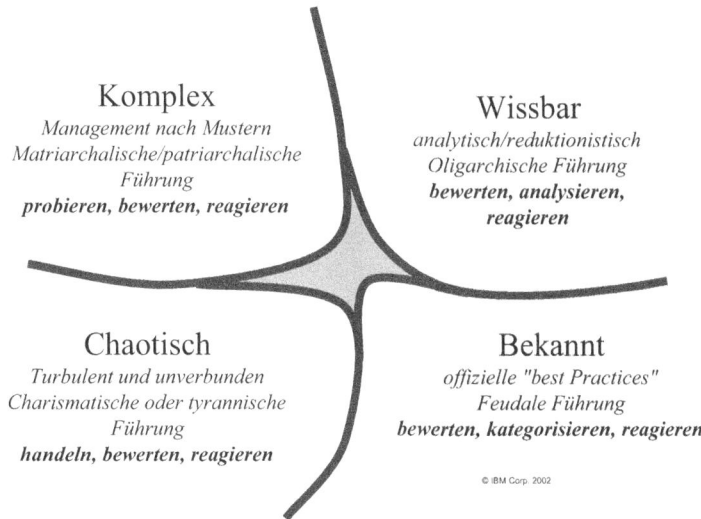

Komplex

Management nach Mustern
Matriarchalische/patriarchalische
Führung
probieren, bewerten, reagieren

Wissbar

analytisch/reduktionistisch
Oligarchische Führung
bewerten, analysieren,
reagieren

Chaotisch

Turbulent und unverbunden
Charismatische oder tyrannische
Führung
handeln, bewerten, reagieren

Bekannt

offizielle "best Practices"
Feudale Führung
bewerten, kategorisieren, reagieren

© IBM Corp. 2002

Abb. 9.1 Sense Making mit dem Cynefin-Modell. (Kurtz und Snowden 2003)

es nun möglich ist, die individuellen Charakteristika der Domänen und ihrer Grenzen zu betrachten (die äußeren 4 Felder).

Die Vorteile einer solchen Vorgehensweise sind vielfältig. Unter anderem wird die das Modell erstellende Gruppe im Laufe der intensiven Diskussion die Hintergründe der Problemstellungen wesentlich besser erkannt haben, was meist weit mehr wert ist als schlaue Tipps von vermeintlichen Experten.

- Die Gruppe bildet im Erstellungsprozess eine gemeinsame Sprache aus, die es gestattet in Zukunft Probleme einfacher zu diskutieren und zu lösen.
- Bauen mehrere Gruppen ihre Modellrahmen, so kann man diese vergleichen und daraus unmittelbar Interventionen ableiten. So etwas macht etwa nach dem Zukauf neuer Unternehmensteile oder beim Effizienzvergleich zweier Produktionsstätten besonders viel Sinn.

Die Grenzen zwischen den Domänen und die Frage, wie man sie überwinden kann, spielt laut Dave Snowden in der praktischen Anwendung des Cynefin-Modells eine weitere, wichtige Rolle. Grenzen sind dabei eigentlich eher so etwas wie Phasenübergänge. Was sie bedeuten können, sei hier durch eine geografische Metapher beschrieben:

- Ein flacher Flusslauf ist eine Grenze, die jeder leicht durchschreiten kann, aber man sieht auch an den nassen Füßen, dass man es getan hat. Ein Beispiel im Unternehmen ist der langsame Übergang vom neu eingestellten zum erfahrenen Mitarbeiter. Solche Übergänge zu bewahren macht immer Sinn, wenn man an breitem Austausch interessiert ist, den man aber unter Kontrolle behalten möchte.

- Eine tiefe Schlucht kann nur über eine Brücke überwunden werden. Das ist eine Grenze wie bei einer Web-Seite, deren nachgeschalteten Inhalt man nur sehen darf, wenn man sich mit Namen und Adresse registriert hat. Ein solcher Übergang ist nötig bei Dingen, die zu wichtig sind, um unkontrollierten Zugang zu erlauben.
- Ein Hochplateau ist die vielleicht gefährlichste Grenze, weil es leicht ist, die Grenze der Gefahr zu übersehen und herunterzufallen. Eine Grenze solchen Typs wird bei einer größeren Umorganisation beschritten, wenn für viele Mitarbeiter zunächst nicht klar ist, wer denn nun für was zuständig ist und es darüber zu Effizienz- und Umsatzeinbrüchen kommt. Ein solcher Hochplateau-Übergang kann aber auch Sinn machen, etwa um Innovation anzustoßen (in begrenztem Rahmen) oder um mit Verhaltensweisen zu brechen, die lähmend geworden sind.

Aus den Betrachtungen solcher Grenzen ergeben sich typisch drei Fragestellungen, aus denen Aktionen ableitbar sind: Was ändert sich, wenn man die Grenze überwindet? Was muss man tun, wenn man in die Nähe einer Grenze kommt? Wie kann man die Grenze managen und kontrollieren?

Um schnelle Veränderungen im Umfeld eines Unternehmens oder im Unternehmen selbst besser zu verstehen, macht es Sinn, sich näher mit den potenziellen Übergängen zu befassen. Snowden beschreibt eine ganze Reihe von Möglichkeiten, von denen hier sieben exemplarisch dargestellt seien. Als goldene Regel gilt es zu beachten, dass eine Organisation nie mehr als zwei Übergänge zu einer Zeit planen sollte. Dabei sollte man die amerikanische Management-Legende Jack Welch nicht ganz aus dem Auge lassen: „Gradueller Wandel funktioniert bei großem Veränderungsbedarf nicht. Wenn Änderungen nicht groß genug sind, unterliegt man der Bürokratie (Abb. 9.2)."

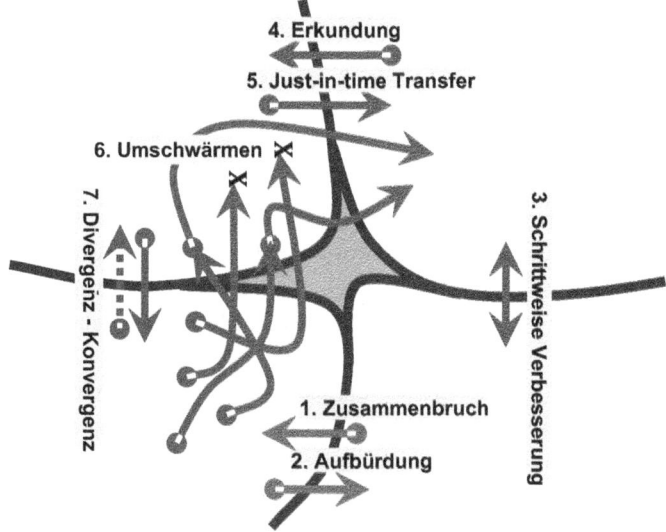

Abb. 9.2 Übergänge im Cynefin Modell. (Kurtz und Snowden 2003)

1. Zusammenbruch: Organisationen haben eine Tendenz, zwischen dem bekannten und dem chaotischen Bereich unter Umgehung der oberen Bereiche zu oszillieren. Das passiert insbesondere, wenn sich das Management zu sehr auf die gewohnten, symmetrischen Rahmenbedingen verlässt und dabei missachtet, dass sich die Rahmenbedingungen bereits geändert haben. Durch asymmetrische Herausforderungen kommt es dann zum Zusammenbruch. Das vielleicht bekannteste historische Beispiel ist die Diskussion um die Verurteilung Galileo Galileis im Jahr 1633. Dass sich die Erde um die Sonne bewegt, akzeptierte die katholische Kirche nur als rein mathematisches Modell zur Erlangung neuer Vorhersagen, nicht aber als Beschreibung der Wirklichkeit. Rückblickend war dieser Instrumentalismus eine unhaltbare Position und verschlimmerte den unaufhaltsamen Zusammenbruch nur. Ein Beispiel aus der Industrie ist die Geschichte des IBM-PCs. In dem vom langjährigen Erfolg der Großrechner für Neuerungen unsensibel gewordenen Management sah man am Markt keinen Bedarf an Kleincomputern für Einzelpersonen. Erst als sich Mitarbeiter auflehnten und dem Management vorwarfen, IBM wäre gar nicht in der Lage, solche PCs zu bauen, brach die Bastion der Traditionalisten zusammen. Mit einem aus dem Chaos geborenen, völlig neuen Konzept und damit nach extrem kurzer Entwicklungszeit wurde 1981 der IBM-PC auf den Markt gebracht, der schnell zum allgemeinen Standard und damit zur Mutter aller heutigen PCs wurde.

2. Aufbürdung: Die Folge eines asymmetrischen Zusammenbruchs ist eine Form von Chaos. Um wieder in ruhigeres Fahrwasser zu kommen, werden dann leicht sehr drakonische Maßnahmen verordnet und akzeptiert, die vorher keine Chancen gehabt hätten. Manchmal erzeugen sie eine noch ausgeprägtere Ordnung als vor dem asymmetrischen Zusammenbruch bestand, was das System tendenziell unstabil werden lässt. Ein klassisches Beispiel sind die zyklischen Umorganisationen in der Industrie nach Funktionen, dann nach Branchen, dann wieder nach Funktionen usw. Grundsätzlich muss natürlich betont werden, dass eine maßvolle Ordnung durchaus ihre Berechtigung hat, was man jedem Lehrer oder gar Polizisten, der vor einer aufgebrachten Menge steht, sofort abnimmt.

3. Schrittweise Verbesserung: Hier handelt es sich um die klassische Verbesserung der technischen Weiterentwicklung und um den am häufigsten angewandten Übergang zwischen zwei Cynefin-Domänen. Dabei sollte immer garantiert sein, dass die Übergänge zwischen bekanntem und wissbarem Bereich und zurück immer nahe an der beobachteten Realität bleiben. Gegenbeispiele sind etwa die von Kopernikus widerlegte Epizykeltheorie zum Sonnensystem oder die Schädellehre des frühen 19. Jahrhunderts, später Phrenologie genannt. Insofern macht es Sinn, solche Übergänge dann und wann mit größeren Übergängen, die auch die anderen Domänen einbeziehen, zu verknüpfen.

4. Erkundung: Der Übergang von wissbar zu komplex ist insbesondere für innovativen Fortschritt von großem Belang, aber deutlich weniger durchlässig als die schrittweise Verbesserung, weil hier das System der Ordnung überschritten wird und andere Regeln gelten. Das bedeutet, dass man die durch zentrale Kontrolle aufgespannten Grenzen

öffnen muss, ohne komplett die Fäden reißen zu lassen. In den meisten Unternehmen schlummert in den informellen Netzwerken, die jede Organisation hat und denen in einem partizipativen Unternehmen eine zunehmend wichtigere Bedeutung zukommt, eine Menge an innovativer Kraft. Ein solcher Übergang der Erkundung, der es den Mitgliedern der informellen Strukturen auf der Basis von Vertrauen erlaubt ihr Wissen etwa über Communitys of Practice einzubringen, kann ein Motor der Innovation werden.

5. Just-in-time-Transfer: Wissen wird bei Bedarf zugreifbar gemacht. Das klassische Beispiel dafür sind persönliche Profile („Gelbe Seiten") in Verbindung mit einer Erreichbarkeitsanzeige der Personen, sodass man im Bedarfsfall auf Wissensträger unmittelbar zugreifen kann.

6. Umschwärmen: Übergänge von der chaotischen in die komplexe Domäne lassen neue Muster entstehen, die sich oftmals als nützlich erweisen. Beim Umschwärmen geht es darum, mehrere Anziehungspunkte zu erzeugen, um die sich Muster bilden, die man nach Analyse dann verstärkt oder ausbremst. Gibt es nur einen einzigen, besonders ausgeprägten Anziehungspunkt, dann sprechen wir sogar von einem Übergang von der chaotischen in die wissbare Domäne. So etwas ist oft einfacher zu managen als ein Übergang der Aufbürdung von (neuer) Ordnung. Zur Illustration diene das panische Publikum in einem brennenden Kinosaal. Hier macht es viel mehr Sinn, zu rufen „Bei den gelben Blinklampen sind die Notausgänge!", was zu einem Umschwärmen mehrerer Punkte führt, als zu rufen „Geht alle nach hinten!", was viel höhere Anforderungen an das Wissen über die Architektur des Gebäudes stellt. Die Bedeutung des Umschwärmens gerade auch im Vergleich zum Aufbürden hat in vielen Cynefin-Projekten viel Resonanz im Management gebracht.

7. Divergenz-Konvergenz: Nicht selten kommt es in Unternehmen zu einem Punkt, an dem radikale Veränderungen gefragt sind, etwa die Aufnahme einer komplett neuen Produktlinie. Hier zeigt sich, dass ein Übergang von komplex nach chaotisch oft einfacher ist als in die geordneten Domänen. So kommen informelle Netzwerke eher mit abrupten Veränderungen klar als offizielle Experten-Communitys. Ein Divergenz-Konvergenz-Übergang erzeugt immer so etwas wie eine Start-up-Umgebung, die sich besonders flexibel an Umgebungsbedingungen anpasst – egal, ob als Bereich im Großunternehmen oder als tatsächlicher Start-up.

Diese Übersicht möglicher Übergänge ist nicht vollständig. Insbesondere gibt es natürlich auch komplexere Übergänge über mehrere Domänen hinweg und tiefer gehende Beschreibungen zur Anwendung (siehe Kurtz und Snowden 2003).

Sie ist nicht zwingend, aber es lohnt sich, eine Unternehmenstransformation mit einer „Sense making"-Analyse zu beginnen: was von den zahlreichen Möglichkeiten macht am meisten Sinn und was geht unter den gegebenen Rahmenbedingungen? Die die Rahmenbedingungen setzenden Faktoren sind dabei einerseits die zu lösenden Problemstellungen, deren Beseitigung die größten Vorteile bringen würden und andererseits ist es die gewünschte, strategische Positionierung des Unternehmens für die Zukunft. Dabei kommt der Betrachtung gewollter oder auch nicht gewollter Übergänge eine besondere Bedeutung zu.

Anders als vielleicht erwartet, wird das Ergebnis aber nicht wie bei einer Gleichung am Ende durch Zusammenaddieren der einzelnen Komponenten in klar dokumentierter Weise entstehen, sondern oftmals auch schon durch die Diskussionen an sich, die die Brüche und Veränderungen zumindest für die Workshop-Teilnehmer sehr klar werden lassen. Deshalb ist es auch besonders wichtig, dass die Stakeholder der Veränderung an diesem Workshop persönlich teilnehmen und das nicht etwa delegieren.

Die Transformation zu einem internen Social Business ist im Sinne des Cynefin Modells eine Ausweitung des Entscheidungsraums der Organisation. Er umfasst in klassischen Organisationen zumindest vordergründig nur den Quintanten rechts unten. Mit der Transformation kommen neue Elemente aus den beiden linken Quintanten hinzu. Dabei wird der untere eher Innovationselemente beisteuern, während der obere, der schon immer ein Ort der wirklichen Entscheidungen (über verborgene Netzwerke) war, nun im Social Business weitere fachbezogene Netzwerke einbeziehen wird – was das eigentlich Neue ist.

9.3   Die konkreten Schritte der Einführung

Alle im Folgenden beschriebenen Schritte gehen von einem möglichst ganzheitlichen Ansatz in einem tendenziell größeren Unternehmen aus, den in dieser kompletten Form vermutlich kaum ein Unternehmen umsetzen wird. Stattdessen wird man sich unternehmensspezifisch die Dinge heraussuchen, die im jeweiligen Kontext angemessen und sinnvoll erscheinen. Die Vorgehensweisen werden sich, irgendwann einmal retrospektiv betrachtet, auch erheblich unterscheiden. Das ist kein Problem, sondern eher ein Symbol der Stärke der Unternehmen und ihrer Individualität, die sie am Markt erfolgreich macht. Somit ist die wirkliche Vorgehensweise normalerweise einfacher als hier im Folgenden beschrieben – insbesondere auch in kleineren Unternehmen. (Das kleinste, mir bekannte Unternehmen, das eine solche Transformation bereits weitgehend abgeschlossen hat, ist eine Unternehmensberatung mit 16 Mitarbeitern.) Erfolgskritisch ist nur auch beim Weglassen darauf zu achten, dass man weiterhin alle 3 Dimensionen des 3-D-KM Modells bewusst abdeckt.

Für die Einführung gilt ein Grundsatz, den insbesondere der Projekt- oder Programmleiter nicht vergessen sollte: Es ist nahezu ausgeschlossen, dass man alles richtig machen wird. Das Streben nach Perfektion ist zwar verständlich, gleichzeitig kann es aber auch zum größten Fehler mutieren. Soziale Medien haben sich im privaten Umfeld ohne Plan ausgebreitet und sind sehr erfolgreich geworden. Im Unternehmenskontext herrschen andere Rahmenbedingungen und Strukturen und hier geht es nicht ganz ohne Plan. Wenn das Streben nach Fehlerlosigkeit aber zu übertriebener Zögerlichkeit führt, läuft etwas schief. Eine Transformation ist immer ein Wagnis – Stillstand allerdings auch. Es bedarf also einer beherzten Hand, die Schritte nicht zu klein und zu langsam werden zu lassen. Etwas von der amerikanischen „Let's go West!"-Mentalität kann nicht schaden. Übrigens waren da damals auch deutsche Einwanderer dabei.

9.3.1 Das Vorgehensmodell

Das Vorgehensmodell ist aus dem 3-D-KM Modell abgeleitet und damit ein ganzheitliches Modell. Es adaptiert zur Programmdurchführung Ideen aus dem Scrum Modell und dem *Manifest für agile Softwareentwicklung* (Beck 2001) und setzt auf eine Vielzahl von Projekterfahrungen. Die Dimension ‚Organisation und Kultur' ist wegen der besonderen Wichtigkeit um das Unterthema Governance erweitert. Das ergänzende Thema ‚Erfolgskontrolle' überspannt alle drei Dimensionen: die IT u. a. über Nutzenkontrollen, die Prozesse und auch Organisation und Kultur, über deren Fortschritte in Richtung der geplanten Veränderungen.

Es unterscheidet zwei Phasen: die Anlaufphase und die Betriebs- und Ausbauphase, wobei sich die Anlaufphase in drei wesentliche Schritte unterteilt:

1. Organisatorische Vorarbeiten
2. Technische Vorarbeiten und Schaffen der Governance-Strukturen
3. Inbetriebnahme und Schulungen

Am Ende des dritten Schritts erfolgt die Vorbereitung für die Betriebs- und Ausbauphase, in der das Programmmanagement ausläuft und mit dem Regelbetrieb in ein spezielles Center of Competence übergeben wird. (Alle Namen für Rollen und Funktionen sind natürlich nur Beispiele und können beliebig angepasst werden; Abb. 9.3.)

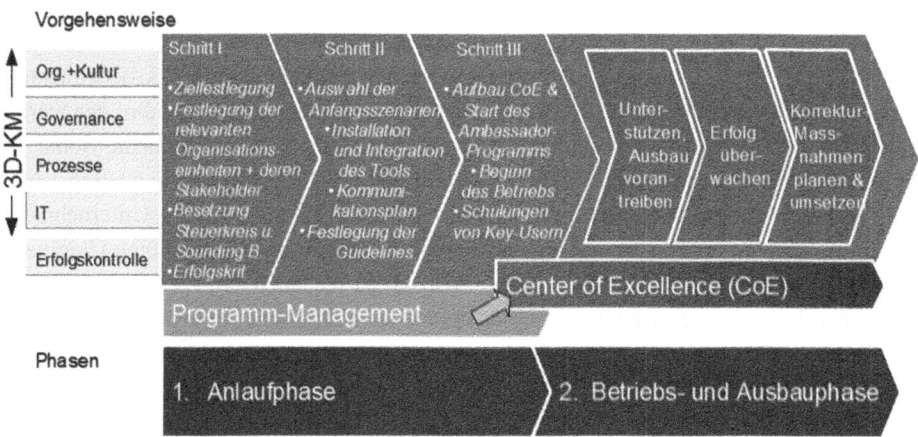

Abb. 9.3 Das Vorgehensmodell

9.3.2 Das Programmmanagement in der Anlaufphase

Die eigentliche Transformation beginnt mit der Anlaufphase, auch wenn gewisse Vorarbeiten zu erledigen sind, um die Phase zu starten:

- Im Idealfall wird das Programm von der Geschäftsführung getragen. Dort hat man sich – eventuell unterstützt durch eine Cynefin Sense Making Analyse – Gedanken über die Sinnhaftigkeit des Vorgehens und dessen Umfangs gemacht und entschieden das Programm zu starten.
- Dann bedarf es eines Projekt- oder Programmauftrags und einer Budgetierung.
- Der Programmmanager, und bei entsprechender Größenordnung sein Programmmanagement-Team, muss ernannt und für das Projekt freigestellt (voll/teilweise?) werden. Es ist bewusst die Rede von einem Programmmanagement, dass die Gesamtverantwortung trägt, unter dem es aber mehrere Projekte geben kann.
- Es bedarf einer Vorgabe temporärer Ziele (die später zu verfeinern sind), inklusive des zeitlichen Rahmens für das Programmmanagement.

Einmal begonnen kommt auf das Programmmanagement (PM) eine Reihe von Aufgaben zu, die letztlich in den angesprochenen drei Schritten umzusetzen sind:

4. Stakeholder-Interessensanalyse (u. a. Betriebsrat)
5. Aufsetzen des Sounding Boards
6. Organisation des Steuerkreises
7. Ist- und Bedarfsanalyse
8. Auswahl der Pilotgruppen
9. Feinabstimmung und finale Festlegung der Programmziele
10. Umfang der technischen Implementierung (mit IT)
11. Erfolgsmetriken
12. Aufsetzen des Change Management-Programms
    - Motivationsanalyse in Bezug auf Zusammenarbeit (mit HR)
    - Veränderung von Leitlinien (mit HR)
    - Kommunikationsplan (mit interner Kommunikation)
13. Organisation eines Ambassador-Programms mit Qualifizierung ausgewählter Gruppen
14. Governance-Strukturen
15. Betriebsbeginn und Programmeinführung
16. Aufbau Center of Excellence zur fortlaufenden Unterstützung der Betriebsphase

Ein paar erklärende Bemerkungen zu diesen Punkten:

Bei Organisationstransformationen ist es besonders wichtig alle einflussreichen Beteiligten, die sogenannten *Stakeholder* („die einen Anteil am Kuchen haben") oder auch *Power-Sponsoren*, an einen Tisch zu bekommen. Sie müssen nicht alle jeder Teilaktion zustimmen, sie sollten aber zumindest an der Diskussion beteiligt sein. Das Ziel ist dabei sie (und die hinter ihnen stehenden Bereiche) bei der Transformation mitzunehmen. Für das PM ist es darüber hinaus von großer Wichtigkeit von allen Stakeholdern zu verstehen, welche Vorstellungen sie in Bezug auf das Projekt haben, wo ihre Interessensbereiche eventuell zu Konflikten führen könnten und auch wo sich ihre Unterstützung besonders positiv auswirken kann. Dabei ist zu berücksichtigen, dass nicht alle Stakeholder Fachleute im Thema sein werden und oftmals eine Einführung in das Programm benötigen werden. Typische Stakeholder sind Vertreter aus dem höheren Management der Fachbereiche, Personal (HR), Kommunikation und IT, aber auch der Betriebsrat (falls vorhanden). Ihn sehr frühzeitig intensiv einzubinden ist in jedem Fall sehr sinnvoll, da es sonst zu großen Überraschungen und langen Projektverzögerungen kommen kann, z. B. wenn der Betriebsrat Änderungswünsche an der zum Einsatz kommenden Social Software geltend macht. Ähnliches gilt aber durchaus auch für die anderen Stakeholder.

In der Praxis hat sich dazu ein Gremium bewährt, das quasi als das Parlament des Transformationsprojekts fungiert und alle strategischen Schritte absegnet. Die Amerikaner nennen so etwas ein *Sounding Board* – etwas, bei dem geschaut wird, ob es klingt, ab es gut ankommt, wie die Resonanz auf das Programm ist. Für den Programmmanager ist das Sounding Board so etwas wie der Auftraggeber in einem Scrum Prozessablauf. Er hält den Kontakt und hilft die Termine des Gremiums zu organisieren. Das Sounding Board sollte dabei nicht falsch als das Projektleitungsbüro verstanden werden. Es geht nicht um das Tagesgeschäft des Projekts, sondern um die Richtungsentscheidungen. Dementsprechend reicht es, wenn man sich einmal monatlich oder vielleicht auch nur einmal pro Quartal trifft – das hängt sehr von den spezifischen Anforderungen ab.

Bei der Umsetzung des Programms im Alltag gibt es zwei Vorgehensweisen: die klassische und eine agile. Bei der klassischen Vorgehensweise könnte man in Analogie zum klassischen Softwareentwicklungsprozess von einem Wasserfallmodell sprechen: Einzelne Funktionen erledigen ihre Teilaufgaben und machen dann jeweils immer eine Übergabe. Der Klassiker des Nicht-Funktionierens ist ganz am Schluss erst den Betriebsrat einzubinden; nicht selten mit dem Erfolg, dass der das Projekt dann kippt. Deshalb empfiehlt sich auch hier eine agile Vorgehensweise, die von Anfang an alle Kompetenzen mit einbindet, also mit cross-funktionalen Teams arbeitet, die IT, Personal, interne Kommunikation und auch die Mitbestimmungsgremien und den Datenschutz mit einbinden.

Dabei wird es meistens so sein, dass sich unterschiedliche Teams unterschiedlichen Services widmen, also zum Beispiel eines, das sich der Umsetzung von Profilen/Gelben Seiten widmet, während ein anderes die Einführung des Teilens von Dateien ganzheitlich bearbeitet. Den jeweiligen Auftrag haben sie als *Project Backlog* vom Programmmanager bekommen, managen die Fortschritte aber selbstständig mit regelmäßigen Synchronisierungspunkten (Scrums) und Arbeitsphasen (Sprints). Das Gegenstück zum Scrum-Master ist der jeweilige (Teil-)Projektleiter.

Diese Projektleiter und der Programmmanager treffen sich im Scrum of Scrums, ein weiteres Gremium, der sogenannte *Steuerkreis*. Er trifft sich je nach Programmphase alle ein bis zwei Wochen, wobei das – zumindest manchmal – auch in einer Telefonkonferenz sein kann.

Dem Steuerkreis und dem Programmmanager, aber letztlich auch dem Sounding Board, obliegt die Pflicht durch Leadership-Maßnahmen als Vorbild zu überzeugen, also z. B. neu eingeführte Social Business Tools für ihre Programm- und Projektarbeit auch unmittelbar einzusetzen.

Nach diesen eher logistisch-organisatorischen Themen geht es um die thematische Festlegung. Das beginnt mit einer Ist- und Bedarfsanalyse. Hierbei geht es zunächst um die Erfassung bereits bestehender Initiativen und Aktivitäten, die in das Programm einbezogen werden können, bzw. sollten. Vordergründig sind es Bereiche, die bereits Web 2.0 Lösungen, wie Wikis, Blogs, Personal File Sharing, usw. einsetzen. Hier ist zu klären wofür und wie erfolgreich? Könnte dieses bereits Modellcharakter haben? Welche Anforderungen wurden in diesen Bereichen mit den bestehenden Lösungen noch nicht erfüllt? Zu klären ist aber auch, welche Möglichkeiten der Migration solcher Einzellösungen in die geplante, neue Gesamtlösung bestehen und wie groß der Aufwand ist.

Dabei ist zu beachten, dass eine Migration von Web 2.0-/Social-Lösungen in andere in der Regel schwierig bis ausgeschlossen und zumindest nicht ohne Verluste zu erzielen ist. Hintergrund ist die eiserne Regel: „Never change a URL". Sie besagt, dass man Webadressen niemals ändern sollte. Grund ist die oftmals hohe Verlinkung in diesen Tools. Eine Migration in ein neues Tool bringt in der Regel für alles neue Adressen, was die komplette Verlinkung zerstört.

Bei kleinen Datenmengen kann man die Adressenveränderung noch mit der Hand nachziehen, bei etwas größeren auch manchmal mit Scripten. Bei sehr großen Datenbeständen gilt dann eher das Prinzip des Ausalterns, was bedeutet, dass man die neue und die alte Lösung parallel betreibt, zur alten aber nichts Neues mehr hinzukommt, sodass man die alte Lösung nach einigen Jahren abschalten kann. Besonders betroffen sind Wikis. Selbst wenn zu einem bestehenden Wiki keine neuen Seiten mehr zugelassen werden, so kann man die Aktualisierung bestehender Seiten nicht unterbinden, was die Lebensdauer leider sehr in die Länge ziehen kann.

Als Profitipp ist deshalb anzuraten eine eventuelle frühe Testphase mit nicht strategisch ausgewählten Tools möglichst schnell zu beenden und so frühzeitig wie möglich zu einer strategischen Tools-Entscheidung zu kommen, die nicht nur Einzelwünsche einer Abteilung abdeckt, sondern ganzheitliche Vorteile bietet. Das ist natürlich ein Henne-Ei-Problem, weil man sich ohne entsprechende Erfahrungen mit einer strategischen Entscheidung schwertun wird. Leider helfen auch Analystentipps nur bedingt, da deren Kriterien oft nicht transparent werden und veraltete Lösungen bei hohem Verkaufserfolg trotzdem hoch bewertet werden. Eines ist aber klar: Die sinnvollste Lösung wird in der Regel eine integrierte Lösungssuite sein und kein Sammelsurium separater, nicht integrierter Tools. Schon eine Zweierkombination hat fast immer klare Schwächen, insbesondere in den Integrationspunkten Zugriffsberechtigungssteuerung, Suche, Tag-Wolke und Analytics/Empfehlungen.

Ein Teil der Bestandsaufnahme ist auch bisherige *Schlüsselpersonen* zu identifizieren, also die Personen, die bereits Erfahrungen mit solchen Tools haben oder auch Personen aus Bereichen, die intensiv solche Tools gefordert, aber bisher nicht zur Verfügung gestellt bekommen haben. Sie sollten die Chance bekommen, ihre Erfahrungen oder Anforderungen mit einfließen zu lassen. Zudem sind sie auch gute Kandidaten für ein noch aufzusetzendes Ambassador-Programm im Sinne von „Leading by Example".

9.3.3   Auswahl der Pilotgruppen

Der geschickten Auswahl der Pilotgruppen kommt eine nicht unerhebliche Bedeutung zu. Ihr Erfolg oder Misserfolg wird auf das gesamte Transformationsvorhaben ausstrahlen. Deshalb sollte sie mit besonderem Bedacht geschehen. Im Idealfall wählt man zwei Gruppen unterschiedlichen Charakters, also zum Beispiel eine formale Organisationsstruktur (z. B. einen Bereich) und eine offene Gruppe (Arbeitsgruppe oder Communty of Interest).

Beide Gruppen sind jeweils als Mikrokosmos zu verstehen und zu führen. Ziel ist aus deren Erfahrungen für den unternehmensweiten Rollout zu extrapolieren. Eine Pilotgruppe sollte mindestens 30 bis 50 Personen groß sein – besser sind 150 oder auch mehr. Der Hintergrund ist zweierlei: Bei Social Software geht es auch um Masseneffekte und bei einer zu kleinen Gruppe kommen leicht zu wenige Inhalte zusammen. Das andere ist, dass eine kleine Gruppe eher auch andere (klassische) Wege zur Kommunikation findet und in dem Sinne dem Projekt „ausbüxt".

Diese Daumenregel kann aber auch deutlich unterschritten werden, wenn sie mit entsprechenden Maßnahmen verbunden wird. Dazu gehört entweder das Abschalten von älteren Alternativen – manchmal reicht die klare Anweisung diese nicht mehr zu benutzen – oder ein intensiveres Training, das den Teilnehmern der Pilotgruppe den Sinn und Wert der neuen Lösung klar verdeutlicht und auch klarstellt, welche Einschränkungen der Qualität durch die nur kleine Testgruppe zu erwarten sind.

Beliebt ist mit dem Management als Gruppe oder mit der IT-Abteilung zu beginnen. Beides ist eher problematisch: Das Management-Team ist als Pilot nur selten wirklich geeignet, insbesondere wenn sich die beteiligten Manager E-Mails zur Bearbeitung noch ausdrucken lassen. Ähnlich ist auch der IT-Bereich kein ideales Startfeld, da die IT-Fachleute in der Regel auch in der Vergangenheit schon Kommunikationsformen genutzt haben, die deutlich besser funktionierten, als das, was andere Unternehmensbereiche eingesetzt hatten. Damit ist ihr Leidensdruck oft zu gering, um sich ernsthaft mit Neuem zu befassen.

Ideale Attribute einer Pilotgruppe sind:

• Die Gruppe ist Teil einer Organisationseinheit mit einer besonders offenen, egalitären Kultur. Sie hat hohe Anforderungen an Kommunikation und Austausch innerhalb der Gruppe und starke Unterstützer des Themas „Collaboration".
• Die Gruppe selbst ist geografisch verteilt oder mobil (nicht in einem Raum sitzend).

- In der Gruppe hat man eine Vorliebe *early Adopter* von neuen Services zu sein oder eine besonders hohe Nachfrage nach Social Business Services, etwa weil man deren Nutzung im Internet aus dem privaten Umfeld sehr gut kennt und auch im Unternehmen adaptieren möchte.
- Besonders geeignet sind neue Gruppen, z. B. ein neu formierter Geschäftsbereich, ein neues Großprojekt oder ähnliches, weil solche Gruppen noch keine eingespielten Kommunikationsmechanismen haben.
- Aus der Sicht der Gruppe überwiegen die potenziellen Vorteile kleineren Bedenken.
- Man mag im Unternehmen gern als „vorne an" angesehen werden.

Für die einzelnen Mitglieder der Pilotgruppen gelten weitere Attribute:

- Technisch erfahren oder orientiert.
- Etwas Zeit neue Dinge zu lernen und zu nutzen.
- Positive Einstellung – man versteht den Mehrwert für sich, die Gruppe und die Organisation.
- Es ist hilfreich, wenn zumindest einige bereits Erfahrungen mit Social Media aus dem privaten Bereich haben.

Einige konkrete Beispiele für geeignete Pilotgruppen sind folgende:

- Das neue Projekt – der Klassiker.
- Das „Merger"-Projekt – Die Zusammenführung von bisher unabhängigen Organisationsteilen, etwa nach einem Aufkauf. Das ist deshalb gut geeignet, weil man bisher keine eingefahrenen Kommunikationskanäle nutzt.
- Die Smartphone-Nutzer – Eine Community of Interest, die keine offizielle Unterstützungsfunktion für ihre Probleme hat und in der man sich selbst helfen muss. Ersetzbar durch Tablet-Nutzer, usw.
- Alle Sekretariatsdienste – Ein interessanter Ansatz, weil es sich dabei um eine Gruppe mit relativ homogener Struktur handelt, die oft ähnliche Probleme haben, für die es aber bisher keinen richtigen Kommunikationskanal gab. John Stepper von der Deutschen Bank behauptet gar, dass es ihnen möglich war, über eine solche Sekretariats-Community Mitarbeiterstellen in der klassischen Unterstützungsfunktion abzubauen, worüber sich sogar ein harter Return on Investment messen ließ (Stepper 2011).
- Das Innovationsmanagement neuer Prägung – Einführung eines modernisierten Prozesses auf Basis von Innovations-Communitys.

Grundsätzlich ist ein Start über konkrete Anwendungsszenarien, auch „Use Cases" genannt, besonders erfolgversprechend. Hierzu macht es Sinn zunächst eine Umfrage in den Fachbereichen zu machen, welche Kommunikationsszenarien bisher nicht so gut laufen oder auch wofür sich Mitarbeiter schon länger wünschen solche Tools benutzen zu können. Hilfreich ist auch zu sehen, welche Services die Mitarbeiter (in der Regel unerlaubterweise) im offenen Internet wofür nutzen. Die Idee ist dann vergleichbare Services in sicherer Weise intern aufzusetzen und anzubieten, um diesen „Mißbrauch" auszutrocknen.

Für das Programmmanagement besteht die weitere Aufgabe innerhalb der Pilotgruppen enthusiastische, verschiedenartige „Change Leaders" zu identifizieren und aktiv in das Programm einzubinden. Selbstverständlich sollte sein, dass die Pilotgruppen verpflichtet werden, die neuen Services statt eventuell noch bestehender Alternativen zu benutzen. Beim späteren Komplett-Rollout sind veraltete Alternativen – etwa alte Telefonbücher – nach der Migration der Inhalte natürlich abzuschalten.

Nach Auswahl der Pilotgruppen und intensiver Diskussion mit ihnen ist die Zielsetzung des Programms in Abstimmung mit den Stakeholdern eventuell noch einmal anzupassen.

9.3.4   Installation der Social Software

Selbst wenn die IT-Abteilung nicht die Leitung der Transformation trägt, so wird sie doch einen sehr wesentlichen Anteil am Erfolg haben. Ihre Services sind schließlich auch wieder die Grundlage des zukünftigen Arbeitsplatzes. Und damit hängt auch die Dauer der Anlaufphase ganz wesentlich von der IT-Abteilung ab.

Eigentlich sollte es für die IT-Abteilung eine Standardaufgabe sein, neue Standard-Software zu installieren. Der Teufel liegt aber wie so oft im Detail. Einige Beispiele:

- Für die Gelben Seiten/Profile benötigt man Directory-Informationen. Gibt es noch kein Corporate Directory, dann sind mehrere Directories zu integrieren. Dazu gibt es zwar unterstützende Software (z. B. den Tivoli Directory Integrator), dennoch können überlappende Einträge mit unterschiedlichen Benutzernamen für ein und dieselbe Person zum Verdruss führen.
- Datenquellen können sehr verteilt sein, ohne dass es bisher einen zentralen Zugriff gab (z. B. lokal gemanagte Directories).
- Für die Nutzer ist es umständlich, sich jedes Mal authentifizieren zu müssen (Userid, Passwort). Deshalb sollte bei der Einbindung in die bestehende Welt über Single Sign on (SSO) nachgedacht werden. Hierbei könnte der offene OAuth Standard („Open Authentication") eine Rolle spielen.
- Im Vorfeld muss geklärt werden, ob und in wieweit externe Nutzer zugelassen werden sollen.
- Zur Integration bestehender Blogs, Wikis, usw. bedarf es eines Konzepts. Die Alternativen reichen von manueller Migration, über Hilfs-Scripte, die unterstützen, bis zu automatischer Komplettmigration, aber eben auch dem Parallelbetrieb mit Ausalterungstaktik für das Altsystem.
- Bei allen Formen eines Parallelbetriebs ist zumindest an eine Integration in die Oberfläche zu denken. Tiefer gehende Integrationen auch mit der Suche, und deren Ergebnisdarstellung, den Tag-Wolken, usw., sind meistens aufwendiger und haben noch einen

Pferdefuß: Wenn dazu komplexere Anpassungen am neuen Tool notwendig sein sollten, so können solche Anpassungen bedeuten, dass man sich von der Weiterentwicklung des neuen Tools abkoppelt, weil die Anpassungen immer wieder (teuer) nachzuziehen wären. Hier gilt es abzuwägen.

- Je höher die vom Tool unterstützte Integration in die Standardumgebung (Portal, E-Mail, Instant Messaging, Telefonie, Video, Office Software Tools, Explorer, Unternehmensanwendungen) ausfällt, desto besser. Eventuell müssen Konnektoren ausgerollt werden.
- In der Regel fängt man klein an, etwa an einem Standort in einem Land. Bei multinationalen Unternehmen wird sich aber irgendwann die Frage nach einer globalen Einführung stellen. Das ist nicht nur eine Frage der technischen Skalierbarkeit der Lösung, die von Beginn an mitbedacht werden sollte, sondern z. B. auch eine Frage der Abschottung landesspezifischer Inhalte.
- Bei Social Software ist der einfache Zugriff von überall (anytime, anywhere) meistens ein wichtiges Thema. Deshalb auch an VPN-Anbindung und Unterstützung auf mobilen Clients (Smartphones, Tablets) denken. Hier sollte dann nicht nur ein Ausschnitt, sondern die komplette Servicespalette verfügbar sein – idealerweise in einer App, die sich in das jeweilige Gerät integriert. Zumindest heute ist noch nicht absehbar, welche mobilen Plattformen sich in der Zukunft durchsetzen werden (Google Android, Apple iOS, Windows Mobile, …). Um nicht in Abhängigkeiten zu geraten und auch bei „Bring your own Device" mitspielen zu können, ist eine einfach umzusetzende, breite Plattformunterstützung von Vorteil.
- Bei der Nutzung von datenintensiven Services, wie Personal File Sharing Services, Mediatheken, VoiP-Telefonie, u. Ä., ist die Netzbandbreite zu beachten und eventuell zu erhöhen. Das kann Auswirkungen auf Serverstandorte und damit die ganze Infrastrukturarchitektur haben. Alternativ können Cloud-Lösungen mit eigenem Netz betrachtet werden.
- Social Business Services werden anfangs oft als „nicht unternehmenskritisch" eingestuft. Das ändert sich in der Regel nach nicht allzu langer Zeit der Nutzung. Auch das sollte bei der Infrastrukturarchitektur zumindest mit angedacht werden.
- Man kann entsprechende Services natürlich auch von anderen betreiben lassen (Strategic Outsourcing/Hosting/Private Cloud) oder aus einer öffentlichen Cloud-Lösung beziehen. Letzteres kann Vorteile haben, muss aber nicht. Hierbei geht es natürlich um Kosten, aber auch um Fragen der Abhängigkeit („Wie kommt man da jemals wieder raus?"), der Servicegarantien, der Datensicherheit, usw.

Neben allen diesen Details gibt es mit dem IT-Bereich eine Grundsatzfrage zu klären: Wie soll die Einführung der neuen Services verlaufen? Die groben Alternativen sind:

1. Entweder alles auf einmal
2. oder einzelne Service-Pakete Schritt für Schritt nacheinander.

Es kann technische Gründe geben sich für die zweite Variante zu entscheiden, etwa wenn das Unternehmen bisher kein durchgängiges Online-Telefonbuch hatte, aber ein großer Bedarf dafür da ist, man aber z. B. für die Vorbereitung der Integration der anderen Service noch mehr Zeit benötigt.

In den meisten Fällen ist es aber eher eine offene Entscheidung zwischen zwei Richtungen: Die Einen sind der Meinung, dass man die Nutzer nicht überfordern dürfe und man deshalb neue Services nur behutsam nach und nach einführen dürfe, während die Anderen als Nachteile einer solchen Vorgehensweise anführen, dass

- Power-User Services vermissen werden.
- Systemvorteile nur teilweise ausgespielt werden können.
- das IT Projekt lange dauert und damit teurer ist (aber auch Arbeitsplätze im Rechenzentrum sichert).

Sie entscheiden sich lieber für die sofortige Kompletteinführung. Letzteres scheint im Trend zu liegen, während die schrittweise Einführung damals überwog, als die einzelnen Services (Blogs, Wikis, usw.) in ihrem Business Value noch weitgehend unbekannt waren.

9.3.5 Erfolgsmessungen

Je nach Führungsphilosophie im Unternehmen kommt auf das Einführungsprogramm das Thema *Erfolgsmessung* zu. Es gibt Unternehmen, in denen Projektbudgets nur freigegeben werden, wenn vorher ein Return-on-Investment-Plan vorgelegt werden kann. Ein Programmmanager kann sich glücklich schätzen, wenn er erst nach einiger Zeit danach gefragt wird. Dann reicht es oft zu sagen: „Sollen wir morgen dieses und dieses und dieses abschalten?" Dann ist nämlich allen Beteiligten bewusst, wie unternehmenskritisch die Social-Business-Komponenten mittlerweile geworden sind. Telefon und E-Mail will heute auch niemand mehr abschalten. Für beides gab und gibt es einen Business Case, der aber nur schwer mit nicht anfechtbaren Zahlen im Sinne von ROI unterfüttert werden kann, weil man zu sehr auf Annahmen setzen muss.

Trotzdem sollte man das Programm nicht im Blindflug laufen lassen. Die fortlaufende Betrachtung einiger kritischer Performance-Indikatoren (KPI) macht in jedem Fall Sinn. Hierzu sind kurzfristige – im Sinne von Vitalität des Programms, mittelfristige – im Sinne von wachsenden Fähigkeiten der Nutzer, und langfristige – im Sinne von Business Value, Ziele zu setzen.

Die Vitalität lässt sich meistens einfach mithilfe der eingesetzten IT-Lösung und deren integrierter Reporting-Funktion messen. Um nicht in rechtliche Probleme zu laufen, ist hier darauf zu achten, dass keine personenbezogenen und damit datenschutzrelevanten Informationen ausgewiesen werden. Generelle Nutzungstrends sind dagegen kein Problem und in der Sache voll hinreichend, denn allein daraus kann man mit etwas Bedacht sinnvolle KPIs ableiten. So ist etwa die Zahl (sollte nicht zu klein sein) und der Trend der lesenden Zugriffe (sollte neutral oder besser positiv sein) auf den Blogging Service ein sinnvoller Indikator. Die Zahl der Kommentare zu den Blogeinträgen ist es dagegen erst einmal nicht, zumindest nicht, wenn Diskutieren zu Blogeinträgen nicht zu den Unternehmenszielen gehört. Dazu kommt, dass Kommentieren zu bestehenden Einträgen ein Unternehmenskulturthema ist. Sind Mitarbeiter in Mitarbeiterversammlungen bisher nicht gewohnt Widerspruch zu regen, so gibt es bisher auch keine Kommentarkultur. Man kann es trotzdem messen und daraus ableiten, wie sich die Kultur langsam wandelt. Man sollte aber nicht enttäuscht sein, wenn die Zahlen (zunächst) klein sind.

Dazu kommt, dass es inhaltlich unterschiedliche Arten von Blogs gibt, für die es teilweise gar keinen Sinn macht Erfolg nach Kommentaren zu messen:

- Meinungsblogs, zum Beispiel der IT-Leiter Blog, erhalten je nach Kultur unterschiedlich viele Kommentare.
- Informationsblogs, in denen Neuigkeiten und Nachrichten gesammelt werden (oft technischer Art), erhalten kaum Kommentare, es sein denn, dass mal jemand auf einen Fehler aufmerksam machen möchte, wozu die Kommentarfunktion hervorragend geeignet ist.
- Team-/Projekt-Blogs, in denen Aktuelles mitgeteilt wird, werden sehr unterschiedlich genutzt, auch was die Zahl der Kommentare angeht.

Andere, Tools-unabhängige KPIs sollten aus den Zielvorgaben des Programms abgeleitet werden können und sind sehr unternehmensspezifisch. Für die fähigkeitsbezogenen Ziele sind das Themen, wie:

- Entspricht die Nutzung den im Vorfeld identifizierten ‚Use-Cases'?
- Bauen die Mitarbeiter neue Verbindungen auf?
- Bestätigen die Nutzer den Wert der Services für ihre Tätigkeiten?

Und im Punkt Business Value können sich erste Anhaltspunkte über die Beantwortung der Frage „Welche Ziele hat man sich in den Fachbereichen in Richtung ‚Collaboration' gesetzt und wie werden sie erreicht?" ergeben. Des Weiteren geht die Beantwortung der Frage, wie die Transformation die allgemeinen Key Performance Indikatoren des Unternehmens beeinflusst, in die richtige Richtung. Bei einigen programmspezifischen KPIs, die auf einen vorher/nachher-Vergleich abzielen, macht es Sinn bereits sehr frühzeitig im Programm Messwerte zu erheben, damit man später Daten zur Ausgangslage hat.

9.3.6   Das Change Management

Das Steuern der Veränderungen, also das *Change Management*, bezieht sich auf alle drei Dimensionen des 3-D-KM Modells. Bezüglich der ersten Dimension sind wesentliche Elemente der Transformation zu definieren und bezüglich der zweiten und dritten

Dimension ist über einen Kommunikationsplan zu erklären, was sich verändern wird und warum. Das Programmmanagement kann diese Sachen nicht alleine durchführen, sondern eher nur koordinierend. In der Verantwortung sind idealerweise der Personalbereich und die interne Kommunikation.

Bei größeren Veränderungen muss man sich fragen, wie die Auswirkungen auf die Unternehmenskultur aussehen werden. Einer der wichtigsten Aspekte wird das Hochhalten und Steigern der grundsätzlichen Motivation der Mitarbeiter sein – bis hin zur Begeisterung für das Unternehmen. Das hat mit hoher Wahrscheinlichkeit zur Folge, dass man bestehende *Leitlinien* infrage stellen muss:

- Sind die Kriterien, nach denen Führungskräfte berufen und befördert werden noch zeitgemäß?
- Verändern sich durch die Transformation die Werte der Organisation?
- Muss etwas in Sachen „Vorbildfunktion der Führungskräfte" verändert werden?
- Sind organisationsstrukturelle Maßnahmen notwendig?
- Und was verändert sich für die Mitarbeiter?
- Welche Veränderungen sind mitbestimmungspflichtig und wie ist der Betriebsrat grundsätzlich einzubeziehen?
- Wird bereits mit Druckers zielorientierter Führung gesteuert, stellt sich die Frage, wie sich die Ziele verändern müssen, sodass die Vision des Social Business am schnellsten zum Leben erweckt wird.
- Gibt es oder benötigt man überhaupt Teamziele?

Diese Aufzählung ließe sich fortsetzen. Die meisten dieser Themen sind Fragestellungen des Personalbereichs und beziehen unter Umständen noch den Bereich Unternehmensstrategie mit ein, die hierzu zusammen ein eigenes Projekt im Rahmen des Gesamtprogramms starten sollten.

Auch der internen Kommunikation kommt eine wichtige Rolle zu: Eine solche Transformation muss nach einem *Kommunikationsplan* ablaufen. Ziel des Plans ist die Kommunikation der Veränderungen mit den Erklärungen warum – egal ob Tools- oder prozessseitig, Organisations- oder Leitlinien-mäßig.

Der Kommunikationsplan sollte alle Kommunikationsaktivitäten festlegen und dazu auch eine Kommunikationsstrategie. Zu empfehlen ist dafür eine Doppelstrategie:

- Einbindung der Stakeholder und der höheren Führungspersönlichkeiten, die sich beispielsweise über E-Mail Kampagnen, Diskussionen bei Mitarbeitertreffen, im Intranet, usw. einbringen können, aber auch als frühe Nutzer der Social Business Tools, was Vertrauen zur veränderten Collaborations-Landschaft schafft.
- Parallel dazu sollte ein virales Programm, das die allgemeine Aufmerksamkeit fördert, aufgesetzt werden. Nach Melcolm Gladwell's „Tipping Point"-Terminologie sind dazu Kenner, Verbinder und Vertriebsleute einzubinden. Kenner sind die *Subject Matter Experts* (SME), also die Fachleute, die selbst einfach vieles wissen oder zumindest

wissen, wo man es findet. Verbinder netzwerken auf vielen Ebenen und in vielen Bereichen. Sie sind die *Hubs,* die Aufsetzpunkte der sozialen Netzwerke, die unterschiedliche Gruppen verbinden. Vertriebsleute sind die Meinungsmacher, die Überzeuger oder
Evangelisten.

Inhaltlich teilt sich der Kommunikationsplan in vier das Programm begleitende Phasen, in
denen folgende Themen anzusprechen sind:

1. Zunächst geht es um das Thema Aufmerksamkeit schaffen. In dieser Phase sind ein-
   führende und vorbereitende Themen wie „Was hat das Unternehmen vor?", „Warum
   machen wir das?" (Identifizieren und erklären der Treiber für die Transformation),
   „Von wo aus starten wir?" (Betrachtung der Stärken und Schwächen), „Was ist unser
   Ziel und wie kommen wir dahin?" (Vision und Timing) und „Wie machen wir Arbeiten
   damit einfacher?" (Was bedeutet es für mich?) anzusprechen.
2. In der zweiten Phase wird es konkreter und es geht darum Verständnis für das, was da
   konkret kommen wird zu schaffen: „Was ist Social Software?", „Warum brauchen wir
   Social Software?", „Wie werde ich betroffen sein"?, „Wann erfahre ich mehr?" Dazu
   kommt die Option spätestens zu diesem Zeitpunkt in den Fachbereichen nach sinnvollen Use Cases zu forschen, um diese zu bündeln, aufzubereiten und später modellhaft
   vorzugeben.
3. Phase 3 beginnt mit der Bereitstellung der Lösung. Dann sind Themen, wie „Wie nutzt
   man die einzelnen Funktionen?" (Best Practices), „An wenn kann ich mich bei Fragen
   wenden?" (Ambassador-Programm, FAQs), „Welche Qualifizierungsoptionen/Schu-
   lungen gibt es?" (Mediathek, Schulungen), „Wie geht es weiter?"
4. Ansonsten ist fortlaufend zu kommunizieren: „Was haben wir bisher erreicht?" (Überprüfung der Maßnahmen), „Wie hat sich das Arbeiten verbessert?" (Publikation individueller Beispiele als Vorbild) und natürlich die Perspektive „Was kommt als Nächstes?"
   (Abb. 9.4)

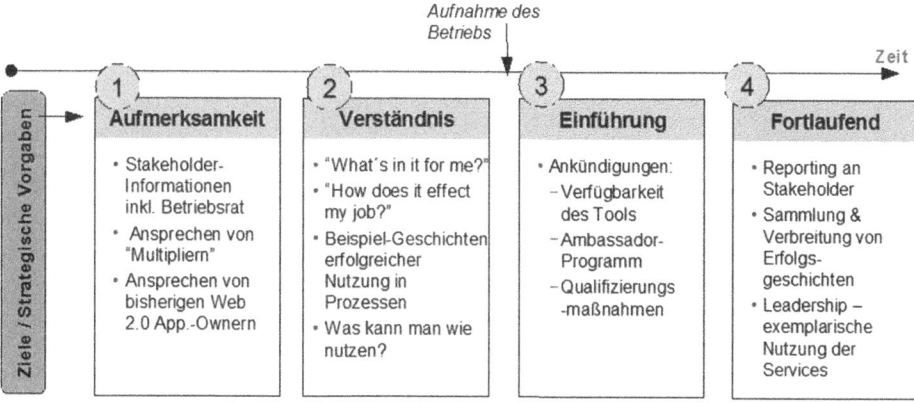

Abb. 9.4 High Level Kommunikationsplan

Bei der Umsetzung der Kommunikation ist darauf zu achten, dass sie gleich als Beispiel für das Neue fungiert, ohne die Verbindung zum Bisherigen zu vernachlässigen. So sollten Neuigkeiten aus dem Projekt in einem Programmblog angekündigt und diskutiert werden. Der Hinweis auf neue Einträge muss aber klassisch in die E-Mail der Beteiligten erfolgen, um so die Verbindung herzustellen.

Der Kommunikationsplan muss in weiteren Bereichen Antworten liefern:

- Die Mitarbeiter sollten klare Empfehlungen bekommen, wo (welches Medium), wann und wie welche Informationen bereitgestellt werden sollten. Der Frage der zu benutzenden Medien kommt eine besondere Bedeutung zu: Was bedarf eines klassischen Freigabeprozesses und sollte weiterhin statisch im Intranet über das Web Content Management veröffentlicht werden? Was sollte ins Intranet, könnte sich aber über Best Practices der Nutzer verändern und verbessern und sollte deshalb in ein Wiki im Intranet? Was bedarf zusätzlicher Aufmerksamkeit und müsste per E-Mail exklusiv oder zusätzlich verschickt werden?
- Den Mitarbeitern ist grundsätzlich der Nutzen der Neuerungen zu erklären. Auch wenn heute deutlich über die Hälfte aller Deutschen privat in sozialen Netzwerken, wie Facebook, engagiert sind und damit solche Tools im Prinzip kennen, so ist „ein Facebook in der Firma" doch etwas Neues und bedarf der Erklärung. Dazu kommt, dass sich die Inhalte im privaten sozialen Netz und im Firmenkontext stark unterscheiden – sowohl aus der Sicht der Verantwortlichen im Unternehmen als auch der der Mitarbeiter. Hier bedarf es eines Lernprozesses, der über den Kommunikationsplan zumindest anzustoßen ist.
- Neu eingeführt IT-technische Möglichkeiten sind anhand von Beispielen zu erläutern. Dabei ist mit konkreten Beispielen darauf einzugehen, wofür etwa die Services Blogs, Wikis, Booksmarks, usw. gut sind und wie sich deren Benutzung innerhalb eines Unternehmens von der privaten Nutzung im Internet unterscheidet. Beispiel: Blogs im Internet werden überwiegend von Einzelpersonen geschrieben, die dort Meinungsbilder darstellen. Solche Inhalte stoßen im Kontext der Arbeit nur selten auf großes Interesse. Hier sind Inhalte, die Kollegen wirklich interessieren, sehr viel wichtiger. Dabei ist es nicht zwingend wichtig, dass es immer ganz viele Kollegen ansprechen muss. Gute Beispiele sind neue Erfahrungen aus aktuellen Projekten.
- Besonders wichtige Tools sind extra zu erklären, etwa eine neue Profilseite, die fortan als „meine Visitenkarte" gilt.
- Spezielle Kommunikationsinitiativen, wie besondere Informationsveranstaltungen oder die Einrichtung von speziell geschulten Social Business-„Ambassadoren" der neuen Lösungen, sind Teil des Plans und entsprechend zu kommunizieren.

Sodann sind die „low hanging Fruits" anzugehen:

- Bestehende (interne) Newsletter identifizieren und deren Redakteure bitten auf einen Blog mit Erinnerungsmails umzusteigen. Die Vorteile sind u. a., dass der Newsletter damit in der Suchmaschine auftaucht; ein automatisches Archiv hat; nur einmal zentral gespeichert wird; höhere Aktualität haben kann, da neue Einträge jederzeit gemacht werden können und allgemein einsehbare Diskussionen zu den Inhalten möglich werden. Die Praxis zeigt, dass man dennoch nicht komplett auf E-Mails an den potenziellen Leserkreis verzichten kann – sie müssen nur noch die Überschriften (als Link) präsentieren und dienen dazu die Aufmerksamkeit zu erhalten. Schließlich macht auch eine BILD-Zeitung fortlaufend Werbung für ein Produkt, das eigentlich jeder kennt.

- „Wussten Sie schon"-Blogs mit Tipps, z. B. zu den Prozessen, in denen die Mitarbeiter tätig sind oder auch nur zu den neuen Tools. Dazu ist aufzuzeigen, wie man die Neuigkeiten aus dem Blog als Feed auch an anderer Stelle nutzen kann.
- Ein „Alles über Company.next" Wiki (falls Company.next Name des Programms ist) um hier u. a. Best Practices Tipps zur Nutzung des Tools zu sammeln. Ähnlich wie man es z. B. von Wikipedia kennt, hat ein Wiki-Service ja den Vorteil, dass man viele Autoren zulassen kann. Deshalb sollte man alle Mitarbeiter auffordern sich hier aktiv zu beteiligen – was kulturell etwas Neues sein dürfte. Insofern sollte die Enttäuschung nicht zu groß sein, falls die Beteiligung (anfänglich) gering bleibt.
- Den Betriebsrat bitten, etwa wichtige Links als Leseempfehlungen zu bookmarken und selbst auch die anderen Services zu nutzen. Ein frühes Einbinden der Mitbestimmungsgremien und natürlich auch des Datenschutzbeauftragten ist grundsätzlich von Vorteil, um spätere Überraschungen zu vermeiden. Für solche speziellen Nutzergruppen ist möglicherweise auch eine spezielle Tool-Schulung von Vorteil.

Im nächsten Schritt – wenn nicht bereits durch das technische Projektteam erledigt – sind bestehende Lösungsbausteine zu identifizieren, die von den Daten her überführt und dann abgeschaltet werden sollten. Der Klassiker sind hier die oftmals zahlreichen Telefonbücher, die schon unter dem Aspekt des Aufwands der Datenpflege zu konsolidieren sind. Hierbei kann es zu Diskussionen kommen, wer für welche Daten zuständig ist, etwas der Frage, ob Mitarbeiter selbstständig ihre Telefonnummern eingeben dürfen oder ob das nur zentral über die Personalabteilung (oder Telefonieabteilung) gemacht werden darf. Die Praxis zeigt hier, dass man seinen Mitarbeitern mehr vertrauen kann, als manchmal angenommen und darüber viel Geld sparen kann. Ähnliche Diskussionen können auch entbrennen, wenn es um ein selbst eingestelltes Foto geht.

Ein CIO eines großen deutschen Unternehmens mit 70.000 Mitarbeitern erzählte, dass es bei der Einführung einer neuen Profilseitenanwendung mit Bildern zunächst zu der Forderung gekommen sei, eine neue Abteilung mit zehn Planstellen einzurichten. Auf Rückfrage „Warum?" kam die Antwort, dass man ja sicherstellen müsse, dass die Fotos alle „ordentlich" wären. Er hat sich darüber hinweggesetzt. Fast alle Mitarbeiter stellen ordentliche Fotos ein, nur ein Mitarbeiter schien so stolz auf seinen neuen Luxuswagen gewesen zu sein, dass er ein Bild seines Autos einstellte. Es war kein größerer Aufwand dieses „Problem" zu lösen und erforderte auch keine neue Abteilung.

Nicht zuletzt ist anzumerken, dass es auch Spaß machen darf. So könnten zur Aufmerksamkeitsförderung – nicht als Belohnung, wie im Wissensmanagement der 1990er – kleine Wettbewerbe oder Preise für Beiträge ausgelobt werden. Beispiele wären „Der Top-Blogger der Woche", „Der Top-Bookmarker", usw. Diese wären, jeweils versehen mit kleinen Interviews, der Darstellung des Use Cases und warum er Wert hat, an prominenter Stelle im Intranet zu veröffentlichen.

9.3.7 Governance: Regeln und Leitlinien

Ein besonderes Augenmerk sollte dem Punkt „Governance" zukommen – eventuell organisatorisch noch als Teil des Kommunikationsplans. Dabei geht es in erster Linie um die Regeln, die zu definieren und einzuhalten sind und das organisatorische Umfeld. Bezüglich der Regeln sind das zunächst einmal die gesetzlichen Bestimmungen (inklusive Copyright!). Dann sind es die ethischen und moralischen Grundwerte, die sich das Unternehmen definiert hat, und nicht zuletzt gibt es noch eine Vielzahl praktischer Dinge im Umgang mit Social Software.

Folgende Rechtsgebiete werden in der Regel bei Social Business Projekten zumindest berührt:

- Datenschutzrecht (hier sind insbesondere bei multi-national agierenden Unternehmen unterschiedliche, landesspezifische Vorschriften zu beachten)
- Datensicherheit
- Urheberrecht
- Recht am eigenen Bild
- Arbeitsrecht/Betriebsverfassungsgesetz
- Außenhandelsgesetz

Gemäß § 87 Abs. 1 BetrVG gibt es Beteiligungsrechte des Betriebsrats bei der Einführung von Intranetlösungen insbesondere bei Anwendungen, die zur Überwachung möglich sind bzw. eine direkte Auswertung der Arbeitnehmerdaten ermöglichen. Daraus resultiert ein Spannungsfeld zwischen dem Recht des Arbeitgebers auf Kontrolle der Erfüllung der Arbeitsaufgaben und dem Interesse der Arbeitnehmer auf Wahrung der Persönlichkeitsrechte.

Social Business Werkzeuge bieten technologiebedingt zumindest theoretisch die Möglichkeit einer umfassenden Auswertung der jeweiligen Nutzungsdaten. Schon allein deshalb empfiehlt sich die frühzeitige Einbeziehung des Betriebsrates und der Datenschutzkommission. Zur Schaffung von Rechtssicherheit sollte eine entsprechende Betriebsvereinbarung gemäß § 77 BetrVG abgestimmt werden.

Zur Wahrung der gesetzlichen Bestimmungen ist es sinnvoll weitere unternehmensspezifische *Regeln zur elektronischen Kommunikation* aufzustellen, die manchmal in einen Teil für die interne („Social Business") und die externe („Social Media") Kommunikation getrennt werden. Sie regeln u. a.:

- Einsatzszenarien
- Die Sorgfaltspflicht bei der Erstellung von Inhalten bei gleichzeitiger Markierung von nicht als gesichert anzusehenden Inhalten, wie Vermutungen und Ähnlichem.
- Eine deutliche Kennzeichnung persönlicher und offizieller Inhalte (insbesondere im Bereich externer Social Media wichtig).
- Wo vertrauliche Informationen eingestellt werden dürfen und was unter Compliance-Gesichtspunkten Besonderes zu berücksichtigen ist.
- Wie man miteinander umgehen sollte (Etikette/„Netikette").
- Konsequenzen bei Missbrauch, z. B. Bevormundung oder (sexuelle) Belästigung.
- Verantwortung von Managern und Kollegen.
- Appell an die eigene Medienkompetenz: Alles, was man ins Netz stellt, bleibt für *immer* dort (neues Niveau von Transparenz – mit Verschiebung der Grenzen des Datenschutzes). „Es ist nicht so, dass *niemand* guckt, es gucken *alle*." (Kundenzitat).
- Monitoring der elektronischen Kommunikation.
- Missbrauch des Reportings.
- In welcher Form und in welcher Regelmäßigkeit Mitarbeiter die Regeln zur Kenntnis nehmen müssen.
- Was bei klaren Verstößen gegen die Grundsätze passiert.
- Was mit Community-Inhalten passiert, wenn die Community nicht mehr aktiv ist.
- Was mit den Inhalten passiert, wenn ein Mitarbeiter das Unternehmen verlässt.

Aus der Not des „frühen Anwenders" heraus musste man bei IBM zu einer durchaus nachahmenswerten Taktik greifen. Da es um 2005 keine Beispiele für entsprechende Regelwerke gab, ging man den für die damalige Zeit sehr ungewöhnlichen Weg die Anwender selbst zu bitten sich Regeln aufzustellen. Dazu wurde ein Wiki eingerichtet und alle Anwender der im Unternehmen genutzten Social Software wurden per E-Mail aufgefordert, sich hier zu beteiligen. Nach etwa sechs Monaten war ein gewisses Plateau erreicht – es gab nur noch wenige Änderungen. Das Wiki wurde geschlossen und Rechtsanwälten, die die Vereinbarkeit mit den rechtlichen Rahmenbedingungen prüfen mussten, und dem Betriebsrat, der ebenfalls um Zustimmung gebeten wurde, übergeben. Danach wurden sie als offizielles Regelwerk sogar im Internet veröffentlicht (http://www.ibm.com/blogs/zz/en/guidelines.html). Zweimal, 2008 und 2010, gab es noch Anpassungen, was notwendig war, weil sich das gesamte Umfeld sehr dynamisch entwickelt und z. B. immer wieder neue Services entstehen, wie zuletzt das Microblogging à la Twitter. Die IBM Social Business Guidelines sind heute fester Bestandteil des Arbeitsvertrags und sind einmal jährlich zur Kenntnis zu nehmen.

Das Vorhandensein einer Governance-Struktur und solcher Guidelines ist für die Mitarbeiter ein in seiner Wichtigkeit nicht zu unterschätzendes Signal, dass man es in der Führung des Unternehmens ernst meint mit den Veränderungen in Richtung Digitales Unternehmen.

9.3.8   Das Qualifizierungs-/Schulungskonzept

Vor dem eigentlichen Betriebsbeginn sind noch einige Dinge aufzusetzen. Dazu zählt insbesondere der Bereich Qualifizierung der Endnutzer. Auch hierzu bedarf es eines Konzepts. Dazu weitere Anregungen:

Da man davon ausgehen kann, dass ein Großteil der Mitarbeiter privat bereits mit Social Media zu tun hatte, kann eine generelle Schulung entfallen. Trotzdem sind unterstützende Materialien zur Qualifizierung notwendig und sollten spätestens zum Betriebsbeginn angeboten werden. Dazu zählen Materialien zur Unterstützung eines Selbststudiums, z. B. eine Mediathek mit erklärenden Kurzvideos und ein Frequent Asked Questions (FAQ) Wiki, das die Nutzer selbst erweitern dürfen, um auch eigene Erfahrungen mit anderen teilen zu können. Inhaltlich sollte es weniger um die Handhabung des Tools gehen, sondern eher um den Wert der Nutzung, also z. B. nicht, wie man einen Blog erstellt, sondern warum und aufzeigen, wie man dadurch produktiver wird.

Neben den Inhalten für ein Selbststudium sind spezielle Web-Konferenzen mit Expertenvorträgen, die spezielle Einsatzszenarien („Use Cases") erläutern, hilfreich. Dabei ist darauf zu achten, dass ausreichend Möglichkeit für die Beantwortung von Fragen bleibt.

Einfache Beispiele solcher Use Cases sind:

- Wie kann man Experten finden, die man nicht kennt?
- Wie (und warum) nutze ich etwas, wenn ich neu bin und mich bekannt machen möchte?
- Warum sollte ich Dokumente für andere bereitstellen und wie funktioniert das?
- Wie hilft mir Social Software bei meinem Projekt?
- Wie funktioniert Innovationsmanagement mittels Social Software?
- Warum sollte ich mich beteiligen, wenn ich heute schon unter Anfragen fast zusammenbreche?

Das könnte durch eine von Nutzern erstellte Video-Bibliothek mit von ihnen erstellten Kurzvideos (< 5 min) zu Tipps & Tricks und ihren Use Cases abgerundet werden (Achtung: vorher rechtliche Fragen zur Erstellung solcher Videos im Unternehmen klären!).

Bei einem sehr großen deutschen Industrieunternehmen hat man zu einer List gegriffen: Zu Beginn der Verfügbarkeit des internen Social Media Tools hat man einen Wettbewerb ausgeschrieben. Man behauptete, dass zumindest anfänglich nicht alle Abteilungen und Bereiche mitmachen könnten. Deshalb müsse man sich bewerben – und das mit einer Beschreibung des jeweils eigenen Einsatzszenarios („Use Case"). Die besten würden dann zunächst den exklusiven Zutritt bekommen. Diese nicht theoretischen, sondern aus der Praxis geborenen und in die Unternehmenskultur eingebetteten Cases wurden gesammelt und bewertet. Die etwa 80 besten wurden dann aufbereitet und exemplarisch zur Weiterverwendung durch andere intern veröffentlicht. Eine nahezu perfekte Ausgangsbasis für ein Social Business Transformationsprojekt!

Manchmal braucht man aber auch die „Helfende Hand vor Ort". Dafür empfiehlt sich ein *Ambassador-Programm*, wie es etwa die Continental AG ins Leben gerufen hat

(Schirmer 2012). Die Idee ist an jedem Standort mindestens eine Person als Ambassador ausgebildet zu haben, damit im Bedarfsfall eine lokale Unterstützung vorhanden ist. Kandidaten sind Personen, die eine hohe Affinität zu Web 2.0/Social Software Services haben, kommunikativ sind, vortragen können und etwas Zeit aufbringen können das Programm dezentral zu unterstützen. Sie würden speziell dazu ausgebildet werden – was auch mittels Web-Konferenzen funktioniert und nicht zwingend teuere Klassenraumkurse erfordert. Die Erwartung an die Ambassadore ist, dass sie je nach den lokalen Erfordernissen zum Beispiel:

• Social Business Ambassador Beratungsstunden einrichten.
• Sich auf die Agenda von lokalen Bereichs-, Abteilungs-, usw. Meetings setzen lassen, oder kurze (10 min) Web-Konferenzen organisieren, um über das Programm zu berichten und ein paar spezifisch für die Teilnehmer ausgewählte Use Cases darzustellen.
• Bei direkten Anfragen unterstützen können.

Für ausgewählte Nutzergruppen, dazu zählen Manager, der Betriebsrat, Projektleiter und die Ambassadore, sollte man über spezielle Schulungen nachdenken. Bei solchen Schulungen ist es für den Lehrerfolg wichtig, dass die Teilnehmer etwas Spezifisches aus ihrem Arbeitsumfeld einbringen.

Bei allen qualifizierungsunterstützenden Maßnahmen ist darauf zu achten, dass es nicht um eine Schulung zu einem IT-Tool geht, sondern um die Transformation zu partizipativen Prozessen in einem Digitalen Unternehmen. Insofern sind auch Themen wie neue Leitlinien, Prozesse als soziale Prozesse gestaltet, usw. sehr wesentliche Bausteine.

9.3.9 Der Betriebsbeginn

Mit dem Betriebsbeginn beginnt ein neuer Abschnitt in der Umsetzung des Transformationsprogramms. Die technischen Voraussetzungen sind zunächst einmal erbracht und nun geht es an die Einführung. Neben der Bereitstellung des unterstützenden Tools ist der entsprechende Schritt des Kommunikationsplans umzusetzen:

• Freischalten der einführenden Intranetseiten mit Zugang zur Frequent Asked Questions (FAQ), Mediathek, Guidelines, usw.
• E-Mail an die betroffenen Mitarbeiter vom Leiter des Sounding Boards.
• Eventuell eine zentrale oder mehrere dezentrale Kick-off Veranstaltungen.
• Offizieller Beginn der Unterstützung durch die Ambassadore.

Von nun ab gilt es die Aufmerksamkeit der Mitarbeiter auf die gewünschte, neue Arbeitsweise zu lenken. Damit auch der virale Ansatz funktionieren kann, sind grundsätzlich immer Feedback-Möglichkeiten offen zu halten und ist auf entsprechende Einträge zeitnah zu reagieren.

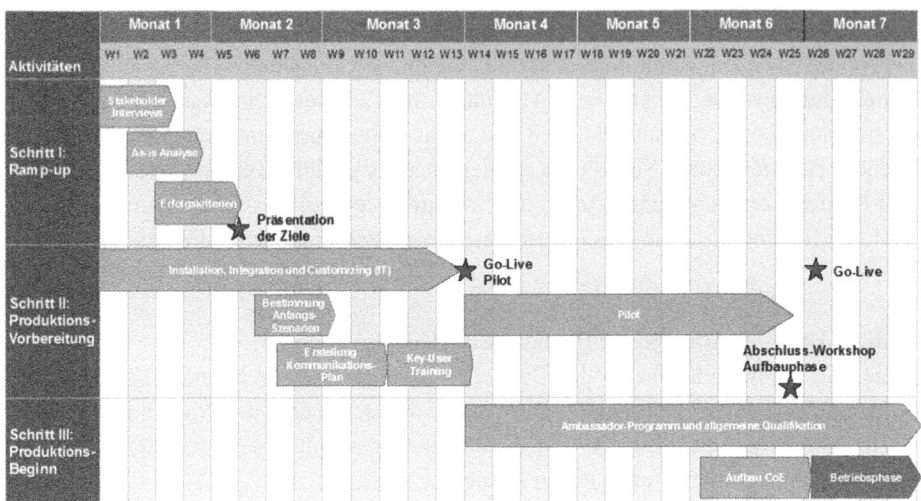

Abb. 9.5 Grobes Zeitraster. (Annahme: Tools-Entscheidung bereits vorher getroffen)

9.3.10   Zeitraster der Einführung

Die Zeitplanung einer Social Business Transformation hängt von sehr vielen unternehmensspezifischen Faktoren ab, sodass man hier nur ein sehr grobes Raster vorgeben kann. Große Unternehmen werden der Erfahrung nach länger benötigen. Hier können zwischen ersten Gedanken und dem Ende der Pilotphase durchaus zwei bis drei Jahre liegen, was die HR-seitige Transformation noch nicht einmal einschließen muss. Die Installation der erforderlichen Social Software Lösung benötigt dabei natürlich nur einen Bruchteil der Zeit (Abb. 9.5).

9.3.11   Center of Excellence als fortlaufende Unterstützungsfunktion

Nach der grundsätzlichen Einführung der Social Software und der Umsetzung des Change Managements in den nicht-technischen Dimensionen sollte das Einführungsprogramm auslaufen und in einen Regelbetrieb münden. Aber auch im Regelbetrieb wird weiterhin eine (deutlich kleinere) Unterstützungsfunktion benötigt: das *Social Business Center of Excellence* (SB-CoE). Dessen Aufgaben sind fortlaufend und haben ihren Schwerpunkt in der Weiterentwicklung der gesamten Transformation – mit einem besonders wachen Auge auf die Weiterentwicklung der technischen Seite und der Prozesse.

Die Aufgaben des SB-CoEs sind insbesondere:

• Die fortlaufende Weiterentwicklung der internen Social Business Strategie anhand von Technik-, Markt- und Industrietrends einerseits und der sich eventuell wandelnden Unternehmensstrategie andererseits.

- Die fortlaufende Steuerung und Umsetzung des internen Teils der Transformation zu einem Digitalen Unternehmen, inklusive Aufmerksamkeitsmanagement/internes Marketing.
- Erfolgsmessungen und Reporting der Key-Performance-Indikatoren.
- Fortlaufende Stakeholder-Anforderungs- und Zufriedenheitsanalyse (in Zusammenwirkung mit dem Sounding-Board, das bestehen bleibt, sich aber nur noch seltener trifft, z. B. halbjährlich).
- Beratung für Fachbereiche und Steuerung des Ambassadorprogramms sowie (bei Bedarf) Unterstützung bei der Gründung von Communitys.
- Unterstützung bei neuen aufzulegenden Prozessveränderungen mit „Social"-Elementen.
- Beratung zur Etikette, zu Regel- und Governance-Fragen.

Die Leitung dieses CoEs könnte einem „Chief Social Business Officer" (CSBO) obliegen. Dessen Berichtsweg richtet sich nach dem Schwerpunkt der Transformation: Hat man sich im Wesentlichen auf die technische Seite konzentriert, so könnte es direkt an den CIO gehen, war es eine eher generelle Transformation, so käme auch der Leiter Personal oder Strategie infrage. Bei einer wirklichen, ganzheitlichen Unternehmenstransformation wird der Berichtsweg direkt an den CEO gehen.

Literatur

Beck, K., et al. (2001). Manifest für Agile Softwareentwicklung. http://agilemanifesto.org/iso/de/. Zugegriffen: 20. Juli 2012.

Kurtz, C. F., & Snowden, D.. (2003). The new dynamics of strategy: Sense-making in a complex and complicated world. *IBM Systems Journal*. Heft 3.

Rhodin, M. (2011). Beyond collaboration – The critical role of analytics in a social business. http://www.informationweek.com/thebrainyard/e2-boston-2011. Zugegriffen: 24. Juni 2011.

Schirmer, H. (2012). Continental Business networking – GUIDE kick off event 2012 (Video). https://www.youtube.com/watch?v=Pm-np_XNqMc. Zugegriffen: 7. Dez. 2012.

Sinclair, N. (1998). In seinem Vorwort zu: Williams, K. The land & the sea. Gomer Press.

Snowden, D. (2007). A leader's framework for decision making. *Harvard Business Review*. Heft 11.

Stepper, J. (2001). http://www.informationweek.com/thebrainyard/e2-boston-2011. Zugegriffen: 24. Juni 2011.

Synapsis 10

Du selbst musst der Wandel sein, den die Welt vollziehen soll.
Mahatma Gandhi

Auf der Welt bewegt man sich als Person, als Unternehmen oder Organisation gleichsam wie in einer Kombination aus Achter- und Geisterbahn – ein fortwährendes Auf und Ab und an jeder Ecke warten Überraschungen. Das Bild stimmt allerdings nur zum Teil, denn die Realität folgt keinen Schienen und hat keinen garantierten Ausgang, den man im Vorfeld schon kennen könnte. Das Ziel dieses Buchs war die Herausforderungen aufzuzeigen, eine Abschätzung der Einwirkungen verschiedenster Rahmenfaktoren zu ermöglichen und letztlich für sich selbst auf seinem Karrierepfad und für sein Unternehmen am Markt eine Perspektive zu gewinnen, die es ermöglicht sich wettbewerbsstark und zukunftsorientiert aufzustellen.

Konkret heißt das, die Möglichkeiten des weltumspannenden Internets für bestehende und neue Geschäftsmodelle als Digitales Unternehmen innovativ ausloten und sehen zu können, was dabei auf Resonanzen stoßen könnte. Diese Transformation in eine Digitalgesellschaft ist unaufhaltsam. Auf dem Weg heißt es für den Einzelnen sich mitzubewegen und neue Kompetenzen ausbilden zu müssen, wobei insbesondere die Medienkompetenz zu nennen ist. Für Unternehmen und Organisationen bedeutet es intern die Mechanismen und Technologien eines Social Business, eines partizipativen Unternehmens, umzusetzen. Zahlreiche kleine und große Unternehmen und Organisationen sind dabei schon recht weit, woraus man heute schon ableiten kann, dass es kein kurzfristiger Modetrend, sondern ein fundamentaler Wandel ist. Für die große Masse steht die Transformation noch bevor. Dieses Buch soll für alle Beteiligten aufzeigen, wie man einschätzen kann, wo man steht und wie die notwendigen Schritte konkret aussehen. Und nochmals: Morgen anfangen ist bereits ein Tag zu spät.

© Springer-Verlag Berlin Heidelberg 2015
P. Schütt, *Der Weg zum Digitalen Unternehmen*, DOI 10.1007/978-3-662-44707-9_10

Einige Worte zu Schluss

Dieses Buch hat zwar nur einen Autor, wäre aber ohne die Mitwirkung vieler Anderer nicht entstanden. Für deren tatkräftige Unterstützung möchte ich mich bedanken:

- Bei meiner Familie, Beate, Julia und Christina, für die fortlaufende Unterstützung und manchmal auch Entbehrungen, und bei meinen Eltern, die sich zum Glück noch bester Gesundheit erfreuen.
- Bei den vielen Kolleginnen und Kollegen in der IBM, die mir immer wieder neue Anregungen mit auf den Weg gegeben haben.
- Bei den Mitarbeitern des Malteser Hilfswerks im Kloster Bad Wimpfen für ihre Gastfreundschaft, denn ein Großteil des Buchs der ersten Auflage ist in ihrem Gästehaus entstanden.
- Insbesondere bei Markus Bentele, Nicole Simon und Dave Snowden, die besonders wichtige Diskussionspartner waren.
- Bei Nicole und Oliver Lehnert, die die Zeitschrift „wissensmanagement – das Magazin für Führungskräfte" herausgeben – in der ich viele Beiträge veröffentlicht habe, die ausschnittsweise auch hier eingeflossen sind.
- Bei den vielen Kunden der IBM, mit denen ich in intensivem Kontakt stehe und die mir die größte Inspiration sind.

Dr. Peter Schütt
Leader Collaboration Solutions Strategy & Knowledge Management
IBM Deutschland GmbH
E-Mail: schu@de.ibm.com, Twitter: twitter.com/schu

© Springer-Verlag Berlin Heidelberg 2015
P. Schütt, *Der Weg zum Digitalen Unternehmen,* DOI 10.1007/978-3-662-44707-9

Literatur

Bär, D. (2011). http://www.focus.de/magazin/kurzfassungen/focus-41-2011-csu-politikerin-baer-fordert-schulfach-facebook_aid_672813.html. Zugegriffen: 9. Okt. 2011.

Berners-Lee, T., & Fischetti, M. (1999). *Der Web-Report*. München: Econ.

Brown, J. (2011). http://blogs.wsj.com/financial-adviser/2011/05/26/morgan-stanleys-twitter-initia-tive-well-meaning-but-pointless/. Zugegriffen: 26. Mai 2011.

De Luca, C. (2011). Deutschlands Top-Entscheider meiden soziale Netzwerke, Capital Heft 12.

Klodt, H. (12. September 2011). Bunt gemischt. *WirtschaftsWoche Global, 1,* 105.

Malik, F., & Kopp, R. (2003). Wissensmanagement oder Management von Wissensarbeitern (Interview), in Profile, EHP-Verlag, Heft 4, April 2002, 24.11.2003.

Senge, P. (1990). Die fünfte Disziplin: Kunst und Praxis der lernenden Organisation.

Snowden, D. (2002). The new simplicity: Context, narrative and content. *Journal of Knowledge Management, 10.*

© Springer-Verlag Berlin Heidelberg 2015
P. Schütt, *Der Weg zum Digitalen Unternehmen,* DOI 10.1007/978-3-662-44707-9

Sachverzeichnis

Symbols
3D-KM, 77, 97, 176

A
Abschreiben, 35
Activity Stream, 139
Adaptionsförderung, 168
Aktivität, 114
Alterspyramide, 22, 142
Ambassador-Programm, 192
Anlaufphase, 177
Anreizsystem, 92
Arbeitsmarkt, 22
ASHEN-Modell, 82
Attention Management, 61
Aufmerksamkeit, 35, 61, 160
Aufmerksamkeitsförderung, 189
Ausbildungsförderung, 36
Autorität, 159
Axel Springer SE, 12

B
Backstage Pass, 162
Beschäftigungsfähigkeit, 102
Betriebliches Vorschlagwesen, 133
Betriebsbeginn, 193
Betriebsrat, 190
Betriebsvereinbarung, 190
Big Data, 49
Bildungswesen, 37
Blog, 67
Bring your own Device, 183

Bring-your-own-Device, 81
Brynjolfsson, Erik, 22
Bundesdatenschutzgesetz, 48
Business Intelligence, 49

C
CAMSS, 45
Canal du Midi, 2
CEMEX, 5
Center
    of Competence, 176
    of Excellence, 194
Change Management, 185
Checkliste zum persönlichen Wissensarbeits-
    management, 96
Chief Social Business Officer, 195
Cloud, 45
    Lösung, 47
    Services, 46
Cognitive Computing, 50
Collaboration, 34
Community, 5, 73, 74, 98, 113, 115, 149
    Manager, 116
Continental AG, 19
Crowdsourcing, V, 80, 104, 134
Cynefin, 86, 152, 156, 169

D
Datenschutz, 31
Datenschutzkommission, 190
Datensicherheit, 31, 74
Design Thinking, 60

© Springer-Verlag Berlin Heidelberg 2015
P. Schütt, *Der Weg zum Digitalen Unternehmen,* DOI 10.1007/978-3-662-44707-9

Digital Front Office, 8, 9
Digitalgesellschaft, V
Digital Residents, 104
Dokumentenmanagement, 70
Doppelarbeit, 34
Drucker, Peter, 89, 93, 120, 121, 150

E
Eggers, Dave, 31
Eigenverantwortung, 90
Einführung, 175
Einführungsstrategie, 167
Einsatzszenarien, 192
E-Mail, 56
Empfehlungen, 138
Employability, 102
Empowerment, 90, 149
Entwicklungsmethode, agile, 122
Erfahrungswissen, 43, 82
Erfolgsmessung, 184

F
Fähigkeiten, 92
Fahren, autonomes, 23
Feedback, 92
   Analyse, 91
File Sharing, 70, 112
Flipped Classroom, 39
Foren, 70
Forschungsförderung, 41
Freigabeprozess, 19
Führen, 159
Führungskräfte, 95
Führungskräftenachwuchs, 142
Führungsmodell, 149
Führungsperson, zweite, 93
Führung, zielorientierte, 86
Fußball-Metapher, 151

G
Gelbe Seiten, 100
Geräte, mobiles, 53
Geschäftsmodell, 13, 26
Global CEO Study 2012, 128
Glossar, 68
Governance, 168, 190
Grundwerte, 190

H
Herzberg, Frederick, 153
Huxley, Aldous, 31

I
IBM Institute for Business Value, 20
Industrial Internet Consortium (IIC), 30
Industrie 4.0, V, 22, 30, 145
Industriegesellschaft, 2
Informationstechnologie, 78
Innovationen, 1, 146
Innovation Hub, 135
Innovationsmanagement, 133
Instant Messaging (Chat), 63
Interventionen, 170
ISO 9001, 13, 129

J
Jams, 133

K
Kaffee-Ecke, 110
Kampfgeist, 157
Klinsmann, Jürgen, 152, 158
Klopp, Jürgen, 154
KMU, 43
Kommunikationsplan, 186
Kompetenzen, 41
Konkurrenz, 117
Konnektivismus, 38
Kontrastierung, mentale, 154
Kultur, 85
Kulturveränderung, 162

L
Laloux, Frederic, 108
Leading by Example, 161, 180
Lehrerausbildung, 40
Lehrmodell, 40
Leuchttürme des Wissens, 18
Logistikkosten, 1

M
Manifest für agile Softwareentwicklung, 124
Marktchance, 103

McAffee, Andrew, 22
Medienkompetenz, 33, 35, 38
Medien, soziale, 65
Metainformation, 113
Microblogging, 72
Mittelstandsförderung, 43
Mooresches Gesetz, 22
Motivation, 91, 153
Motivationscoach, 154
Muster, 155
MyTaxi, 24

N
Netzwerk, 117
    persönliches, 98, 111
Netzwerkanalyse, 100

O
One Tablet per Child, 40
One Touch-Fußball, 15
Open Innovation, 133
Optimierung, 90
Organisation eines Staates, 30
Organisationsstruktur, 108
Orwell, George, 31

P
Patriot Act, 48
Performance-Indikatoren, kritische, 184
Personalabteilung, 97
Personalmanagement, 87
Pilotgruppe, 180
Polanyi, Michael, 125
Politik, 29
Power-Sponsor, 177
Produktionsmittel, 2
Produktivität, 97, 122
Profil, persönliches, 100
Programmmanagement, 177
Prozess, 81, 119, 127, 128, 129
Prozessinnovation, 122
Prozesskosten, 1

Q
Qualifikation, 157
Qualifizierung, 192

R
Rechenleistung, 22
Regeln zur elektronischen Kommunikation,
    190
Reno, 6
Reputation, 92, 99
Resilienz, 155
Return-on-Investment, 184
Rhodin, Mike, 127
Robert Bosch AG, 117
Rometti, Virginia, V
Rückkanal, 130

S
Schott, 11
Schulung, 91, 192
Schwarmintelligenz, 18
Scientific Management, 120
Scrum, 123, 176
Selbstorganisation, 120
Sense-Making-Modell, 169, 170
Share-Economy, 25
Snowden, Dave, 169
Social Analytics, 132, 136
Social Business, 14, 165, 197
Social Commerce, 131
Social Innovation, 133
Social Media Services, 54, 65
Software, 122
Sounding Board, 178
Soziale Medien, 65
Stakeholder, 177
Standort Deutschland, 41, 43
Steuerkreis, 178
Stradivari, Antonio, 125
Strategie, 160
Suarez, Luis, 57
Supply Chain, 10
Surowiecki, James, 18

T
Tacit Knowledge, 125
Tag, 69
Taktik, 155
Taylor, Frederick, 119, 120, 148, 150
Team, 107
Teamkommunikation, 112
Teamräume, 112

Teamziele, 155, 160
Teilens von Web-Adressen (URLs), dem soge-
    nannten Social, 69
ThinkPlace, 133
Thun, Sebastian, 23
Trainer, 152, 159
Transformation, VI, 13, 165, 167
Tweet, 72

U
Uber, 25
Unternehmen
    global integriertes, 8
    lernendes, 17
Unternehmenskultur, 17
Use Cases, 166, 192

V
Verbandsorganisationen, 43
Vitalität, 184

W
War for Talents, 142
Wasserfall, 122
Web-Content-Management (WCM), 80
Weinberger, David, 149
Weisheit der Vielen, 18
Werte, 14, 128, 159
Werte-Rahmenwerk, 125
Wiki, 68
Wissensarbeiter, 2, 16, 89
Wissensarbeitsmanagement, 83
Wissensbilanz, 17
Wissensdatenbank, 16, 165
Wissensgesellschaft, V, 2
Wissensmanagement, 16, 89, 122

Z
Zeitplanung, 194
Ziele, 166
Zugriffsrechte, 113

The manufacturer's authorised representative in the EU is Springer
Nature Customer Service Centre GmbH, Europaplatz 3, 69115 Heidelberg,
Germany. If you have any concerns regarding our products, please
contact ProductSafety@springernature.com

Printed and bound by CPI Group (UK) Ltd, Croydon, CR0 4YY
23/04/2026
02095637-0003